HANS THIERS

SERIENMÖRDER DER DDR

BERICHTE / BILDER / DOKUMENTE

1949–1990

Unter Mitarbeit von
Michael Kirchschlager

Mit einem Nachwort von
Hans Girod

KIRCHSCHLAGER

»Es gibt gewisse Themen, für die brennendes Interesse besteht, die jedoch viel zu grauenerregend sind, als daß man sie zum Gegenstand künstlerisch-literarischer Gestaltung machen könnte. Als Phantasieprodukt muß der Schriftsteller sie meiden, wenn er nicht Anstoß oder Abscheu erregen will. Ohne gegen Gefühl und Geschmack zu verstoßen, können sie nur dann behandelt werden, wenn die Strenge und Majestät der Wahrheit sie heiligt und bestätigt.«

E. A. Poe aus »Lebendig begraben«

Im Interesse des Schutzes der Persönlichkeitsrechte der Opfer, der Opferfamilien, Zeugen und Täter wurde auf die Verwendung von Klarnamen verzichtet. Das gilt nicht für Täter, deren Namen bereits veröffentlicht wurden.

Strafgesetzbuch
der Deutschen Demokratischen Republik
-StGB-

vom 12. Januar 1968

3. Kapitel
Straftaten gegen die Persönlichkeit

1. Abschnitt
Straftaten gegen Leben und Gesundheit des Menschen

Vorsätzliche Tötung

§ 112. Mord.

(1) Wer vorsätzlich einen Menschen tötet, wird mit Freiheitsstrafe nicht unter zehn Jahren oder mit lebenslänglicher Freiheitsstrafe bestraft.

(2) Auf Todesstrafe kann erkannt werden, wenn die Tat

1. ein Verbrechen gegen die Souveränität der Deutschen Demokratischen Republik, den Frieden, die Menschlichkeit und die Menschenrechte oder ein Kriegsverbrechen ist oder aus Feindschaft gegen die Deutsche Demokratische Republik begangen wird;
2. mit gemeingefährlichen Mitteln oder Methoden begangen wird oder Furcht und Schrecken unter der Bevölkerung auslösen soll;
3. heimtückisch oder in besonders brutaler Weise begangen wird;
4. mehrfach begangen wird oder der Täter bereits wegen vorsätzlicher Tötung bestraft ist;
5. nach mehrfacher Bestrafung wegen Gewaltverbrechen (§§ 116, 117, 121, 122, 126, 216) begangen wird.

(3) Vorbereitung und Versuch sind strafbar.

INHALTSVERZEICHNIS

VORWORT

Der Schwerpunkt dieses Buches liegt auf der Beschreibung der Aufdeckung, Aufklärung und Untersuchung von Serienmorden, die die Bevölkerung der DDR in Angst und Schrecken versetzten. Allerdings waren Serienmorde in der DDR nicht an der Tagesordnung. Die Gesamtkriminalität war im Vergleich zur BRD deutlich niedriger.

Vereinzelt widmeten sich einige Autoren (und Filmemacher) schon den Serienmördern der DDR, aber ein monographisches, populärwissenschaftliches Buch zu diesem überaus spannenden Thema fehlt bisher. Diese Arbeit möchte ein weiterer Baustein zur Erforschung der Kriminalgeschichte der DDR und damit Deutschlands sein und interessante Unterschiede und Gemeinsamkeiten bei dieser Art von Tötungsverbrechen zwischen den einzelnen Gesellschaftsordnungen (DDR und BRD) aufzeigen.

Eine chronologische Gliederung schien bei den wenigen Straftätern, die bisher untersucht werden konnten, vertretbar. Die Rekonstruktion der Taten gelang dank zeitgenössischer kriminalistischer und forensischer Berichte, bereits veröffentlichten Quellenmaterials, Zeitungsberichten und einzelnen Aufsätzen. Die Untersuchung der Taten erbrachte darüber hinaus Hinweise auf die jeweiligen Täter, deren Profile vereinzelt forensisch-psychiatrisch vorgestellt werden. Aus Respekt vor den Opfern und deren Familien wurden alle Klarnamen von Opfern verfremdet.

An dieser Stelle danke ich den jeweiligen Medien für die freundliche Unterstützung. Meine Anfragen an Justizvollzugsanstalten bezüglich Gesprächen mit noch inhaftierten Serienmördern wurden allesamt abgelehnt. Akteneinsicht bei diversen Staatsanwaltschaften wurde ebenfalls zumeist abgelehnt.

Dafür erhielt ich aus Privatsammlungen (die ich aus Quellenschutzgründen nicht näher angeben kann) vollumfängliche Unterstützung. Ehemalige Kriminalisten gaben zu manchem Fall kriminalistisches Wissen preis.

Die Kriminalistik der DDR sprach nicht von Serienstraftaten, sondern bezeichnete diese Art der Kriminalität als »Brennpunkte«. Sensationsheischende Presseveröffentlichungen oder gar die Erwähnung von Täterwissen durch Polizisten oder Staatsanwälte war den Behörden der DDR fremd (was man mittlerweile auch im geeinten Deutschland erkannt hat). Zudem wollte man mit Presseveröffentlichungen nicht die Bevölkerung verunsichern. Daß eine zielgerichtete, objektive Presseberichterstattung genügte, zeigen die Aufklärungsquoten der DDR-Kriminalisten, die bei Tötungsverbrechen im Durchschnitt bei 97 bis 98 Prozent lagen. Nicht selten wurde in den regionalen Tatortbereichen (Bezirken und Kreisen), bei kriminalistischen Notwendigkeiten, maßgeblich die Öffentlichkeit in die Ermittlungsarbeit einbezogen. Das geschah über Fahndungsaufrufe via Lautsprecher, Plakatierungen oder im Fernsehen bei »Kripo live«. Zahlreiche Beispiele belegen die Erfolge dieser Herangehensweise. Auch im Fall Hagedorn und weiteren Fällen griff man auf eine verstärkte Öffentlichkeitsarbeit zurück.

Kurz vor Drucklegung erhielt ich Informationen zu einem weiteren Serienmörder – Rainer F. Dieser Mann ermordete im Zeitraum von 1987 bis 1989 zwei Jungen und ein Mädchen in Berlin. Er mißbrauchte die Kinder sexuell und tötete sie anschließend. Nach dem dritten Mord 1989 wurde Rainer F. ermittelt. Das dritte Opfer wurde auf seinem Dachboden aufgefunden. Rainer F. wurde inhaftiert und verurteilt. Er soll sich seit 2010 wieder auf freiem Fuß befinden.

Trotz umfangreicher Recherche kann die Vollständigkeit hinsichtlich Fakten und Hintergründe zu jedem einzelnen Fall nicht garantiert werden. Aber der Anfang ist gemacht. Weitere Forschungen müssen und werden folgen. Dennoch bin ich davon überzeugt, mit den vorliegenden Erkenntnissen einen umfassenden Eindruck vermitteln zu können, sowohl von den Arten von Serienmord in der DDR als auch von den Mördern selbst, von denen vereinzelte aufgrund einer fragwürdigen Rechtsprechung mit der Wende freikamen und weitermorden konnten.

Hans Thiers, Gera, Januar 2018

ZUR EINFÜHRUNG:

MASSENMÖRDER – BRENNPUNKTTÄTER SERIENMÖRDER

Definitionen

Der Terminus »Serienmörder« ist jüngeren Ursprungs. Da aber Serienmorde schon zu Beginn des 20. Jahrhunderts häufig mit sexuellen Motiven begründet wurden, entstand eine Art Gleichsetzung mit Triebmördern, die man auch »Lustmörder« nannte. Der deutsche Kriminologe Erich Wulffen (1862–1936) definierte sie 1910 als Personen, bei denen sich »das Motiv zur Tötungshandlung [...] als Betätigung eines entarteten Geschlechtstriebes darstellt.« Dabei komme es »an Stelle des Koitus oder der unzüchtigen Handlung zur Tötungshandlung.« Ein Lustmord läge zudem vor, »wenn die Tötungshandlung zuerst vorgenommen und danach am sterbenden oder schon toten Opfer der Beischlaf vollzogen oder eine unzüchtige Handlung verübt wird.«

Erstmalig prägte 1914 der deutsche Kriminologe und Psychiater Robert Gaupp (1870–1953) den Begriff des »Massenmörders« in seiner Studie zum Fall des Hauptlehrers Ernst August Wagner aus Stuttgart-Degerloch. Wagner tötete am 4. September 1913 seine Frau, seine vier Kinder (»Familienauslöschung«) sowie neun weitere Menschen in einem Amoklauf.[1]

Um 1924 wurde in Deutschland für Fritz Haarmann und den Kannibalen Karl Denke erneut der Begriff »Massenmörder« verwendet. Man definierte die Mörder über die Anzahl der Opfer (»Massen«).

---

1 Albrecht Wetzel: Über Massenmörder (1929) vervollständigt um die Kasuistik des Massenmords Teil I (1914) nebst einem einleitenden Essay und einer biographischen Skizze. Hrsg. v. Michael Farin u. Florian Mildenberger. München 2008, S. 7 f.

Zu den bekanntesten und berüchtigtsten Serienmördern Deutschlands zählt zweifellos Friedrich »Fritz« Haarmann (1879–1925). In den Wirren der Nachkriegszeit und Inflation tötete er zwischen 1918 und 1924 in Hannover mindestens 24 junge Männer.

Eine herausragende Veröffentlichung zu den grausamen Taten Haarmanns stellt der Band »Haarmann – Die Geschichte eines Werwolfs« von Theodor Lessing (1872–1933) aus dem Jahr 1925 dar. Lessings Fazit: In dem modernen Menschen lauere ein mörderisches Tier, aggressiv wie Haarmann, gezähmt nur durch kulturelle Anstrengung. Gerate eine Gesellschaft – wie die nach dem Ersten Weltkrieg – aus den Fugen, komme die Bestie an die Oberfläche.[2]

Gleichzeitig erschien eine »Kriminalistische Studie« des Gerichtsreporters Hans Hyan (1868–1944) mit dem Titel: »Massenmörder Haarmann«. Auf dem Umschlag der Schrift wird die Leserschaft mit folgenden Worten in die Thematik eingeführt: »Haarmann als homosexueller Massenmörder ist ein Thema, das bei allem Abscheu vor den schrecklichen Bluttaten selbst doch das größte Interesse erregt.«

Um das Interesse der Öffentlichkeit zu erwecken, wurde auch nicht an den blutigsten Details gespart. Alle Autoren ließen ungekürzt den »Massenmörder« zu Wort kommen. Doch es gab auch Gesellschaftskritisches: »Dieselbe Menschheit, die nach Materialschlachten mit fünfhunderttausend Toten ihre Feldherren mit Orden schmückte, ist über einen Mann entsetzt, der vielleicht zwanzig, vielleicht dreißig Menschen umgebracht hat.«

Im Dezember 1924 schockierte ein weiterer »Massenmörder« Deutschland: Der Kannibale »Vater« Karl Denke von

2 Theodor Lessing: Haarmann – Die Geschichte eines Werwolfs. Historische Kriminal-Bibliothek Band 4. Hrsg. u. mit einem Vorwort v. Michael Kirchschlager. Nachdruck der Originalausgabe von 1925, Arnstadt 2011.

Münsterberg in Schlesien, wobei deutlich angemerkt werden muß, daß die Schlesier immer wieder darauf verwiesen, daß Denke ein Deutscher war. Überschriften wie »Die Aufdeckung der schlesischen Haarmann-Affäre«, »Ein schlesischer Haarmann«, »Der Massenmörder von Münsterberg« oder »Des Münsterberger Massenmörders Handel mit Menschenfleisch« füllten die Zeitungen.

Der deutsche Serienmörder und Kannibale Karl Denke (1860–1924) siedelte 1880 in die Stadt Münsterberg über, wo er im Haus Teichstraße 10 seine Taten beging. Er ermordete vornehmlich jüngere Männer, aß sie, konservierte Leichenteile, fertigte sich Gebrauchsgegenstände aus Haut und Knochen an und führte eine »Mordliste«. Denke erhängte sich am 22. Dezember 1924 in seiner Zelle, was als Eingeständnis der Schuld angesehen werden kann.[3]

Die deutschen Boulevardblätter beschworen eine Mischung aus Erregung und Entsetzen und erschufen »Bilder«, die im gesamten 20. und mittlerweile im 21. Jahrhundert zur Beschreibung von Serienmord Gültigkeit behalten sollten.

Häufig bezog sich die Presse zur Darstellung eines Falles auf eine der anderen bekannten Mordserien, woraus sich im Laufe der 1920er Jahre bestimmte Serienmörder-Darstellungen entwickelten.[4] Als Massenmörder galten damals Täter, die mehr als einen Menschen getötet hatten, wobei ausgenommen waren: Zufallsmassenmörder, die nur einen Menschen töten wollten, dann aber doch ohne ihren Willen mehrere ermordeten; alle Mörder aus Gewinnsucht; alle politischen Massenmörder, professionelle Giftmischer und Giftmischerinnen.[5]

---

3 Armin Rütters: Karl Denke – Der Kannibale von Münsterberg. Ein deutscher Serienmörder. Historische Serienmörder III, Sonderband 1, Arnstadt 2013.

4 Anne-Kathrin Kompisch: Wüstling – Werwolf – Teufel. Medienbilder von Serienmördern in der deutschen Massenpresse. Dissertation, Hamburg 2008, S. 3.

5 Kompisch, a. a. O., S. 6.

Der Begriff des »Massenmörders« wurde noch 1966 verwendet.[6] »Nach heutiger Auffassung begeht der Massenmörder mehrere, mindestens aber drei Tötungen am gleichen Ort und zur gleichen Zeit, beziehungsweise im Laufe eines Geschehens. Der Serienmörder tritt nicht in so gleichartiger Weise in Erscheinung.«[7]

Brennpunkttäter
Brennpunkt der Kriminalität

Die sozialistische Kriminalistik in der DDR verwendete die Begriffe »Massenmörder« und »Serienmörder« nicht, sondern bezeichnete Serienstraftäter als »Brennpunkttäter«, abgeleitet von Brennpunkt der Kriminalität. Das Wörterbuch Sozialistische Kriminalistik verstand darunter »vorsätzliche, gleiche oder unterschiedliche in Serie begangene Straftaten, die untereinander einen durch objektive Kriterien gekennzeichneten Zusammenhang aufweisen, von einem Täter oder einer Tätergruppe begangen wurden und in der Gesamtheit gesellschaftsgefährlich bzw. in hohem Maße gesellschaftswidrig sind.«

Für das Erkennen von Brennpunkten der Kriminalität waren folgende Zuordnungsmerkmale bestimmend: »Übereinstimmung oder Ähnlichkeit gesicherter Spuren o. a. Sachbeweise; gleiche oder gleichartige Begehungsweise; gleiche oder ähnliche Personenbeschreibung von Verdächtigen bzw. Beschreibungen oder Feststellungen zur Tat benutzter Hilfsmittel oder Sachen; gleichartige oder ähnliche Zielsetzungen hinsichtlich geschützter Rechtsverhältnisse, angegriffener Perso-

6 Hubert Gundolf: Verbrecher von A bis Z. Über 1000 Kurzbiographien der bekanntesten Verbrecher aus 30 Staaten der Welt mit 136 Abbildungen. Hamburg 1966.

7 Gunther Geserick, Klaus Vendura u. Ingo Wirth: Zeitzeuge Tod. Spektakuläre Fälle der Gerichtsmedizin. Leipzig 2007, S. 54.

nen, Objekte oder Gegenstände, örtliche und zeitliche Zusammenhänge.«[8]

Die Kriminalisten der DDR waren angehalten, die genannten Kriterien und die zwischen ihnen bestehenden Zusammenhänge stets im Komplex zu prüfen. Wichtig war die Brennpunkterkennung, also die Feststellung, daß mehrere Einzelstraftaten von einem Täter (Tätergruppe) in Form von Serienstraftaten begangen wurden oder der begründete Verdacht bestand, daß weitere Straftaten vom gleichen Täter (Tätergruppe) begangen wurden. Voraussetzung für die Brennpunkterkennung war, daß solche Informationen aus Einzelstraftaten und Straftatenhäufungen erfaßt, gespeichert und analysiert wurden, die objektive Kriterien zum Brennpunkt aufwiesen.

Die dazu erforderliche Vergleichsarbeit mußte sich auf Schwerpunktbereiche erstrecken, in denen Störungen der allgemeinen Ordnung und Sicherheit vorlagen, sich auf bestimmte Erscheinungsformen der Häufigkeitskriminalität bzw. Straftaten konzentrierten, die eine hohe Gesellschaftsgefährlichkeit oder -widrigkeit aufwiesen und die einen sachlichen oder örtlichen bzw. zeitlichen Zusammenhang erkennen ließen sowie bereits bestehende Brennpunkte und vorläufig eingestellte Ermittlungsverfahren berücksichtigten. Informationsquellen waren unter anderem Registraturen der Anzeigenaufnahme und der Verfehlungen, die kriminalistische Registrierung, eingeleitete Ermittlungsverfahren, Informationen anderer staatlicher Organe (wie z. B. durch das MfS), Kriminalstatistik. Grundlage des Erkennens überörtlicher Brennpunkte war die Auswertung der kriminalistischen Karteien und Sammlungen.

---

8 Wörterbuch Sozialistische Kriminalistik. Herausgegeben im Auftrag des Kriminalistischen Instituts der Deutschen Volkspolizei und der Sektion Kriminalistik der Humboldt-Universität zu Berlin von einem Autorenkollektiv unter Leitung von K. M. Böhme, Berlin 1981, S. 88.

Als Brennpunkttäter galten Personen, die durch das vorsätzliche Begehen von »Serienstraften« eine besonders grobe Mißachtung gegenüber den gesetzlich geschützten gesellschaftlichen Verhältnissen erkennen ließen. Es handelte sich in der Regel um gefährliche Rechtsverletzer, die ihre Straftaten zumeist sorgfältig vorbereiteten, durchführten und verschleierten. Oft waren es Rückfalltäter.

Die Brennpunktuntersuchung war Bestandteil der komplexen Brennpunktbekämpfung. Sie hatte die Planung der Untersuchung und Organisation der kriminalistischen Operationen zur umfassenden Aufklärung, insbesondere zur Ermittlung des Täters, der Persönlichkeit des Täters, die Suche, Sicherung und Auswertung von Beweismitteln, die Erforschung der Ursachen und straftatenbegünstigenden Bedingungen sowie die Einleitung verhütender Maßnahmen zur Verhinderung der Ausweitung des Brennpunktes zum Inhalt.

Die Verantwortung für die Brennpunktbekämpfung trug die Kriminalpolizei. Sie wurde von befehlsgemäß gebildeten zeitweiligen Einsatzgruppen realisiert, die zweckmäßigerweise in mehrere Untersuchungsgruppen gegliedert waren. Unter Leitung eines Einsatzgruppenleiters wurden die Untersuchungsgruppen – auf der Grundlage des Untersuchungs- und Maßnahmeplans mit konkreter Verantwortlichkeit – gleichzeitig in verschiedene Ermittlungsrichtungen geführt. Auf diese Weise wurden mehrere kriminalistische Versionen parallel geprüft und das Informationspotential zur umfassenden Aufklärung vervielfacht.

Im Unterschied zum »Brennpunkt« war der Begriff der »Serienstraftat« nur in den anderen sozialistischen Staaten gebräuchlich.

Was ist ein Serienmörder?

Eine Definition zum Terminus »Serienmörder« findet sich in der sozialistischen Kriminalistik der DDR nicht. Norbert Borrmann, der bereits auf die gesellschaftliche Komponente von Kriminalität hinweist, beschreibt den Serienmörder in seinem Band »Das große Lexikon des Verbrechens« so: »Rund 80 Prozent aller Tötungsdelikte sind Beziehungstaten. Anders bei Serienmördern. Täter und Opfer kennen einander meist nicht, und die ›normalen‹ Motive, wie Eifersucht, Habgier oder der Wunsch, jemanden zum Schweigen zu bringen, werden hier von einem dunklen Trieb ersetzt, welcher allein der Persönlichkeit des Täters entspringt. Als Serienkiller gelten Täter, die mindestens drei Tötungsdelikte an verschiedenen Orten zu verschiedenen Zeiten begangen haben.

Im Unterschied zum Amokläufer und Massenmörder töten sie ihre Opfer einzeln, allenfalls 2 Personen auf einmal und nicht zahlreiche Menschen auf einen Schlag. Auch ist das Verhältnis des Serienmörders zu seinem Opfer intensiver. Oft will er es besitzen, sich sexuell aneignen (Sexualdelikte) oder zerstückeln. Der unpersönliche Massenmord stimuliert ihn nicht. Die Opfer der Serienmörder sind in der Regel Frauen, junge Männer oder Kinder. Die Zeitspanne zwischen den einzelnen Morden kann Monate, manchmal mehrere Jahre betragen. Der Serienmörder tötet üblicherweise, bis er gefaßt ist. Serienmörder sind meistens männlich (Geschlecht und Verbrechen) und selten über 40 Jahre alt (Lebensalter und Verbrechen). Aufgewachsen ist der Serienmörder oft nur bei einem Elternteil, der Großmutter oder ähnlichen Ersatzfamilien. Häufig hat er Probleme in der Schule oder in der Arbeit, die mit abweichendem Verhalten – Tierquälerei oder Kriminalität in Form von Brandstiftung – kompensiert werden. Oft sind Serienmörder als Kinder selbst sexuell mißbraucht oder vernachlässigt worden und sind als Bettnässer aufgefallen.«[9]

Serienmörder lassen sich in fünf Hauptkategorien klassifizieren: Sexual-, Raub-, Beziehungs-, Gesinnungs- und Veranlagungsmörder.[10]

Der Kriminalist und Serienmordexperte Stephan Harbort unterscheidet sechs Typen:

1. Beim Serien-Sexualmörder enthalten dessen Handlungen vor, während oder nach der Tat eine sexuelle oder sexualisierte Komponente.
2. Serien-Raubmörder töten ausschließlich aus Habgier.
3. Der Serien-Beziehungsmörder, der seine Opfer im Familien-, Freundes- und Bekanntenkreis sucht, will sich durch seine Taten mittelbar bereichern, zum Beispiel durch Zugriff auf die Lebensversicherung und das Erbe, oder auch nur einfach um sich »aus bestehenden Beziehungen herauszumorden«.
4. Der Serien-Gesinnungsmörder folgt ideologisch verbrämten, wahnhaftsreligiösen oder ethisch eingefärbten Gründen.
5. Der Serien-Auftragsmörder tötet schlicht und einfach gegen Cash.
6. Der Seriendispositionsmörder hat ein breitgefächertes Spektrum von Motiven, der Tatentschluß ist jeweils dominiert von unterschiedlichen, sich aktualisierenden Merkmalen.[11]

---

9 Norbert Borrmann, unter Mitarbeit von Christiane Maria Borrmann: Das große Lexikon des Verbrechens. Täter, Motive und Hintergründe. Berlin 2003, S. 738.

10 Geserick, Harbort, Pfeifer, Schüler, a. a. O., S. 11.

11 Stephan Harbort: Das Hannibal-Syndrom. Leipzig 2001.

Harborts Typisierung gab der bundesdeutschen Kriminalistik neue Impulse. Auch wenn es keine juristisch verbindliche Definition gibt, so sind doch charakteristische Merkmale festzustellen. Hilfreich sind sie für eine exakte Untersuchungsplanung und analytische kriminalistische Versionsbildung allemal. Die sechs Tätertypen fanden in der DDR nicht die volle Breite. Es fehlten schlichtweg die objektiven Voraussetzungen. Wenn man davon ausgeht wie niedrig z. B. die Lebensversicherungssummen in der DDR waren, bestand in dieser Beziehung kaum die Grundlage für ein Mordmotiv bzw. einen Serienmord. Auch die Erbsituation war nicht so »verlockend«, um sich dadurch Reichtum zu »ermorden«. Wenn in der DDR Serienmörder töteten, spielten Sadismus, sexuelle Abnormitäten und »Machtausübung« die entscheidende Rolle. In diesen Kategorien bildeten Männer und Jungerwachsene den Hauptanteil der Täterschaft. Frauen traten hauptsächlich als Serienmörderinnen von Babys in Erscheinung.

In der DDR wurde Mord wie folgt definiert:

§ 112. Mord. (1) Wer vorsätzlich einen Menschen tötet, wird mit Freiheitsstrafe nicht unter zehn Jahren oder mit lebenslänglicher Freiheitsstrafe bestraft.

Mit dieser Morddefinition hatte das DDR-Recht eine Differenzierungsmöglichkeit gefunden, »um die im gesamtdeutschen Strafrecht bis heute gerungen wird. Bis 1990 in der Bundesrepublik und danach im vereinten Deutschland basiert die Fassung der Paragraphen 211. Mord und 212. Totschlag auf einer Definition aus dem Jahr 1941.«[12]

12 Klaus Behling: Die Kriminalgeschichte der DDR. Berlin 2017, S. 413 f.

Das »Phänomen« Serienmörder

Stephan Harbort beschreibt das »Phänomen«, welches diesen Tätern anhaftet, äußerst prägnant in seinem Beitrag »Serienmörder: Mensch und Monster«. Gleichzeitig betrachtet er das soziale, politische und kulturelle Gefüge, welches die Täter umgibt, und zeichnet ein komplexes Bild vom Seelenleben der »Monster«, die doch immer Menschen sind.[13]

Serienmörder leben jenseits der sozialen Ordnung mitten unter uns. Sie sind unsere Nachbarn, genau wie diejenigen, die ihre Familien auslöschen (diese Verbrechensart nennt man fälschlicherweise »erweiterten Suizid«, denn bei den Getöteten handelt es sich um Ermordete). In unserer medial geprägten Vorstellung (mittlerweile auch in den »Neuen Ländern«) existiert ein unheimliches Zerrbild vom »Serienkiller«, einem primitiven, blutrünstigen »Sexmonster«. Der bekannteste Serienmörder der 1990er Jahre, der Kannibale Hannibal Lector, ist allerdings ein Produkt schriftstellerischer Phantasie.

Das Sozialverhalten der Serienmörder wird dominiert von Orientierungslosigkeit, Bindungsschwäche, geringem Durchsetzungsvermögen, fehlender Konfliktbereitschaft und einer passiven, manchmal auch feindlichen Grundeinstellung. Soziale Kontakte sind oberflächlich, kaum existent. Die späteren Täter hadern ständig mit ihrem Schicksal, fühlen sich zurückgesetzt, manövrieren sich in eine emotionale Sackgasse. Es fehlt an entsprechender Kompetenz und Durchsetzungsfähigkeit. Obwohl im Regelfall durchschnittlich intelligent, manchmal sogar hochintelligent, findet man unter Serienmördern vielfach Schul- und Berufsversager.

---

13 Stephan Harbort: Serienmörder: Mensch und Monster. In: Historische Serienmörder – Menschliche Ungeheuer vom späten Mittelalter bis zum Ende des 19. Jahrhunderts. Arnstadt 2014, S. 15–34.

»Die bei Serienmördern zu beobachtenden Motive haben in acht von zehn Fällen sexuelle Bezüge oder sind finanzieller Natur. Der Begriff »sexuell« ist allerdings in einer Vielzahl von Fällen unzutreffend, da die meisten Täter nicht nach Sexualität im engeren Sinne verlangen, sondern sexualisierte Gewalt ausüben wollen. Den Tätern geht es also nicht darum, Geschlechtsverkehr mit einem Mädchen, einem Jungen oder einer Frau zu haben oder sie auf andere Weise zu mißbrauchen. Sie treibt in erster Linie das Bedürfnis, einen Menschen zu beherrschen, zu kontrollieren, über ihn schrankenlos zu verfügen. Sexuelle Handlungen werden dabei lediglich instrumentalisiert, um dem Opfer die eigene Übermacht zu demonstrieren. Die Intimsphäre wird bewußt durchbrochen und schließlich vollständig aufgehoben. Das Opfer soll erkennen, empfinden und erdulden, gerade ihm vollkommen ausgeliefert zu sein – auf Gedeih und Verderb. Diese sich etappenweise vollziehende Entrechtung und Entwürdigung des Opfers wird ausgekostet und mündet (fast) immer in die Vernichtung von Menschenleben; der finale Akt, Vollzug und Bestätigung eigener Machtgelüste. Sexuelle Handlungen werden also zweckentfremdet, um hierdurch ein nicht-sexuelles Bedürfnis befriedigen zu können.«

Sadistische Motive sind bei Serienmorden ein seltenes Phänomen – auch wenn in der bunten Medienwelt immer wieder das Gegenteil suggeriert wird (siehe die Patiententötungen in Krankenhäusern und Altenheimen).

Fast resigniert der Kriminalist Harbort, wenn er schreibt: »Serienmörder passen in unsere Zeit. Die sozialen und seelischen Probleme unserer hochtechnisierten und hochgezüchteten Ein-Weg-Gesellschaft verarbeiten und spiegeln diese Täter in ihren häßlichen Morden: jeder ist sich selbst der Nächste. Verzweifelt suchen wir nach Werten und Leitbildern, an denen wir uns festklammern können – allzu oft vergeblich. Eine politische Moral haben wir schon lange abgeschafft. Auch zwischenmenschlich geht nicht mehr viel. Beziehungskisten werden leise oder krachend auf- und zugeklappt. Die Menschen werden sich fremd.«

Vom »DDR-Mörder« zum »BRD-Serienmörder«

Die Tatbegehungsweisen und Motive bestimmter Serienmördertypen in »Ost« und »West« gleichen sich. Allerdings konnten aufgrund der bundesdeutschen Rechtsprechung manche in der DDR nach gültigem Strafrecht verurteilte Mörder aufgrund juristischer Nachverhandlungen (z. B. Jugendstrafrecht der BRD) die Justizvollzugsanstalt verlassen und weitermorden. Diese Männer und Frauen begannen in der DDR als Mörder und setzten ihre Taten in der BRD als Serienmörder fort. Diese Tatsache klingt vielleicht »plump«, trifft aber den Kern, was die Fälle Herbert M. und Gerhard Denkewitz (1958–2003)[14] nur allzu deutlich machen.

1. Herbert M., 1934 im sächsischen Meerane geboren, erstach 1950 ein fünfjähriges Mädchen mit einem Taschenmesser, welches er zuvor in einen Wald gelockt hatte, um es zu mißbrauchen. Er habe »ein bissel an ihr rumgegriffen, Beine und Dings da«, erzählte er später einem Reporter. Das DDR-Bezirksgericht Suhl verurteilte ihn zu acht Jahren Jugendgefängnis. Als Herbert M. 34 Jahre alt war, begleitete der zweifach geschiedene Mann eine junge Frau im thüringischen Lauscha von einer Kneipe nach Hause. Auch diese Frau wurde von M. gewürgt und erstochen. M. wurde wegen Mordes zu einer lebenslangen Freiheitsstrafe verurteilt. Nach dem Mord an der

14 Klaus Keck: Des Mörders Barthaar. Berlin 2016.

Herbert M. tötete mit diesem Messer 1968 eine junge Frau.

jungen Frau verbrachte der zweifache Mörder 22 Jahre im DDR-Gefängnis. Nach der Wende suchten West-Beamte die Gefängnisse der DDR auf. Sie sprachen gezielt Langzeithäftlinge an und verteilten Antragsformulare für eine Entlassung. Wer 15 Jahre oder länger in einem DDR-Gefängnis inhaftiert war, sollte wie in der BRD eine Chance auf Freilassung bekommen. »Herbert M. konnte sich nicht auf die Freiheit vorbereiten, beispielsweise durch Vollzugslockerungen. Er füllte einfach den Antrag aus, setzte seine Unterschrift darunter und wartete. Im September 1990 wurde er begnadigt und aus dem Gefängnis entlassen. Eine Entscheidung mit katastrophalen Folgen. Für Herbert M. dauerte die wiedergewonnene Freiheit genau ein Jahr, drei Monate und fünf Tage.«

In der Silvesternacht 1991 erklärte sich Herbert M., mittlerweile in Berlin wohnend, bereit, auf zwei kleine Mädchen, vier und fünf Jahre alt, aufzupassen. Als die Kinder schlafen, geht M. kurz nach 22 Uhr zur Gaststätte Zur Linde. Als er am Neujahrsmorgen 1992 »leicht angetrunken« nach Hause kommt, werden die Mädchen wach und verlangen, daß »Onkel Herbert« mit ihnen spielt. M., gereizt, versucht sie zur Ruhe zu bringen, das jedenfalls erzählt er später dem Gericht. Schließlich würgt er die Kinder und sticht mit einem Küchenmesser auf sie ein. Er schlitzt ihnen »mit mächtigen Schnitten« den Hals auf, dann »längsseits den Bauch«. M. schreibt der Bekannten, über die er die Mutter der beiden Mädchen kennengelernt hatte, noch drei Zettel, dann stellt er sich. Das Gericht in Berlin verurteilte M. abermals zu lebenslanger Haft, diesmal wegen Totschlags. »Für die Annahme, daß der Angeklagte aus Mordlust oder zur Befriedigung seines Geschlechtstriebes tötete, bestanden – auch nach Ausführungen des Sachverständigen – keine hinreichenden Anhaltspunkte«, so das Gericht.

Der österreichische Kriminalpsychologe Thomas Müller schlußfolgerte in den Taten, an den Tatorten und in den Entscheidungen, die M. traf, daß er ein Lustgefühl erlebte, als er seine Opfer tötete. M. ist ein Sexualstraftäter. In beiden Fällen habe M. ein Messer benutzt, in beiden Fällen habe er das Messer »gezogen«, wie jemand, der einen Körper nicht nur

Mit diesem Messer erstach Herbert M. die beiden Mädchen in Berlin.

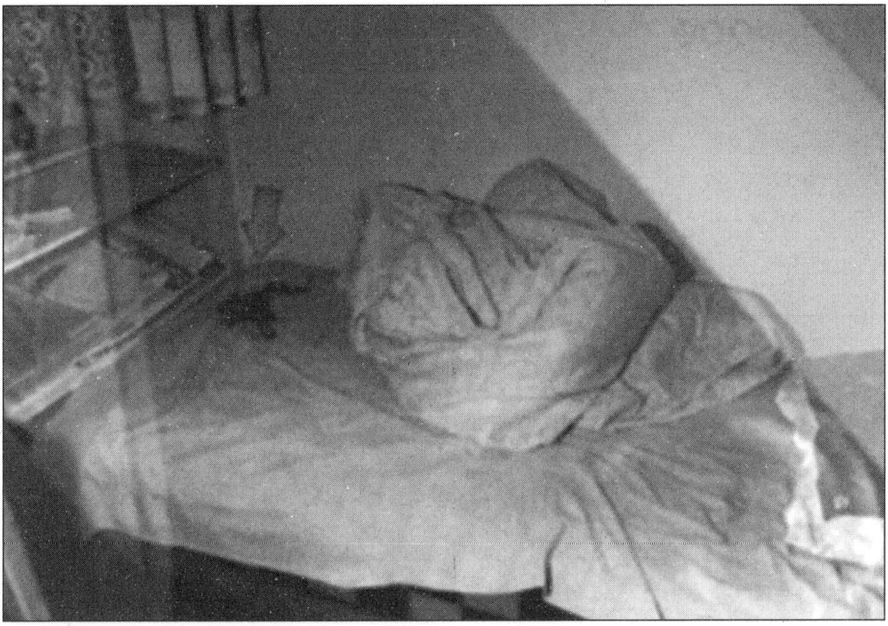

Tatort 1992 in Berlin (oben).
In dieser Wohnung tötete Herbert M. die beiden Mädchen.

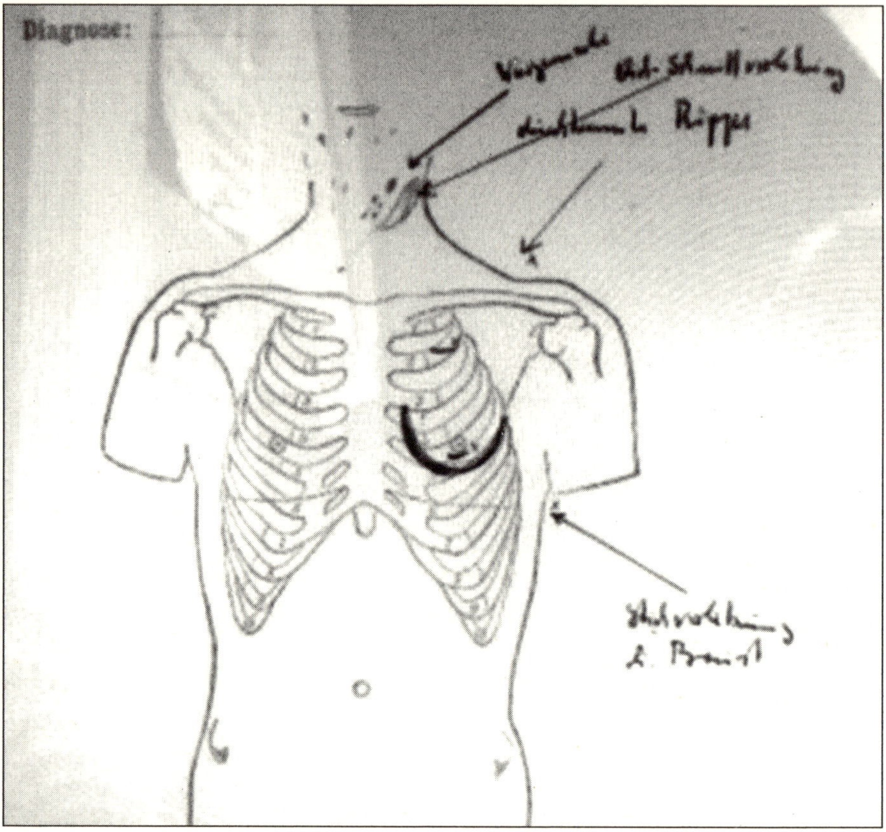

Skizze: Übersicht der Messerstiche.

verletzen, sondern öffnen will. Zudem wandern die Verletzungen von den sekundären zu den primären Geschlechtsorganen. Für Müller war die Tötung des fünfjährigen Mädchens so etwas wie eine Probe, um mit jeder Tat mehr von seiner Phantasie umzusetzen. Herbert M. feierte am 29. Dezember 2014 seinen 81. Geburtstag.[15]

---

15 Hauke Goos: Langzeithäftling Der Gefangene. In: SPIEGEL ONLINE v. 17. November 2014. Der Fall wurde im Film »Maske des Bösen« (ZDF) von Gunter Scholz vorgestellt.

2. 1977 ermordete Gerhard Denkewitz eine junge Frau und verging sich anschließend an ihrer Leiche. Denkewitz wird mit 19 Jahren vom Bezirksgericht Halle wegen Mordes in Tateinheit mit versuchter Vergewaltigung zu einer lebenslangen Freiheitsstrafe verurteilt. Das Gericht gelangte nach fachärztlichen Gutachten zur Auffassung, daß eine Resozialisierung kaum denkbar ist. Die Wahrscheinlichkeit, daß der Verurteilte bei passender Gelegenheit erneut zuschlägt, werde nie bei null liegen.[16]

Durch eine Amnestie zur Wendezeit endete Denkewitz' Haftstrafe bereits am 31. Mai 1990.

Am 25. August 1994 ermordete Denkewitz in Wolfen seine polnische Lebensgefährtin auf brutale Weise. Auf der Flucht vor der Polizei kam er mit einem gestohlenen Auto am 8. September 1994 an einem Pilzwald bei Beilrode vorbei. Dort traf er auf Sandy H. (1) und Antje K. (17). Denkewitz ermordete beide; doch das bleibt verborgen. Eine DNA-Spur führte die Kriminalisten erst neun Jahre später zu Gerhard Denkewitz, und diesem Doppelmord, der in der psychiatrischen Klinik Uchtspringe (Altmark) im Maßregelvollzug saß (man hatte versäumt, seinen genetischen Fingerabdruck in die DNA-Datei einzustellen, weshalb der aus Wolfen stammende Sexualtäter nie überprüft wurde). Antje K. wurde von ihm wahrscheinlich vergewaltigt, das kleine Mädchen erdrosselte er mit dessen Babymütze. Die Polizei klassifizierte den Doppelmord als »Spontantat«. Elf Tage nach dem Verschwinden der beiden Torgauer Cousinen nahmen Polizeibeamte aus Sachsen-Anhalt Denkewitz am 19. September 1994 fest. Im März 1995 wurde er vom Landgericht Dessau wegen des Totschlags an seiner Freundin zu achteinhalb Jahren Haft verurteilt und aufgrund

16 Steffen Könau: Serienmörder aus Sachsen-Anhalt. Gerhard Denkewitz – Das Monster von Roßlau. www.mz-web.de.

psychischer Auffälligkeiten in den Maßregelvollzug gesteckt. Am 13. Oktober 2003 fanden Justizvollzugsbeamte Denkewitz erhängt in seiner Zelle. Ob Denkewitz noch weitere Straftaten und Morde verübt hat, muß offenbleiben.[17]

Frank-Rainer Schurich versuchte die Frage »Wie wird man Serienmörder?« zu beantworten: »In erster Linie scheinen die Killer geboren zu werden. Zwischen Kannibalismus und sozialer Not, wie in Deutschland der 20er Jahre, als die Verbrechen mehrerer kannibalischer Massen begangen wurden, dürfte jedoch ein Zusammenhang bestehen. Dieses Hineintreten von sozialen Ursachen zur individuellen Verbrechensdisposition hat der Schriftsteller Hans Pfeiffer sehr treffend in folgende Worte gefaßt: ›Das kollektive Unbewußte eines Volkes enthält auch einen geheimen Raum für die Schlachtbank eines Großmann, eines Haarmann, eines Denke.‹

Wie in der modernen Gesellschaft die Verdinglichung des Menschen zum toten Objekt insgesamt eine neue Dimension von Gewalt geboren hat. Aber dominierend scheint die Macht der Gene zu sein, die zum Zwang der Serie treibt [...]. Genaueres orten wir aber, leider, immer nicht. Serienmörder sind, wie andere Menschen auf anderen Gebieten, entweder Früh- oder Spätstarter. Wir wissen, daß Tierquälerei, oft nur als Dummer-Jungen-Streich abgetan, für die kriminelle Aufbau- und Übergangsphase von Sadisten typisch ist. Will man dem Bericht von Peter Kürten glauben, hat er mit neun Jahren seinen ersten Mord verübt. Andere beginnen ihr teuflisches Handwerk erst später. Damit ist schon gesagt worden, daß Serienmörder meist Sadisten sind und, wenn sie es nicht sind, bei der Tatausführung fast immer eine sexuelle Seite mitschwingt. Serienmörder werden von Freunden und Bekannten oft als ganz normale, un-

17 Sandys und Antjes Mörder: Selbstmord hinter Gittern. www.sz-online.de, 2003.

auffällige Menschen beschrieben. Das macht sie so gefährlich und zugleich sympathisch. Es könnte immer wieder einer von uns sein, der aber doch anders sein muß und vor dem wir uns in allerletzter Konsequenz fürchten müssen, so wie wir uns zuweilen vor uns selbst. Serienmörder, die uns so faszinieren, weil sie sich unbeschwert über alle Normen hinwegsetzen können, sind dennoch unglückliche Menschen. So lesen wir in diesem Buch, daß Karl Denke ein Unglücklicher war, der nach den Gesetzen seines Daseins Kreise vollenden mußte. Serial Killers leiden sehr an ihrem Anderssein, das aus geheimen Orten des Inneren kommt. Es quält sie, daß sie ihren Trieben folgen müssen, aber wir können ihre Erschütterungen nicht seismographisch fassen. Aus diesen Gründen agieren sie so unauffällig. Sie sind insofern ein Produkt der Gesellschaft, als jene es ihnen erlaubt, immer und immer wieder die schauerlichsten Verbrechen zu begehen. Denn wären sie beim ersten Mord gefaßt und verurteilt worden, hätten, wie die Kriminalgeschichte beschreibt, dutzendfach viele Menschenleben gerettet werden können. Aber das durch Polizei, Staatsanwaltschaft und Gericht installierte Frühwarnsystem des Gemeinwesens versagt oft. [...] Serienmörder sind daher, vor allen Dingen, aber nicht aus der Sicht der Kriminalistik, ›unsere strengsten Erzieher und sollten uns lehren, mit erneuter Bemühung die Schwächen unseres Wissens zu überwinden, die sie aufzeigen‹, wie es Hans von Hentig einmal formulierte.«[18]

Klaus-Dieter St., der Mörder von Bürgel (1982) und spätere Serienmörder, erzählte Stephan Harbort, daß nach der Wiedervereinigung alle Akten der ehemaligen DDR-Häftlinge überprüft und neu bewertet wurden und man in seinem Fall

18 Frank-Rainer Schurich: Vorwort. In: Jens Haberland: Serienmörder im Europa des 20. Jahrhunderts. Berlin 1997.

eine wesentlich kürzere Verbüßungsdauer festgelegt hat – mit für ihn überraschenden Konsequenzen. »Zwei Wochen vor Pfingsten war es, da kam ein Wärter in meine Zelle und sagte: ›Komm, Entlassung‹. Da hab ich mich hingesetzt und gesagt: ›Du kannst mich mal. Ich hab draußen niemand. Wo soll ich freitags um drei hin? Ich hab weder eine Wohnung noch Arbeit.‹ Über Pfingsten durfte ich noch bleiben, dann mußte ich aber raus. Das war schrecklich.« Harbort fragte weiter: »Sie kamen endlich frei und Sie fanden es schrecklich?« »Ich mußte erst einmal zum Sozialamt, hab mich aber nicht reingetraut. Erst als ich einen Knastkumpel getroffen hab, der mir das erklärt hat, bin ich da wieder hin. Die haben mir was von einem Recht auf Wohnraum erzählt, um die anderen Sachen müßte ich mich aber selbst kümmern, Arbeit und so. Ich merkte sofort, daß ich nicht willkommen war.« »Also blieben Sie sich wieder selbst überlassen, hatten keine Heimat mehr, keine Orientierung – alles wie gehabt.« »Ja.« »Im Gefängnis haben Sie sich zurechtgefunden, draußen aber nicht ...« »Genau. Es war ja auch alles neu für mich, die ganzen Ämter und so. Früher gab es in der DDR die Abteilung für Inneres, da hat man alles geregelt. Am schlimmsten war für mich aber diese Ablehnung.« »Fühlen Sie sich gekränkt?« »Ich wollte nicht auf ein Amt gehen und um Geld betteln.« »Da waren Sie ganz unten.« »Genau. Da war ich ganz unten, zerstört. Ich kannte das nicht, daß man um etwas betteln muß. Das gab's in der DDR nicht. Wenn einer arbeiten wollte, dann kriegte der auch Arbeit.«[19]

19 Stephan Harbort: Killerinstinkt. Serienmördern auf der Spur. Berlin 2015, S. 239 f.

1

HILMAR SWINKA
DER BEZIEHUNGSMÖRDER

(DDR, Berlin, drei Frauenmorde: 1969/Hinrichtung 1970)

Hilmar Swinka tötete innerhalb von zwei Tagen (am 13. und 14. Februar 1969) drei Frauen auf brutalste Art und Weise. Er probte den Mord an seiner Ex-Frau vorher an zwei anderen Frauen, die er kannte. Er bezeichnete sich selbst als »Sektionsgehilfe«. Nach der Tat nahm er eine Art Sektion der Opfer vor.[20]

Er wurde nach geltendem Recht am 1. Oktober 1970 in Leipzig durch einen Nahschuß in den Hinterkopf hingerichtet.

Zur Person von Hilmar Swinka

Hilmar Swinka[21] wurde 1938 geboren und wuchs im Berlin des Zweiten Weltkrieges auf. Nach der Rückkehr des Vaters aus der Kriegsgefangenschaft verließ dieser die Familie. Der kleine Hilmar lebte bei seiner Mutter. Seine schulische Entwicklung verlief durchschnittlich, zeitweise sogar schlecht. Der Junge lehnte sich gegen Lehrer auf, konnte keine Freundschaften zu seinen Klassenkameraden schließen und wurde zu einem kontaktarmen Einzelgänger.

Mit Beendigung der Grundschule begann er eine Lehre als Bauschlosser, die er aber nach etwa einem halben Jahr ab-

20 Frank-Rainer Schurich: Vorwort. In: Jens Haberland: Serienmörder im Europa des 20. Jahrhunderts. Berlin 1997.

21 Der Klarname wurde veröffnetlicht bei Wolfgang Krüger: Todesurteile in der DDR 1959–1981. www.kriminalia.de.

brach. Wegen einer Augenoperation (Netzhautablösung) mußte er eine dunkle, getönte Brille tragen. Gleichaltrige hänselten ihn deshalb. Hin und wieder steckte er sogar Prügel ein. Durch Gelegenheitsarbeiten verdiente er sich etwas dazu und kam so über die Runden. Um sich bei seinen Kameraden körperlich durchsetzen zu können, meldete er sich im Boxverein an. Durch das systematische Training eignete er sich eine enorme Schlagkraft und Rücksichtslosigkeit an. Vor allem wenn er unter Alkohol stand, lebte er seine körperliche Überlegenheit gegenüber anderen Personen aus. In solchen Situationen tobte er vor Wut und entlud seine Aggressionen, woraufhin man ihn wegen vorsätzlicher Körperverletzung und erheblicher Sachbeschädigung strafrechtlich verfolgte. Noch vor dem Bau des »Antifaschistischen Schutzwalls« 1961 ging er mehrmals nach Westberlin (BRD). Aber auch im Westen kam er nicht zurecht und kehrte kurz vor dem Mauerbau wieder nach Ostberlin zurück.

Als er eine Anstellung als Laborgehilfe und später als Sektionsgehilfe im Pathologischen Institut der Charité erhielt, stahl er wiederholt Skalpelle in verschiedenen Größen, um seine Messersammlung zu vervollständigen. Nachdem er des Diebstahls bei einer Nachbarin seiner Mutter überführt worden war, mußte er für sechs Monate ins Gefängnis. Nach Verbüßung seiner Strafe durfte er als Sektionsgehilfe weiterarbeiten.

Vor dem Jahr 1961 lernte er Karin H. kennen. Da sie ein Kind von ihm erwartete, verlobten sich beide, gingen aber nach Gewalttätigkeiten Swinkas getrennte Wege. Als er in einem Wutanfall die Einrichtung der gemeinsamen Wohnung zerschlug und seine Ex-Verlobte Zielscheibe von Messerwurfübungen wurde, rief die verängstigte Frau die Polizei. Als diese erschien, verprügelte Swinka die Streifenpolizisten. Widerstand gegen die Staatsgewalt brachte ihn erneut für vier Monate ins Gefängnis. Da seine Freundin 1962 erneut schwanger war, heirateten beide. Nach wie vor bestimmten seine von Jähzorn getriebenen, unkontrollierbaren Gewaltakte das eheliche Zusammenleben.

Zu seinen Kindern konnte Hilmar Swinka keine emotionale Bindung aufbauen. Nachdem er erneut straffällig geworden war, ging er für ein Jahr und vier Monate ins Gefängnis. Seine Frau nutzte die Gelegenheit und trennte sich von ihm.

Nach Verbüßung dieser Haftstrafe fand Swinka im August 1964 bei seiner Mutter in der Linienstraße im Stadtbezirk Mitte Aufnahme. Die Kaderabteilung der Charité gestattete ihm seine Tätigkeit als Sektionsgehilfe fortzusetzen. Arbeitsam und voller Fleiß stieg er nach einigen Monaten zum stellvertretenden Obersektionsgehilfen auf.

Doch Hilmar Swinka wurde unter Alkohol erneut straffällig. Er malträtierte seine neue Bekannte Hannelore S., zu der er gezogen war, und wurde auch gegenüber einer anderen Frau übergriffig. Gegen seine Festnahme wehrte er sich mit Faustschlägen. Wegen vorsätzlicher Körperverletzung und Widerstands gegen die Staatsgewalt verurteilte ihn das Gericht zu anderthalb Jahren Freiheitsentzug.

Im Juli 1967 kam Swinka frei. Hannelore S. wandte sich von ihm ab und ließ ihn nicht mehr zu sich. Hilmar Swinka zog zu seiner Mutter. Den Arbeitsplatz in der Charité erhielt er nicht wieder. Ihm wurde eine neue Arbeitsstelle im VEB Stereomat zugewiesen.

Während einer Kneipentour lernte er Brigitte K. kennen. Diese Beziehung knüpfte er aus rein sexuellem Interesse. Wie in allen seinen Beziehungen wandelte sich anfängliche Harmonie bald in Gewalt.

Swinka ermordet zwei Frauen auf Probe

Am 13. Februar 1969 verletzte Hilmar Swinka einen Mann nach einem Kartenspiel schwer. Gegen Mitternacht kehrte er in seine Wohnung zurück, reinigte sich vom Blut des verletzten Gegners und nahm aus der Küche ein Brotmesser an sich. In seinem Kopf hegte er mörderische Gedanken voller Rachsucht gegen seine Ehefrau. Er wollte sie töten, aber dann kamen ihm Zweifel ... Schon mehrfach hatte er sie mit einem Messer bedroht, aber noch nie richtig zugestochen. Ob er es wirklich konnte? Swinka beschloß, den Mord an seiner Ehefrau vorher zu proben. Als mögliches Opfer suchte er sich seine ehemalige Verlobte aus, die 46jährige Inge Sch.

Hilmar Swinka hatte die 16 Jahre ältere Frau im Frühjahr 1965 kennengelernt und mit ihr eine intime Beziehung geknüpft. Auch in dieser zeigte er sich von seiner gewalttätigen Seite. Im Dezember 1965 trennte sich Inge Sch. von ihm.

Am 14. Februar 1969 erschien nun Swinka gegen 00.30 Uhr bei Inge Sch. und bat, bei ihr übernachten zu dürfen. Die Frau willigte ein. »Als beide im Bett lagen, griff der ehemalige Verlobte nach ihrem Hals und würgte so lange, bis sie kein Lebenszeichen erkennen ließ. Danach holte er das mitgebrachte Brotmesser aus seinem Mantel, durchschnitt den Hals von vorn bis zur Wirbelsäule und versetzte seinem Opfer mehrere Herzstiche. Anschließend schnitt er der Getöteten den Bauch auf. Nach der Tötung reinigte er das Messer und steckte es zurück in die Manteltasche. Dann ging er noch einmal zu der Leiche, um seine Gefühle zu prüfen. Der Anblick der getöteten Frau berührte ihn nicht.«[22]

---

22 Ausführlich hat sich Hans Girod in »Blutspuren – Weitere ungewöhnliche Mordfälle aus der DDR«. Berlin 2001, S. 185–212 zu dem Serienmörder Hilmar Swinka (dort verfremdet zu: Henry Stutzbach) geäußert. Des weiteren wurde auf Geserick, Vendura, Wirth, Zeitzeuge Tod, a. a. O., S. 86–101 zurückgegriffen (hier: Hilmar S.).

Doch noch immer beschlich Swinka der Zweifel, ob er seine Frau genauso souverän ermorden könne. Er entschied sich für einen zweiten Probemord. Gegen 01.30 Uhr traf Hilmar Swinka bei der 37jährigen Ursula K. ein. Er hatte sie erst vor vier Monaten kennengelernt. Auch mit ihr verkehrte er intim, obwohl ihn ihre Alkoholabhängigkeit störte. Fraglos kam es zwischen beiden zu tätlichen Auseinandersetzungen. Obwohl schon spät in der Nacht, ließ Ursula K. Hilmar Swinka ein.

Nachdem sich beide entkleidet und auf das Sofa gelegt hatten, stürzte sich Swinka auf sein zweites Opfer. Er würgte es so lange, bis er keine Abwehrbewegungen mehr bemerkte. Als er seinen Würgegriff lockerte, hörte er ein Röcheln. Darauf drückte er der Frau mit beiden Händen ein Sofakissen auf das Gesicht. Um sich zu vergewissern, ob sie wirklich tot war, legte er ein Ohr auf ihren Brustkorb. Swinka hörte keinen Herzschlag mehr. Ursula K. war tot. Doch Swinka wollte sichergehen. Er legte die Leblose auf eine Matratze und brachte ihr mit dem Brotmesser noch einen tiefen Halsschnitt und einen Herzstich bei. Allerdings schnitt er der Frau nicht den Bauch auf. »Stattdessen vollzog er einen Kragenschnitt von Schulter zu Schulter und verlängerte diesen über Brust, Bauch und rechte Leistenbeuge bis unterhalb der rechten Kniescheibe. Sein Vorhaben, den Oberschenkelknochen herauszulösen, gab er auf, weil das Messer zu stumpf war. Auch die Leichenöffnung setzte er nicht fort.«[23]

Swinka konnte während und nach der Ermordung von Inge Sch. keine ernsthafte Erregung bei sich feststellen. »Ich war unnatürlich ruhig. Das kam mir natürlich sehr entgegen für die Absicht, meine Frau zu töten, aber in Bezug auf meine Frau war es so; ich habe sie über alles geliebt. Nur war ich mir

23 A. a. O., S. 95.

immer noch nicht sicher, ob es bei meiner Frau auch so glatt gehen würde ...«[24]

Hilmar Swinka stellte befriedigt fest, alle Handlungen ruhig und gelassen ausgeführt zu haben, und war sich nunmehr sicher, den Rachemord begehen zu können. Nachdem er das Messer gesäubert hatte, verließ er den zweiten Tatort. Gegen 02.30 Uhr kehrte er in seine Wohnung zurück und schlief bis gegen 05.30 Uhr. Dann fuhr er zur Wohnung seiner Ehefrau, die wieder bei dem Mann lebte, von dem sie geschieden war. Swinka beobachtete das Mehrfamilienhaus. Gegen 07.30 Uhr verließ erfahrungsgemäß seine Stieftochter das Haus. Kurz danach wollte er in die Wohnung eindringen.

Swinka ging noch etwas spazieren, um bei seiner Rückkehr die offene Haustür vorzufinden. Nach einigem Hin und Her verschaffte sich der Mörder gewaltsam Zutritt. Er fand seine Ex-Frau Rosemarie im Bett liegend. Nebenan lagen seine drei Stieftöchter und sein leiblicher sechs Monate alter Sohn. Um seine Ex-Frau an der Flucht zu hindern, schob er die Waschmaschine, die im Korridor stand, von innen gegen die Wohnungstür, da sie sich nicht verschließen ließ.

Im Schlafzimmer fragte ihn seine Frau, warum er gekommen sei. Swinka gab an, er wollte seinen Sohn sehen und den Unterhalt bezahlen. Rosemarie S. kleidete sich an und begann mit Hausarbeiten. Zwischen beiden kam es zu Zärtlichkeiten. Als Swinka zu weinen begann und sie ihn nach dem Grund fragte, antwortete er, sie wisse doch, daß er nervenkrank sei. Rosemarie S. versprach in dieser Situation, ihre Anzeige wegen Körperverletzung zurückzuziehen. »Zu spät«, entgegnete Swinka, »Entsetzliches ist geschehen. Ich habe zwei Menschen getötet.« Zum Beweis nannte er die Namen der Opfer. »Kann ich dir irgendwie helfen?« fragte Rosemarie S. Doch voller Gelas-

24 Hans Girod, Blutspuren, a. a. O., S. 199.

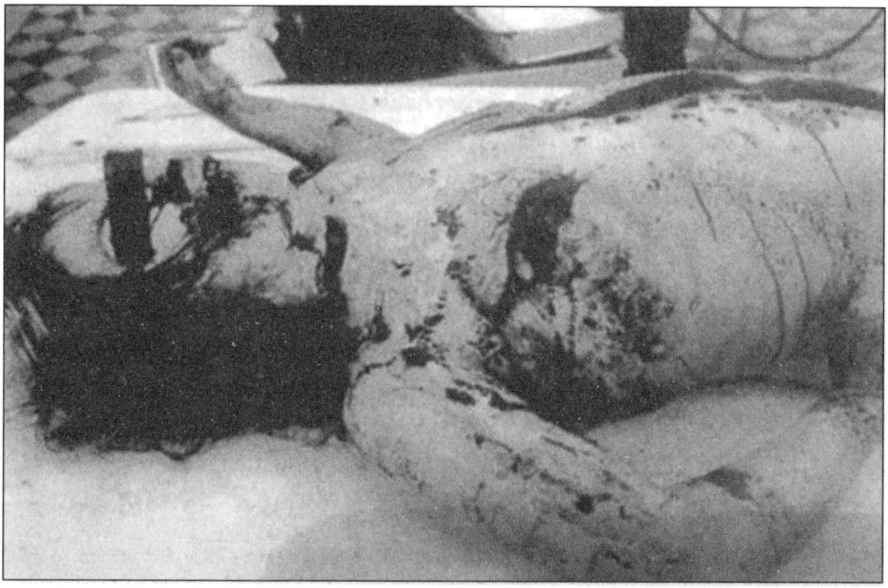

Die als »Versuchsobjekt« getötete ehemalige Geliebte.

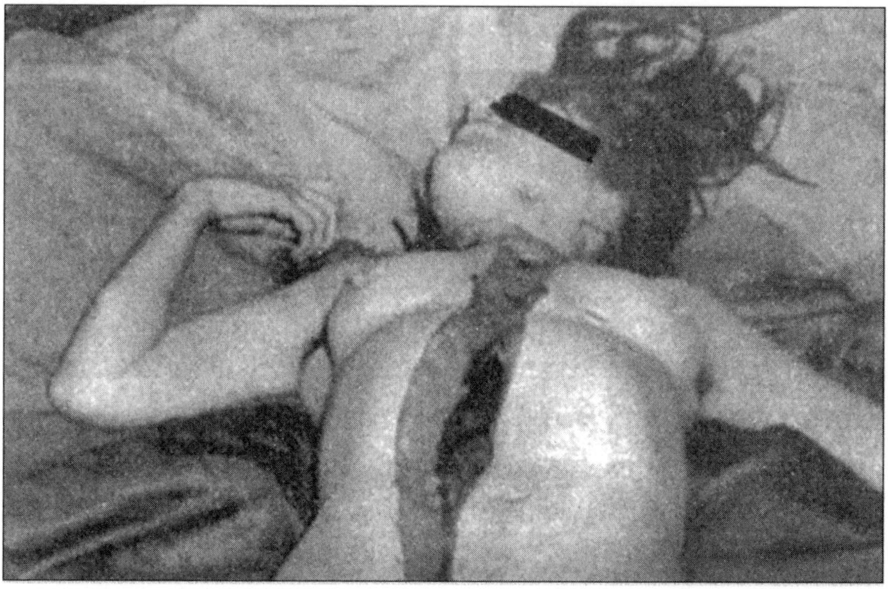

Die von Hilmar Swinka zugerichtete Leiche seiner ermordeten Ex-Frau.

senheit antwortete ihr Swinka, daß er gekommen sei, auch sie zu töten. Er zeigte ihr das Brotmesser und 40 Schlaftabletten, die er nach der Tat einnehmen würde. Vorher solle sie noch einmal mit ihm schlafen, weil er sie über alles liebe. Voller Verzweiflung versuchte Rosemarie S. Hilmar Swinka von seinem Mordplan abzubringen. Es gelang ihr, ihm das Brotmesser und die Tabletten abzunehmen. Sie ermutigte ihre älteste Tochter in aller Heimlichkeit, geschwind zur Nachbarin zu gehen, um die Polizei zu alarmieren.

Um keinen Verdacht zu erregen, rief sie der Tochter laut hinterher; sie möge vor dem Haus spielen. Hilmar Swinka hatte sich inzwischen im Wohnzimmer bis auf die Unterhose entkleidet. Als Rosemarie S. wieder bei ihm war, schloß er die Stubentür. Beide legten sich auf die Couch, und sie ließ es geschehen, daß Swinka auch sie entkleidete. Plötzlich klingelte es an der Wohnungstür. Beide sprangen auf. Hilmar S. nahm an, daß der Besuch gekommen sei, von dem sie am Vormittag beiläufig erzählte hatte. In diesem Moment beschäftigte ihn nur noch ein Gedanke: Wenn er die Frau jetzt nicht tötete, würde er keine Gelegenheit mehr finden. Augenblicklich rannte er um den Couchtisch, ergriff mit beiden Händen ihren Hals und drückte zu. Sie wehrte sich so kraftvoll, daß er mit ihr kämpfend das ganze Zimmer durchqueren mußte, bevor er sie auf die Couch werfen konnte. Noch immer leistete sie Widerstand, und so fielen sie schließlich gemeinsam auf den Boden. Dann vernahm Swinka lautes Klopfen an der Wohnungstür.

Er glaubte nun zu hören, wie die Waschmaschine beiseitegeschoben wurde. Gleich darauf hörte er Stimmen im Korridor und begriff: Nicht der erwartete Besuch, sondern die Polizei stand vor der Tür. Jetzt handelte er rasch, aber ohne Panik. Die Frau lag regungslos am Boden. Er griff zum Mantel, klappte das Taschenmesser auf und schnitt der Bewußtlosen die linke Halsseite auf. Unverzüglich schoß das Blut heraus und bildete eine riesige Lache. Zusätzlich versetzte Swinka dem Opfer noch einige Stiche in die Herzgegend. Um ganz sicher zu sein, versuchte er dann, den Kopf abzuschneiden. Die Halsweichteile ließen sich leicht durchtrennen, jedoch gelang es ihm nicht, die Halswirbelsäule vollständig durchzuschneiden.

Frauenmörder Hilmar Swinka.

Dann trank er vom Blut, um für alle Ewigkeit etwas von ihr bei sich zu behalten. Ihre Bluteiweiße, so glaubte er, würden in seinem Körper eingebaut. Dann zog er seine Kleidung an. Nachdem er sich noch eine Zigarette angezündet hatte, schloß er die Wohnungstür auf. So stand er schließlich den eintretenden Polizisten rauchend und blutverschmiert gegenüber.

Ergebnisse der gerichtsmedizinischen Obduktionen der drei weiblichen Opfer

Leiche der Inge Sch.

Punktförmige Blutungen an der Innenseite der Kopfschwarte und im Bereich beider Schläfenmuskeln als Folgen einer Halskompression. Querer Halsschnitt mit Durchtrennung der Halsweichteile bis auf die Wirbelsäule. Bluteinatmung. Zwei Stichverletzungen in der Herzgegend mit 1000 ml Blut in der linken Brusthöhle. Blutarmut aller inneren Organe als Folge des Blutverlustes. Längsschnitt durch die Bauchdecke mit Eröffnung des Bauchraumes sowie Stich-Schnittverletzungen von Leber und Magen. Todesursache: Herzstich und Halsschnitte nach nicht lange dauerndem Würgevorgang. Keine alkoholische Beeinflussung zum Zeitpunkt des Todes. Spermanachweis negativ.

Leiche der Ursula K.

Würgemale am Hals beiderseits, durch Würgen auch Bruch beider oberer Schildknorpelhörner am Kehlkopf, punktförmige Blutungen an den Augenlidern und an den Augäpfeln sowie an der Innenseite der Kopfschwarte und in den Schläfenmuskeln. Halsschnitt mit Durchtrennung von Luft- und Speiseröhre sowie der großen Halsblutgefäße rechts. Bluteinatmung. Stichverletzung des Herzens, 100 ml Blut in der linken Brusthöhle. Kragen und Körperlängsschnitt mit Schnittführung zum rechten Knie. Todesursache: Halsschnitt nach vorrangigem Würgen. Zum Zeitpunkt des Todes bestand eine mittelmäßige alkoholische Beeinflussung. Spermanachweis negativ.

Leiche der Rosemarie S.

Würgemale an der Halsvorderseite, Blutungen am Kehlkopf und in der vorderen Halsmuskulatur, punktförmige Blutungen in der Gesichtshaut, an den Augenlidern und Augäpfeln, an beiden Schläfenmuskeln, an der Zunge und an den Gaumenmandeln. Tiefer Halsschnitt mit unvollständiger Durchtrennung der Halswirbelsäule, Rückenmark vollständig durchschnitten. Bluteinatmung. Fünf Stich-Schnitt-Verletzungen in der linken Brustregion, zwei davon mit Eröffnung der Herzkammern, 100 ml Blut in der linken Brusthöhle. Hochgradige Ausblutung. Todesursache: Halsschnitt nach vorangegangenem Würgen. Keine alkoholische Beeinflussung zum Zeitpunkt des Todeseintritts. Spermanachweis negativ. Die Obduktionsergebnisse bestätigten die ersten Erkenntnisse zum Tatgeschehen. Der Täter hatte die Tötung immer auf dieselbe Weise vollzogen: zuerst ein Würgen bis zur Bewußtlosigkeit.

Hilmar Swinka war geständig. Ein psychiatrisches Gutachten sollte klären, ob bei dem dreifachen Mörder eventuell eine Geisteskrankheit oder eine verminderte Zurechnungsfähigkeit vorlag. Die Begutachtung erfolgte im Haftkrankenhaus für Psychiatrie Waldheim. Swinka war in Waldheim ab dem 27. Februar 1969 für acht Wochen untergebracht. Somit wurde dem Gutachter genügend Zeit eingeräumt, den dreifachen Frauenmörder umfangreich zu untersuchen.

Aus dem psychiatrischen Gutachten zu Hilmar Swinka

In dem fünfzigseitigen Gutachten gelangten die Experten zu dem Schluß, daß »trotz des Charakters der Delikte, aber sehr wohl auf Grund ihrer Planung und Motivierung, der besonderen Tatumstände, der Durchführung sowie Absicherung, noch dazu bei Berücksichtigung des Zeitfaktors und des Rechtsverständnisses, wie auch der vorhandenen allseitigen Orientierung und Erinnerungsfähigkeit des Täters, kein Krankheitswert zur Zeit der Tat festzustellen« war. Mit anderen Worten:

Swinka war zwar ein hochgradig jähzorniger, unbeherrschbarer, explosiver Psychopath, aber kein Psychotiker; folglich war er strafrechtlich voll verantwortlich.

Mit der Anklageerhebung bestellte das Berliner Stadtgericht den Rechtsanwalt Dr. Friedrich Wolff zum Pflichtverteidiger für Hilmar Swinka.

Nach § 64 der StPO der DDR war der Verteidiger grundsätzlich erst nach Abschluß der Ermittlungen befugt, Einsicht in die Akten zu nehmen. Freilich wäre nach dem Gesetz auch während des Ermittlungsprozesses eine Einbeziehung möglich gewesen, jedoch gab es eine wichtige rechtliche Einschränkung: Im laufenden Ermittlungsverfahren war dem Rechtsanwalt Akteneinsicht nur möglich, wenn dies ohne Gefährdung der Untersuchung geschah.

Dr. Wolff hatte angesichts der bevorstehenden Hauptverhandlung nicht allzu viel Zeit für eine ausgiebige Prozeßvorbereitung. Allerdings führte ein weiterer Suizidversuch seines Mandanten zu einem unerwarteten Terminaufschub. Den Zeitgewinn nutzte der Rechtsanwalt für intensive Studien der neurologischen und psychiatrischen Fachliteratur.

Aufgrund der bizarren Tatbegehung und des persönlichen Eindrucks von seinem Mandanten bezweifelte er dessen volle strafrechtliche Verantwortlichkeit und formulierte Einwände gegen das Gutachten des Psychiatrischen Haftkrankenhauses Waldheim.

Das Gericht folgte den Argumenten des Verteidigers. Es bestellte den Ärztlichen Direktor des Wilhelm-Griesinger-Krankenhauses für Psychiatrie und Neurologie zur Erstattung eines weiteren forensischen Gutachtens. Der Gutachter aus diesem Krankenhaus kam zu keinem anderen Ergebnis wie seine Kollegen aus dem Haftkrankenhaus Waldheim. So fand auch der zweite Gutachter bei Hilmar Swinka im Zusammenhang mit der vorsätzlichen Tötung der drei Frauen – im Gegensatz zur

Vermutung des Verteidigers – keinen Hinweis für eine verminderte oder gar ausgeschlossene Zurechnungsfähigkeit.

Den letzten Verhandlungstag beschlossen die Vorträge der Anklagevertretung und des Verteidigers. Der Staatsanwalt forderte die Todesstrafe, der Verteidiger versuchte mildernde Umstände zu erwirken. Das Gericht folgte der Staatsanwaltschaft.

Im Namen des Volkes wurde Hilmar Swinka wegen dreifachen Mordes zum Tode verurteilt. Alle Versuche des Verteidigers für eine Begnadigung blieben erfolglos. In der Strafvollzugseinrichtung Leipzig wurde der dreifache Frauenmörder am 1. Oktober 1970 durch Genickschuß hingerichtet.

2

ERWIN HAGEDORN – DER KINDESMÖRDER VON EBERSWALDE

(Drei Kindesmorde: 1969–1971/Hinrichtung 1972)

Erwin Hagedorn tötete aus purem Sadismus drei Jungen. Nach gültigem DDR-Recht wurde er dafür mit dem Tod bestraft und hingerichtet. Kaum ein anderer DDR-Kriminalfall wurde seitens diverser Medien[25] ideologisch so ausgeschlachtet wie dieser. Die Behauptung, Hagedorn sei zu DDR-Zeiten rechtswidrig zum Tode verurteilt worden, weil er nach »Jugendstrafrecht« hätte verurteilt werden müssen, ist falsch. Dieses »Jugendstrafrecht« gab es in der DDR nicht.

Im Jahre 1971 wurde mit der Anweisung 179/71 des Ministerium des Innern und Chefs der Deutschen Volkspolizei das erste zentrale Dokument zur kriminalistischen Untersuchung von Tötungsstraftaten, anderen nichtnatürlichen Todesfällen und Vermißtenanzeigen geschaffen. Darin waren die Aufgaben, Struktur, Arbeitsweise und Personalstärke der Morduntersuchungskommission (MUK) vom 25. Oktober 1971 eindeutig formuliert und festgelegt. Diese Anweisung mußte von den

25 Frank-Rainer Schurich: Die Spezialkommission – geheime Mordermittlung in der DDR? www.kriminalia.de: »Schon die WDR-Produktion Mord in Eberswalde, erstmalig in der ARD am 30. Januar 2013 gesendet, hatte übrigens den Fall des Serienmörders Erwin Hagedorn ideologisch verwurstet und ein banales Geschichtsbild vermittelt, ohne jegliche Bereitschaft der Kontextualisierung der DDR-Geschichte. So enthalten verschiedene Pressemitteilungen die Aussage, daß der Regisseur Stephan Wagner einen Film gedreht hat ›über einen Mord, der von einem Staat begangen wurde‹. Gemeint war damit wohl, daß der dritte Hagedorn-Mord an N.N. am 9. Oktober 1971 hätte verhindert werden können, weil er ›ohne ideologische Verbohrtheit‹ wahrscheinlich zu retten gewesen wäre. Weil das natürlich hanebüchener Unsinn ist, hat der Film berechtigterweise den Grimme-Preis 2014 in der Kategorie ›Fiktion‹ gewonnen.«

TV-Kriminalist Jürgen Frohriep im Polizeiruf 110
»Im Alter von ...«, der den Fall Hagedorn zum Gegenstand hatte.
Der Film von 1974 wurde erst 2011 ausgestrahlt.

Chefs der BDVP (Bezirksdirektion der Deutschen Volkspolizei) und den K-Leitern der BDVP umgesetzt werden.

Zur Unterstützung konnten Erweiterte Morduntersuchungskommissionen gebildet werden, die Kriminalisten aus dem Dezernat II der BDVP, vor allem aber Kriminalisten aus den Volkspolizeikreisämtern (Kommissariate »Leben und Gesundheit«) dafür zur Verfügung stellten. Komplexleiter führten die einzelnen Untersuchungsgruppen und waren dem MUK-Leiter direkt unterstellt. Dieser organisierte aus der Erkenntnis der ersten Ergebnisse der Tatortarbeit, Spurensuche und -sicherung, Sektionsergebnisse, Rundumermittlungen, aktiven Verdachtsrichtungen usw. das Zusammenwirken mit allen weiteren benötigten Spezialisten und legte entsprechend des ermittelten Untersuchungsergebnisses die weiteren Versionen in einem Untersuchungs- und Maßnahmeplan fest.

Die Tötungsstraftaten sowie die Gesamtkriminalität waren seit der Gründung der DDR bis zum Jahr 1971 erheblich zurückgegangen. Die Untersuchung solcher Verbrechen durch die MUK (strukturmäßige Spezialkommissionen) hatte sich bewährt.

Diese Kommissionen hatten des weiteren die Bearbeitung von unnatürlichen Todesfällen und Vermißtenanzeigen anzuleiten und zu kontrollieren, »um die Qualität in der Untersuchung dieser Ereignisse ständig zu erhöhen und zu verhindern, daß als Suicide oder Unfallgeschehen verschleierte Tötungsverbrechen unentdeckt« blieben.[26]

Die materiell-technische Ausrüstung dieser Kommissionen entsprach der von ihnen geforderten hohen Einsatzbereitschaft und den operativen Erfordernissen. Sie waren in der Lage, Tötungsverbrechen schnell und umfassend aufzuklären. Dabei wurden die Untersuchungen mit hoher Qualität durchgeführt. Die MUK verfügten über ein ständiges Diensthabenden-System, das ihre Einsatzbereitschaft auch außerhalb der Dienstzeit gewährleistete und garantierte, daß innerhalb kürzester Zeit Tatorte aufgesucht werden konnten.

Die Tätigkeit der MUK-Mitarbeiter war so gestaltet, daß sie sich spezialisieren konnten. Bei besonders schweren und kompliziert aufzuklärenden Tötungsverbrechen wurden mehrere Morduntersuchungskommissionen eingesetzt. Das war der Fall, als in den Jahren 1969 und 1971 in Eberswalde drei Jungen ermordet wurden.

Eberswalde lag verkehrsgünstig und war sowohl mit Kraftfahrzeugen und Bussen als auch mit der Deutschen Reichs-

26 Herbert Grieschat, Major der K: Die Leitung der kriminalistischen Untersuchung zur Aufklärung komplizierter Tötungsverbrechen. In: FORUM DER KRIMINALISTIK, 2/1973, S. 84–87.

bahn mühelos zu erreichen. Zu dieser Zeit entstanden immer neue Wohnsiedlungen, von der eine am westlichen Ortsrand von Eberswalde lag und unmittelbar an ein großes Waldgebiet grenzte.

Doppelmord an zwei Kindern 1969

Seit den frühen Nachmittagsstunden des 31. Mai 1969 wurden zwei Schüler, beide in Eberswalde wohnhaft, vermißt. Zuletzt waren sie mit ihren Fahrrädern gesehen worden. Trotz umfangreicher Suchmaßnahmen fand sich von den Kindern keine Spur. Erst 14 Tage später fanden Forstarbeiter die Leiche des kleinen Michael (Name verfremdet, acht Jahre alt) etwa fünf Kilometer von seinem Wohnort im Unterholz. Nach intensivem Suchen stieß man in 500 Meter Entfernung auf die Leiche des anderen Jungen, Holger (Name verfremdet, neun Jahre alt). Die beiden Kinderleichen wurden zur Obduktion nach Berlin in das Institut für gerichtliche Medizin der Charité gebracht. Bei Michael ergab die Leichenöffnung als Todesursache ein Verbluten infolge eines Halsschnittes mit Durchtrennung der linken Halsschlagader und der linken Halsblutadern. Eine Stichverletzung auf der linken Brustseite durchsetzte Pullover und Turnhemd sowie die Brusthaut, aber nicht die gesamte Brustwand. Weitere Verletzungen fanden sich nicht. Aus den Obduktionsergebnissen und dem Alter des Opfers zogen die Sachverständigen den Schluß, daß ein Tötungsverbrechen vorlag. Als Tatwaffe konnte ein Messer angenommen werden. Für die Vornahme sexueller Handlungen bot die Leiche keinen Anhalt.

Zwischen der letzten Mahlzeit und dem Todeseintritt lagen vier Stunden. Aus den fortgeschrittenen Fäulniserscheinungen, dem Fliegenmadenbefall und der Mumifikation an freiliegenden Körperteilen wurde auf eine Liegezeit von zehn bis 14 Tagen geschlossen. Die Leichenveränderungen erschwerten zwar jede Obduktion, ließen aber deutliche Rückschlüsse zu.[27]

Die drei toten Kinder.

27 Als Leichenveränderungen gelten ganz allgemein solche Vorgänge, die nach Eintritt des Todes in Abhängigkeit von äußeren und inneren Einflußfaktoren gesetzmäßig ablaufen. Wesentliche äußere Bedingungen sind Umgebungstemperatur, Luftfeuchtigkeit, Wind sowie Bekleidung und Bedeckung des Körpers. Als innere Faktoren wirken sich vorrangig der Ernährungszustand und die Todesursache aus. Die frühen Leichenveränderungen heißen Totenflecke, Totenstarre und Erkalten. Gleichfalls kurz nach dem Tod entstehen durch Verdunstung die Vertrocknungen, die an den Augen, an den Lippen, im Genitalbereich sowie an den Finger- und Zehenspitzen zuerst zu sehen sind. Unabhängig von verschiedenen Voraussetzungen tritt mitunter eine natürliche Leichenkonservierung ein. Am häufigsten sind Mumifizierung und Fettwachsbildung. Praktisch überwiegen die Fälle, bei denen verschiedene Leichenveränderungen in unterschiedlichen Stadien nebeneinander zu beobachten sind. Die späteren Leichenveränderungen führen weitaus häufiger zu einer Zersetzung als zu einer Konservierung des Leichnams. Bei der Leichenzersetzung überwiegen die bakteriell bedingten Fäulnisprozesse. Derartige Veränderungen können von Leiche zu Leiche wie auch an ein und demselben Leichnam außerordentlich verschieden sein. Von der Art der Leichenveränderungen hängen die Auswirkungen auf die gerichtsärztliche Befundsinterpretation ab. Entwickelt sich eine fäulnisbedingte Zersetzung, gehen wesentliche Verletzungsbefunde rasch verloren oder sind nur eingeschränkt beurteilbar. Hinzutretender Madenbefall kann weitere Zerstörungen verursachen. Bevorzugt legen die Fliegen ihre Eier auf feuchten Körperstellen ab, also in Augenwinkel, Nasen- und Mundöffnungen, aber auch in offene Wunden. Durch den Madenbefall können vorhandene gewesene Wunden unkenntlich gemacht oder vergrößert werden. Je nach Fliegenart und der Umweltbedingungen schlüpfen die Maden (Larven) unterschiedlich schnell und zehren von der Leiche. Auf diese Weise kann in der warmen Jahreszeit innerhalb weniger Tage eine vollständige Skelettierung eintreten. Dabei gehen nicht nur äußerliche Verletzungen verloren, sondern mit den inneren Organen auch deren krankhafte Veränderungen und Verletzungen. Dagegen bleiben Knochenveränderungen lange erhalten.

Schwieriger noch als bei dem achtjährigen Michael war die gerichtsmedizinische Untersuchung an der Leiche des neunjährigen Holger. Die Obduzenten formulierten folgende Überlegungen:

»II. Zur Todesursache ist auszuführen, daß der stark fortgeschrittene Zersetzungszustand der Leiche mit Fehlen aller inneren Organe mit Ausnahme der Harnblase eine sichere Diagnose nicht mehr gestattet. Der lokale Befund an der 3. Rippe links erlaubt jedoch, ein Einwirken auf die Herzgegend des Knaben mittels eines schneidenden Werkzeuges, welches zugleich auch als Stichinstrument geeignet ist, als erwiesen anzusehen. Inwieweit dieses Instrument jedoch tatsächlich bis in das Herz eingedrungen sein mag, kann infolge Fehlens des Organs nicht beurteilt werden.

III. Von der Fundortsituation her wird die Auffassung vertreten, daß bestimmte Einzelheiten weitere Rückschlüsse gestatten.

a) Auffällig ist zunächst die starke Durchfeuchtung und schmutzig schwärzlich-grau-braune Verfärbung des Waldbodens an korrespondierender Stelle zur ursprünglichen Lage des Halses der Leiche. Sie ist nach Art und Beschaffenheit am ehesten als ältere Blutlache zu deuten und könnte hinsichtlich ihrer Verursachung auf eine zusätzlich zum Einwirken auf die Herzgegend des Knaben stattgehabte Gewalteinwirkung im Bereich des Halses hinweisen, wobei wir vornehmlich an eine oder mehrere Halsschnitte mit Durchtrennung größerer Blutgefäße denken.

b) Der unter a) geäußerte Gedankengang würde nach unserer Meinung insoweit eine Untermauerung erfahren, als die Annahme eines mehr oder minder tiefen Halsschnittes den grotesken Madenverfall der Leiche mit weitgehender Skelettierung von Hirn- und Gesichtsschädel, an oberen Rumpfpartien und teilweise der Arme, vor allem aber das Eindringen der

Maden in die Brust- und Bauchhöhle mit völliger Vernichtung der Brust- und Bauchorgane erklären würden. [...]

V. Bezüglich des Zeitpunktes des Todeseintrittes gestatte der Zustand der Leiche keine genaueren Aussagen. Wenn indessen davon ausgegangen wird, daß H. zusammen mit M. seit dem 31. Mai 1969 als abgängig gemeldet worden sei und der Zeitpunkt des Todeseintrittes bei M. auf Grund des im Magen der Leiche vorgefundenen Inhaltes auf den Nachmittag des 31. März 1969 hätte bestimmt werden können, so spricht nichts gegen die Annahme, daß auch H. in etwa zu dieser Zeit getötet worden sein mag.

VI. Daß es sich im übrigen im anhängigen Fall um ein Tötungsdelikt und nicht etwa um eine Selbsttötung handelt, darf nach unserer Auffassung insofern als erwiesen angesehen werden, als Selbsttötungen 9jähriger Kinder durch schneidende Werkzeuge bisher noch nicht beobachtet wurden und auch unter psychologischen Aspekten sehr unwahrscheinlich wären.«

Im Auftrag der Staatsanwaltschaft Frankfurt/Oder fertigten die beteiligten Gerichtsärzte zu beiden Todesfällen ein zusammenfassendes Gutachten an.

Aus den Betrachtungen der Verletzungsmuster, zur Tatwaffe und zum Tatmotiv ergaben sich Hinweise auf ein und denselben Täter. Auch auf den örtlichen Zusammenhang (Auffindungsorte beider Leichen etwa 5 Minuten Fußweg voneinander entfernt, Fundort jeweils Tatort) und aus dem zeitlichen Zusammenhang (etwa gleich lange Leichenliegezeit) ließ sich ein solcher Schluß ableiten.

Zum Tatmotiv gab es außer einer geöffneten Hosenklappe keine Hinweise. Wenn auch vorrangig an ein sexuelles Motiv zu denken war, mußte die Kripo zwangsläufig auch von anderen Beweggründen des unbekannten Täters, wie z. B. Beseitigung der Kinder aus verschiedenen möglichen Gründen, Racheabsichten usw., ausgehen.

Diese und andere unzureichende Ausgangsdaten, wie etwa die witterungsbedingte Spurenvernichtung, erschwerten die mit einem hohen Kräfte- und Mittelaufwand über mehrere Monate geführten Untersuchungen.

Am 3. Dezember 1970 wurde das Ermittlungsverfahren vorläufig eingestellt.[28]

Der Sachbuchautor Wolfgang Swat beschreibt Hagedorns Gewaltphantasien wie folgt: »Nachts und manchmal sogar am Tage sucht ihn ein Traum heim, der für jeden anderen ein schlimmer Albtraum wäre. Einzelne Bilder formen sich nach und nach zu einem perversen Ganzen. Die Zeit versetzt ihn in die Zeit des Faschismus. Er ist Adjutant von Hitler und besitzt eine erstklassige Uniform mit vielen Orden. Seine Aufgabe ist es, in einem unterirdischen Kinder-KZ Knaben und Mädchen zu quälen und zu ermorden. Auf all seinen Wegen wird er von einem 14 Jahre alten, nackten Mädchen begleitet. Er küßt und liebkost es, aber mehr passiert nicht. Das unterirdische Gefangenenlager befindet sich in einem großen Waldgebiet. Die Kinder im Alter ab sechs Jahren, die von den Kinderfängern herangeschleppt werden, haben es zunächst gut. In den verzweigten Bergwerkstollen ist es warm. Jedes Kind hat ein eigenes Bett,

---

28 In der Strafprozeßordnung der DDR war im § 143 klar geregelt, wann ein Ermittlungsverfahren eingestellt oder vorläufig eingestellt werden konnte. Das Untersuchungsorgan war befugt, das Verfahren selbstständig vorläufig einzustellen, wenn der Täter nicht ermittelt werden konnte. Eine Vorläufige Einstellung erfolgte immer in enger Abstimmung mit dem Bezirksstaatsanwalt. Ergaben sich neue kriminalistische Anhaltspunkte im konkreten Fall, konnte gemäß § 145 StPO – Fortsetzung des Verfahrens – ein vorläufig eingestelltes Verfahren fortgesetzt werden, wenn die Voraussetzungen für die vorläufige Einstellung weggefallen sind. Das konnten unterschiedliche neue kriminalistische Anhaltspunkte sein, wie z. B. neue Zeugenaussagen zum Verdächtigten, Zerschlagung des Alibis, neue Hinweise aus den gerichtsmedizinischen und kriminalistischen Untersuchungen oder heutigentags neue Spuren zum Verdächtigten mittels DNA-Analyse.

ist gut gekleidet und bekommt genug zu essen. In den Träumen des Mörders enden sie jedoch alle in der Folterkammer. Dort gibt es verschiedene Bereiche: Peitschenkammer, elektrische Kammer, Messerkammer, chemische Kammer, Pistolenkammer, Verbrennungskammer und eine Kammer mit mittelalterlichen Folterinstrumenten. Dreimal am Tage finden Appelle statt. Die jungen Mädchen sind nackt. Er sucht die Hübschesten aus, um sie dann in den einzelnen Kammern auf sadistische Art und Weise zu quälen und zu töten.

Wenn der Mörder morgens aus diesen Träumen erwacht, ist er erschöpft und zufrieden zugleich. Die Schlafhose ist naß vom Samenerguß. Der Mann, der von derartigen Wahnvorstellungen heimgesucht wird, vertraut sich keinem Menschen an. Bald reichen ihm der Anblick des Messers und die Erinnerungen an die Morde nicht mehr. Er geht auf die Jagd und sucht sich Kinder, die er wie in seinem Traum töten will. Der Drang ist unwiderstehlich. Er durchstreift die Eberswalder Forste in der Umgebung von Spechthausen und den Drehnitzwiesen. Was er im Schutz der Wälder treibt, bleibt im Verborgenen [...].«[29]

Zwar zog in Eberswalde wieder so etwas wie Normalität ein, aber der Ort eines solchen Verbrechens ist für Jahre, ja Jahrzehnte auf unterschiedlichste Weise geprägt.[30]

Während solche schweren Verbrechen in größeren Städten mittelfristig leichter in »Vergessenheit« geraten können, schei-

---

29 Wolfgang Swat: Der Schlächter von Eberswalde. In: Mord ohne Mörder. Berlin 2011, S. 9–31.

30 Bei über 200 Lesungen, die Kriminalrat a. D. Hans Thiers und sein Verleger Michael Kirchschlager im Bezirk Gera im Zeitraum von 2015–2018 durchführten, waren die Erinnerungen an die scheußlichen Morde noch allgegenwärtig. Das war besonders bei den Fällen von Kindesmorden (Gera, z. B. Michaela Wagner oder dem Stadtwaldmord), bei Kindesmorden nach der Geburt (Zeulenroda) oder bei Frauenmorden (Gera, Bürgel) so.

nen sie in kleineren Ortschaften auf längere Zeit im kollektiven Gedächtnis erhalten zu bleiben.

Der dritte Mord 1971

Am Abend des 9. Oktober 1971 berichteten Kinder ihren Eltern, daß ihr zwölfjähriger Spielgefährte Roland von einem unbekannten Mann verfolgt worden und seitdem verschwunden sei. Unabhängig von den sofort eingeleiteten Suchmaßnahmen der Deutschen Volkspolizei wurde die Leiche des Kindes etwa 500 Meter von seinem Wohnort entfernt in dem angrenzenden Waldgelände von einem Pilzsucher gefunden.

Roland und sein Spielgefährte wollten sich aus geklauten Bohlenbrettern des Tiefbaukombinates Eberswalde eine Abdeckung ihres selbstgebauten Erdbunkers bauen. Bei diesem Diebstahl wurden sie von einem dritten Jungen beobachtet, der sich aber nicht an dieser Handlung beteiligen durfte. Als sich Roland und sein Freund auf je einem Bohlenbretterstapel befanden, näherte sich unvermittelt eine unbekannte männliche Person. Daraufhin fühlten sich die Kinder ertappt, sprangen von den Holzstapeln und ergriffen die Flucht, wobei sie sich vom Wohnhaus entfernten. Der Unbekannte nahm sofort die Verfolgung der flüchtenden Kinder auf, wobei sich Rolands Spielkameraden unter Ausnutzung der Dunkelheit dem Unbekannten entziehen konnten, er selbst aber in die Hände des Mörders geriet, da er sich in das angrenzende Waldgebiet in Richtung der Drehnitzwiesen wandte.

Bereits im Vorfeld hatte sich der Täter nach Opfern umgesehen: »Am 9. Oktober 1971, gegen 15.00 Uhr, steckte er sich ein Messer mit feststehender Klinge in die Tasche, verließ die elterliche Wohnung und machte sich wieder auf den Weg in den Wald. Er traf 3 Kinder, ein Mädchen und zwei Jungen, die beschäftigt waren, sich ein Erdloch zu graben. Einer der Jungen entsprach seinen Vorstellungen: schlank, schöner Gesichtsausdruck, kindlicher Mund, keine abstehenden Ohren, kein Brillenträger und in jedem Fall leicht unterzuordnen. Geübt darin seit langem, verwickelte Hagedorn die Kinder in ein Gespräch. Aber die Anwesenheit des Mädchens störte ihn, und es kamen auch Spaziergänger vorbei. So trollte er sich und ging weiter in den Wald.

Gegen 17.00 Uhr traf er abermals drei Kinder, wieder ein Mädchen und zwei Jungen, die an einer wilden Müllkippe einen Handwagen entluden. Er sprach die Kinder an und bot gierig nach körperlichen Kontakt einem der Jungen an, einen Judogriff zu zeigen. Dabei holte er das Messer hervor und rammte es in einen Baum. Ängstlich der Junge: ›Sie sind ein Mörder.‹ Aber Hagedorn lachte nur: ›Ich kann keiner Fliege etwas zu Leide tun.‹ In diesem Moment mahnte das Mädchen zum Aufbruch. Hagedorns Plan, die Kinder zu trennen, war damit gescheitert.

Er mußte weiter nach einem Opfer suchen. Und die Gelegenheit fand sich. An einem Garagenkomplex erblickte der Mordlüsterne gegen 18.00 Uhr einen Jungen, der Bretter von einem Stapel herunterwarf – offensichtlich eine unerlaubte Handlung. Als Hagedorn ihn ansprach, flüchtete der Junge. Hagedorn rannte ihm hinterher, bekam ihn an einem Waldweg zu fassen, fragte ihn nach dem Namen und wozu er die Bretter brauche. Der Junge hieß Roland und sagte auch, daß er zwölf Jahre alt sei. Die Bretter wollte er verwenden, um seine Bude im Wald abzudecken. Eine verhängnisvolle Auskunft. Sofort verlangte Hagedorn, daß der Junge ihm die Bude zeige. Dort angekommen, drohte er den Bretterdiebstahl anzuzeigen – es sei denn, Roland würde ihm einen Gefallen tun. Als beide in das Erdloch hinabgestiegen waren, forderte nun der 19jährige den Zwölfjährigen auf, die Hosen herunterzulassen. Der einge-

Erwin Hagedorn, hingerichtet 1972.

schüchterte Roland tat das ohne Widerspruch. Hagedorn schob seine Hand zwischen die Beine des Jungen und drückte ihn dann bäuchlings gegen den Grubenrand. In dieser Position versuchte er einen Analverkehr. Aber das mißlang, und er gab den Jungen für einen Moment frei. Der wollte sofort fliehen.

Hagedorn, nun stark sexuell erregt, riß ihn zurück und schlug ihm ins Gesicht. Schon hatte er auch das Messer zur Hand und stach dem Jungen mehrmals in die Brust und in den Rücken. Damit der Verletzte nicht weiter schrie, würgte er ihn bis zur Bewußtlosigkeit. So schulterte Hagedorn ihn und trug ihn auf eine Lichtung. Dort warf er sein Opfer ab. Durch den Sturz zu sich gekommen, versuchte der Junge noch einmal zu fliehen. Wiederum stach Hagedorn ihm in die Brust. Mit letzter Kraft versuchte der Junge wegzukriechen. Der Verfolger versetzte ihm weitere Stiche in den Rücken, auch in den Kopf und den

Hals. Inzwischen seiner Beute sicher, vollzog er den Halsschnitt wie bei seinen beiden ersten Opfern. Dabei bemerkte er, daß die Messerspitze abgebrochen war. Soviel Klarheit besaß er noch, daß er zuerst dafür sorgen mußte, keine Spuren zu hinterlassen. Rasch entzündete er ein Streichholz und suchte danach. Zusammen mit dem Streichholz steckte er das Metallstück ein.

Und wieder waren es der Anblick der blutenden Wunden und das Röcheln des Opfers, woran sich der Sadist bis zum Samenerguß befriedigte. Um seinen Phantasien noch weitere Nahrung zu geben, wollte der Mörder dem Opfer das Geschlechtsteil abschneiden.

Er setzte schon das Messer an, da glaubte er, das Hecheln eines Hundes zu vernehmen, und flüchtete. Unterwegs warf er sein beschädigtes Messer mit der Scheide und die abgebrochene Messerspitze weg. Nichts davon konnte später gefunden werden.

Gegen 19.25 Uhr war Hagedorn wieder zu Hause. Er wusch sich die Hände und kontrollierte seine Bekleidung nach Blutflecken. Die Lederjacke, die er am Nachmittag getragen hatte, wischte er gründlich ab. Sein Taschentuch verbrannte er im Zimmerofen. Wenig später aß er Abendbrot. Anschließend hörte er Musik vom Tonband.

Zu dieser Zeit waren die Eltern des Opfers schon auf dem Weg zur Polizei. Um 19.30 Uhr meldeten sie ihren Sohn als vermißt. Von anderen Kindern hatten sie erfahren, daß Roland von einem unbekannten Mann verfolgt worden war. Danach hatten ihn seine Spielgefährten nicht wieder gesehen. Wie der Verfolger aussah, konnten die Kinder nur ungenau beschreiben.

Hagedorn verhielt sich ruhig. Zwei Tage nach dem Verschwinden des Jungen, es war der 11. Oktober 1971, wurde die Leiche entdeckt, wiederum in der Revierförsterei Schwärze und nur einen halben Kilometer von Rolands elterlicher Wohnung entfernt. Der Tote wurde in Rückenlage aufgefunden.«[31]

In den Abendstunden des Auffindungstages erfolgte die Obduktion. Am Hals zeigte sich ein großer, jedoch nicht sehr tiefgehender Schnitt. Dazu kamen elf gravierende Stichverletzungen: vier von hinten die Brusthöhle eröffnend, fünf den Schädel verletzend, davon zwei durch den Knochen in das Gehirn reichend, und zwei tief in die Halsweichteile gehend.

Außerdem wurden zwölf kleine oberflächliche Einstiche in der Brusthaut vorn, hinten und seitlich, am Hals und an der Vorderseite des linken Oberarms festgestellt. Die Bekleidung war entsprechend durchstochen. Die Geschlechtsorgane wiesen eine schwärzlich-erdige Verschmutzung auf, Verletzungen an Genitalien und After fehlten. Sperma konnte nicht nachgewiesen werden. Der Tod trat infolge Verblutens aus vielfachen Stichverletzungen und Halsschnitt ein. Die große Anzahl der Stichverletzungen ließ ziemlich genaue Aussagen zum Tatwerkzeug zu: einschneidiges, scharfes Messer, offenbar nach vorn dolchartig, spitz zulaufend mit sehr schmalem Rücken, Klingenbreite im hinteren Anteil bis drei Zentimeter möglich.

»Zur vorläufigen Einschätzung der Tatmotivation«, so formulierten die Gerichtsärzte im Gutachten, »kann aus dem insgesamt bisher ablesbaren Tatablauf gefolgert werden, daß es sich zweifellos um eine typische sexuell-sadistische Tötung handelt, wobei die Auswahl des Opfers und das Quälen über einen gewissen Zeitraum hinweg dafür charakteristisch sind. Es fällt auf, daß trotz der mit Sicherheit erfolgten Entblößung der Gesäß- und Genitalregion des Opfers hier keine Verletzungen gesetzt worden sind.«

---

31 Geserick, Vendura, Wirt, a. a. O., S. 119 ff.

Die wichtigsten Ermittlungsrichtungen

Auf der Grundlage der vorliegenden Tatbefunde und der Täterhypothese wurden folgende Versionen in die Untersuchungsplanung aufgenommen:

1. wegen Sexualverbrechen vorbestrafte Personen, deren Handlungen homosexuell-pädophile oder sadistische Neigungen erkennen ließen;
2. geistesgestörte Personen;
3. bestimmte, mit den Tatumständen in Zusammenhang zu bringende Berufsgruppen, wie z. B. Fleischer, Jäger, Forstarbeiter;
4. alleinwohnende oder zur Tatzeit alleinstehend gewesene männliche Personen des gesamten Ortsteils;
5. alle männlichen Jugendlichen und Erwachsenen, denen eine sadistische Neigung anhaftete.[32]

Die Ermittlung und Überführung

Nach fünfwöchiger intensiver Untersuchungsführung wurde Erwin Hagedorn als Täter ermittelt. Unter den zahlreichen vorliegenden Hinweisen von Kindern, die zum Teil auch zur Aufklärung anderer Straftaten führten, gab es den Hinweis eines 13jährigen Schülers, der im Jahre 1968 im Waldgebiet von Eberswalde von einem Mann in jugendlichem Alter zu sexuellen Handlungen gezwungen und mit einem Messer bedroht wurde. Aus Furcht vor den Drohungen des Mannes hatte das Kind aber geschwiegen. Infolge der Öffentlichkeitsarbeit gab

32 Herbert Grieschat, Major der K: Die Leitung der kriminalistischen Untersuchung zur Aufklärung komplizierter Tötungsverbrechen, a. a. O., S. 86 f.

der Junge schließlich einen wertvollen Hinweis, der zur Festnahme Hagedorns führte.

Hagedorn wurde am 30. Januar 1952 in Eberswalde geboren. Er wohnte in Eberswalde-Finow, war ledig, hatte keine Geschwister und erlernte den Beruf des Kochs. Zur Zeit seiner Tatbegehung war er als Lagerist bei der Mitropa Eberswalde tätig. Hagedorn war seit 1970 Kandidat der SED, nicht vorbestraft und beim MfS und der Kriminalpolizeilichen Registratur nicht erfaßt.

Die Ermittler

Die Aufklärung der Kindesmorde erfolgte in enger Zusammenarbeit mit den eingesetzten bezirklichen und überbezirklichen Organen der Deutschen Volkspolizei. Die Ermittlungen wurden von seiten der Kriminalpolizei im Rahmen einer Einsatzgruppe mit einer durchschnittlichen Stärke von 70, von seiten der Hauptabteilung IX/7 des MfS mit 80 operativen Mitarbeitern bzw. den Diensteinheiten der BVfS Frankfurt/Oder geführt. Im Rahmen der Gesamtermittlung wurden seit 1969 insgesamt zirka 2500 Personen im Hinblick auf eine Täterschaft offiziell wie inoffiziell geprüft. Die Täterermittlung basierte auf einer von hier erarbeiteten einheitlichen, wissenschaftlich begründeten Hypothese zu Tat und Täter. Bereits in der Doppelmordsache aus dem Jahre 1969 ging man aufgrund der Vermißten- und Auffindesituation, des gesamten objektiven Tatbefundes sowie der Opferpersönlichkeiten davon aus, daß es sich bei den Verbrechen dem Wesen nach um Sexualverbrechen handelte. Diese kriminalistische Interpretation wurde maßgeblich durch hinzugezogene gerichtsmedizinische und psychiatrische Sachverständige sowohl des In- als auch des Auslandes gestützt und begründet.[33]

Zwei Angehörige der HA IX/7 des MfS konsultierten zuerst den international bekannten Gerichtspsychiater Prof. Schipkowensky in Sofia und beauftragten dann gutachterlich den Oberarzt an der Psychiatrischen Klinik der Charité, Hans Szewczyk. Grundlage für die Festnahme Erwin Hagedorns war das herausragende Täterprofil von Prof. Dr. Hans Szewczyk (1923–1994), der seit 1961 die Abteilung für Forensische Psychiatrie und Psychologie an der Charité der Humboldt-Universität zu Berlin leitete. Heute wird der Begriff des »Profilers« mit dem FBI assoziiert, das diese Methode angeblich entwickelt haben soll. Es war aber Hans Szewczyk, der das erste wissenschaftlich begründete Täterprofil der Welt im Fall Hagedorn erarbeitete, was mittlerweile auch in der Fachliteratur anerkannt ist.[34]

»Wenn diese Methode der Erfassung und die Jagd auf Serienkiller durch das FBI im Laufe der Jahre perfektioniert wurden – eine FBI Erfindung ist sie nicht: Bereits 1971 arbeitete die DDR Volkspolizei im Fall des Knabenmörders Erwin Hagedorn mit einer Kombination psychologischer Täterprofilerstellung und Computerauswertung. Eine Pionierleistung, die den Ermittlern seinerzeit wahrscheinlich als solche nicht einmal bewußt war.«[35]

---

33 Bericht zur Aufklärung der Mordsachen N./N. aus dem Jahre 1969 und N. vom 9.10.1971 in Eberswalde (Hauptabteilung IX/7), S. 1–9.

34 Vgl. Stefan Orlob: War der deutsche forensische Psychiater Hans Szewczyk der erste moderne Profiler? Archiv für Kriminologie 207, 2001, S. 65–72 u. Frank-Rainer Schurich: Die Spezialkommission – geheime Mordermittlung in der DDR? www.kriminalia.de.

35 Lexikon der Serienmörder, a. a. O., S.16.

Das Urteil

Wie zuvor im Ermittlungsverfahren gestand Hagedorn auch vor Gericht die Morde in allen Einzelheiten. Er wurde wegen mehrfach vollendeten (drei) und vorbereiteten (acht) Mordes, teilweise in Tateinheit mit mehrfacher vollendeter und versuchter Nötigung und mehrfachem vollendeten und versuchten Mißbrauchs von Kindern, zum Tode verurteilt.

Die Berufung gegen den Richterspruch wurde am 7. Juni 1972 vom Obersten Gericht der DDR als unbegründet zurückgewiesen. Auch ein Gnadengesuch, welches der Vorsitzende des Staatsrates der DDR, Walter Ulbricht, ablehnte, konnte seine Hinrichtung nicht verhindern.

Das Todesurteil wurde am 15. September 1972 in Leipzig vollstreckt. Erwin Hagedorn war nachweislich der letzte Mörder, der in der DDR hingerichtet wurde.

3

PETER ALBRECHT
DER »RIPPER VON MAGDEBURG«

(DDR, drei Morde: 1973/Haft bis 1991/BRD, Mord: 1995/ Haft bis 2008/heute auf freiem Fuß)

Ernst Schmidt, Hauptmann der K und stellvertretender Leiter der MUK, betrat am Montag, 25. Februar 1973, eine Dachwohnung am Magdeburger Südring. Hausbewohner hatten die Polizei informiert: In der Wohnung von Ingrid R. (22) »stimme irgendetwas nicht«. In der Nacht vom 23. zum 24. Februar soll es großen Radau gegeben haben. Verdächtig war dann die Stille.

Der Kriminalist fand überall Blutspuren, in der Küche, in der Stube, in der kleinen Kammer. »Es sah aus wie in einem Schlachthaus«, sagte er später gegenüber der »Volksstimme«. Die Ermittler fanden die Leichen zweier Frauen. Die 17jährige Ilona J. lag nur mit einem Pullover bekleidet in der Stube auf dem Boden, ihre Freundin Ingrid R. auf dem Sofa. Bei der Tatortarbeit fand der Kriminaltechniker von der Bezirksbehörde der Deutschen Volkspolizei auf einem Sessel unter einem Kleiderberg den Personalausweis von Frank L. Zuerst schien es, als habe der Mörder seine Ausweispapiere zurückgelassen.[36] Dann fand die Kripo einen dritten Toten. Unter einem Haufen Bekleidung, der neben dem Kinderbett lag, ragte ein Fuß hervor. Es war die Leiche von Frank L. Der 20jährige war ebenfalls erstochen worden.

Der Einsatzleiter ordnete »N2« an – eine Nachrichtensperre inklusive Verschlüsselung des Polizeifunks. Die Ermittlungen

36 Bernd Kaufholz: Der Ripper von Magdeburg. Magdeburg 2001.

im familiären Umfeld der Toten führten bereits wenige Stunden später zu Peter Albrecht.[37]

Am 23. Februar 1973 hatte Dieter S., der Stiefvater von Ingrid R., seiner Stieftochter und ihrer Freundin Ilona J. beim Möbeltransport geholfen. Abends sei der 20jährige Peter Albrecht, der Ex-Freund von Ilona J., dort aufgetaucht. Peter Albrecht war der Kripo nicht unbekannt. Das Vorstrafenregister des ehemaligen Heimkindes erwies sich als umfangreich (1969 Jugendwerkhof wegen Diebstahls, 1971 Haftstrafe; Albrecht war mit einem Messer auf seinen Vater losgegangen).

Nach seiner Entlassung 1972 lebte er mit der 17jährigen Ilona J. zusammen. Als er nach erneuten Einbrüchen wieder im Gefängnis landete, zog Ilona J. bei ihrer Bekannten Ingrid R. im Südring ein. Ilona J. unterhielt nun eine Freundschaft zu dem Bahnpost-Kraftfahrer Frank L.

Als Peter Albrecht drei Tage nach seiner Entlassung abends in die Wohnung am Südring kam, sollte es eine Feier geben. Aber die richtige Stimmung wollte nicht aufkommen, sagte der Stiefvater später aus. Albrecht habe den ganzen Abend »dumme Bemerkungen zu Ilona gemacht«, er war verstimmt über ihre neue Bekanntschaft.

Am späten Abend klingelten zwei Männer an der Wohnungstür: Joachim A., der später kurzzeitig als Tatverdächtigter festgenommen wurde, und Frank L. Albrecht begann eifersüchtig zu werden. Kurz nach Mitternacht verließen Dieter S., Joachim A. und Peter Albrecht die Wohnung. Albrecht, inzwischen von Eifersucht zerfressen, ging in seine Wohnung in der Karl-Schmidt-Straße, nahm sein Fahrtenmesser und lief zurück zum Südring. Dort kletterte er über den Bretterzaun auf den Hof des Hauses und gelangte von dort durch ein Fenster der

37 Klarname des Täters, veröffentlicht auf YouTube und im »Berliner Kurier« v. 5. Dezember 1995.

Gemeinschaftstoilette in den Treppenaufgang. Gegen 02.00 Uhr trat er die Wohnungstür auf. Rasende Eifersucht beherrschte ihn. Unvermittelt stieß er in der Küche auf den unbekleideten Frank L. und stach 65mal auf ihn ein.

Ilona J., die ihrem Freund zu Hilfe eilte, wurde von über 80 Messerstichen getroffen. Ingrid R., die in der Stube auf dem Sofa lag, war gelähmt vor Angst. Albrecht setzte sich zu ihr aufs Sofa und redete auf sie ein. In dieser Situation schrie sie und schlug wie wild um sich: ihr Todesurteil. Albrecht zog das Fahrtenmesser mit großer Gewalt über den Hals des Opfers, dessen Kehle zerfetzt wurde. Dann legte er seine tote Ex-Freundin Ilona J. ins Wohnzimmer. Er bedeckte sie mit einer Decke und streifte ihr den Ring vom Finger. Nun kippte er den Müll aus einem Eimer in das Kinderbett. Bekleidung und Bettbezüge warf er über den Körper von Frank L. Abschließend säuberte er sich im Eimer vom Blut seiner Opfer.

Albrecht blieb noch Stunden in der Wohnung am Südring, trank Wein und Bier. Bevor er nach Hause ging, zog er sich die Sachen von Frank L. an und stahl Geld aus dessen Brieftasche.

Bereits nach 24 Stunden Tatortarbeit wurde Peter Albrecht am 25. Februar 1973 in seiner Wohnung in Magdeburg-Buckau verhaftet. Bei der Wohnungsdurchsuchung sicherten die Kriminalisten in den Hausmülltonen die blutgetränkte Hose und das Hemd des Verdächtigten. Selbst an einem Zeh Albrechts ließ sich Blut nachweisen. Es stammte von einem der Opfer. Peter Albrecht gestand. Sein Geständnis deckte sich mit den Erkenntnissen der Rechtsmediziner und der Kriminaltechniker. Nur das Tatmesser fehlte. Albrecht gab an, es auf dem Südfriedhof weggeworfen zu haben, aber die Kripo konnte es nicht finden.

Anfang Februar 1974 fand vor dem 3. Strafsenat des Magdeburger Bezirksgerichtes der Prozeß gegen Peter Albrecht statt.

Das Gutachten des psychiatrischen Haftkrankenhauses Waldheim bescheinigte dem Täter volle Zurechnungsfähigkeit. Zwar habe er »ungünstige Entwicklungsbedingungen« aufgrund schwieriger familiärer Verhältnisse gehabt, »doch stets wurde ihm durch die Fürsorge in unserem Staat die Möglichkeit gegeben, ein ordentlicher Mensch zu werden«.[38]

Die Bezirksstaatsanwaltschaft beantragte »auf Grund der Schwere der Straftat und zum Schutze der Bürger unseres sozialistischen Staates« die Todesstrafe. In seinem letzten Wort bat Albrecht um ein mildes Urteil. Am 11. Februar schloß sich das Gericht infolge der »Skrupellosigkeit des Täters, der sich außerhalb der Gesellschaft gestellt hat« dem Antrag des Staatsanwalts an. Im April 1974 wies das Oberste Gericht die Berufung im Fall Peter Albrecht als unbegründet zurück. Damit war das Magdeburger Urteil rechtskräftig. Doch das Todesurteil wurde nicht vollstreckt.

Am 2. März 1995 ermordete Peter Albrecht erneut einen Menschen. Erst da erfuhr die Öffentlichkeit, daß der »Ripper von Magdeburg« 1974 nicht hingerichtet worden war. Die politische Situation hatte Albrecht vor dem Henker gerettet. »Es war die Zeit der Konferenzen für Sicherheit und Zusammenarbeit in Europa. Kritisch wurde registriert, daß es in der DDR immer noch die Todesstrafe gab. Die Regierung wollte ein politisches Zeichen setzen. Wenige Stunden vor der Hinrichtung wurde Peter Albrecht vom DDR-Staatsratsvorsitzenden begnadigt. Das Büro eines Berliner Rechtsanwalts hatte sich noch einmal des Falles angenommen. Man bemängelte, daß an den Füßen von Ilona J. nicht nach möglichen Blutanhaftungen gesucht worden war. Ilona hätte Franks Blut unter den Füßen haben müssen, weil der 20jährige vor ihr starb. Die beiden

38 »Volksstimme« v. 7. März 1974.

Frauen Ilona J. und Ingrid R. seien bereits tot gewesen, als Peter Albrecht Frank L. erstach.

Albrechts Anwalt besuchte seinen Klienten 15 Jahre im Brandenburger Gefängnis. Albrecht habe nie eine menschliche Regung gezeigt, sagte er später. »Er hat seine Wahnsinnstat bis zuletzt gerechtfertigt. Mir war klar, daß dieser Mann immer gefährlich bleiben würde.«

Ein politisches Ereignis brachte dem Magdeburger Mörder Peter Albrecht 1991 die Freiheit. Nach der Wiedervereinigung wurden alle Lebenslänglich-Urteile der DDR überprüft. Bei Albrecht wurde festgestellt, daß er zur Tatzeit 20 Jahre alt war. Nach bundesdeutschem Jugendstrafrecht hätte er maximal zu zehn Jahren verurteilt werden können. Albrecht wurde entlassen. Ein dramatischer Fehler!

In der DDR war man mit 18 Jahren volljährig und strafrechtlich voll verantwortlich. Dieses Urteil, wie viele weitere ebenso, war auf der Grundlage der Strafprozeßordnung und des Strafgesetzbuches der DDR ergangen. Bei Tötungsverbrechen handelte es sich nicht um Kavaliersdelikte. Im Rahmen der Wiedervereinigung wurden alle Urteile von Mördern – und auch Serienmördern – einer juristischen Überprüfung unterzogen. In einzelnen Fällen kam man zu der Erkenntnis, daß Mörder in der DDR bis 21 Jahre nicht nach Jugendstrafrecht verurteilt worden waren (was durch die eindeutige Gesetzgebung des DDR-Strafrechts vorgeschrieben und legitimiert war).

Albrecht tauchte im Rotlichtmilieu unter und arbeitete unter anderem als Zuhälter von tschechischen Prostituierten und als Autoschieber. Am 22. März erschlug er – nach eigenen Aussagen stark angetrunken – die Gymnasiastin Melanie J. (16) in seiner Brandenburger Wohnung mit einer Schnapsflasche. Das junge Mädchen habe ihn »sexuell animiert und dann verhöhnt«. Ein paar Tage ließ er die Tote im Schlafzimmer liegen, dann versteckte er sie auf dem Gelände einer ehemaligen

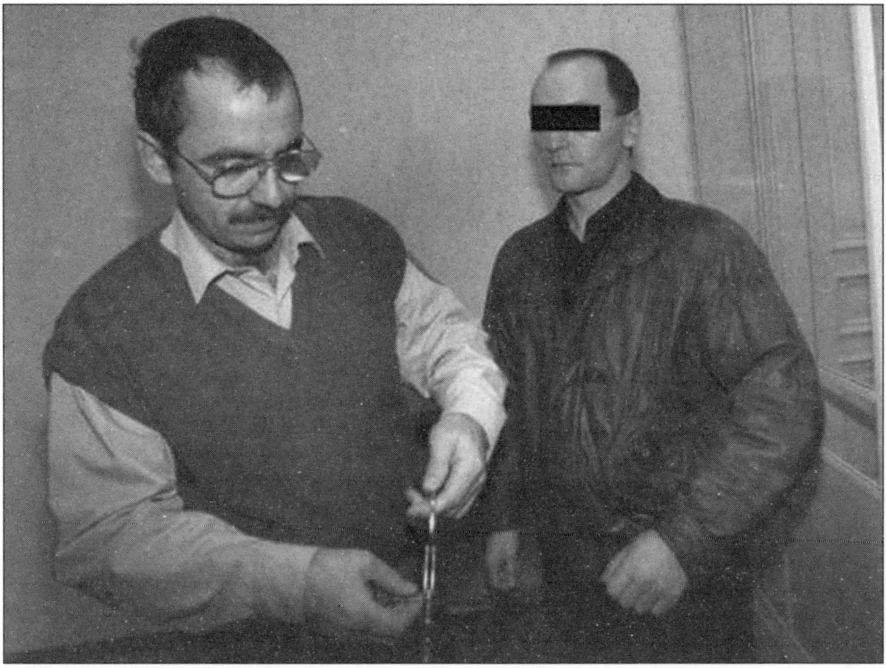

Mörder Peter Albrecht, der »Ripper von Magdeburg« (rechts).

Mit Blut überzogener Tatort.

Kriminaltechnischer BARKAS-B1000 für die Kriminaltechniker der DDR.

Das Mordhaus am Südring.

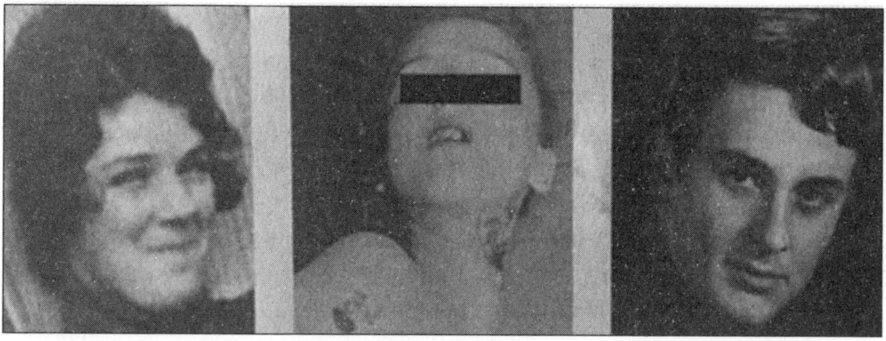

Drei Opfer in Magdeburg, 1973: Ingrid (22), Ilona (17), Frank (20).

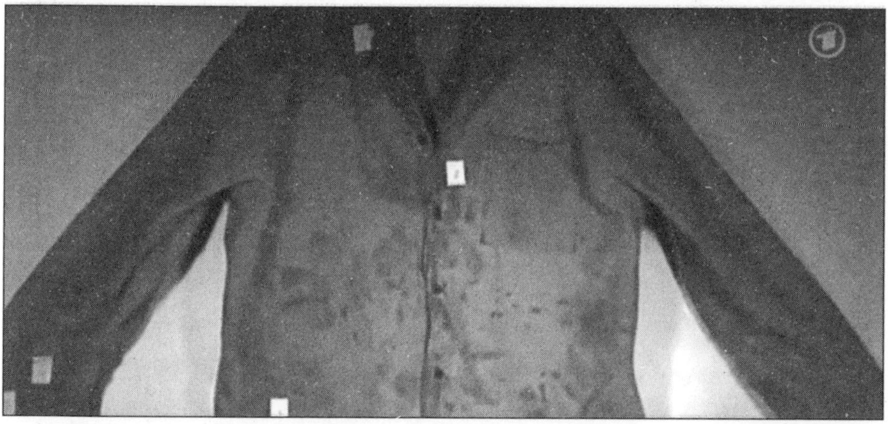

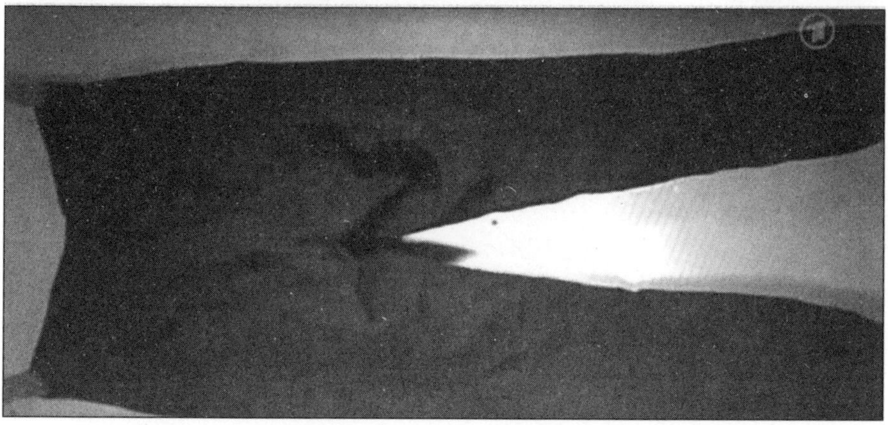

Bildmitte und unten: Gesicherte Bekleidung des Täters mit starken Blutanhaftungen von den Opfern.

Kaserne der Sowjetischen Streitkräfte in Brandenburg-Plau. Am 27. März stellte er sich der Polizei. Viele Menschen, die von diesem neuerlichen Mord des »Rippers von Magdeburg« hören sind wütend und entsetzt.

Am 21. Dezember wurde Peter Albrecht, der »Ripper von Magdeburg« zu 13 Jahren Haft wegen Totschlags verurteilt. Auch diese Mal wurde ihm volle Schuldfähigkeit attestiert. An der Höchststrafe für Totschlag – 15 Jahre Haft – kam er allerdings vorbei. Das Potsdamer Landgericht hielt Albrecht zugute, daß er zu DDR-Zeiten bereits »acht Jahre zu lange in Haft« gesessen hat. Und das für drei abscheuliche Morde!

Nachklang – Freiheit für einen Vierfachmörder

Der »Berliner Kurier« vom 8. Dezember 2008 berichtete unter dem Titel: »Warum läuft ER wieder frei rum? Hinter der Fassade des Biedermannes steckt die Fratze des Bösen. Der Vierfachmörder von nebenan nach einer Fernsehdokumentation (Die großen Kriminalfälle, ARD)« folgendes: »Wenn er über den Gartenzaun grüßt, huscht ihm ein Lächeln übers Gesicht. Peter A. (55) wirkt heute mit Brille und den lichten Haaren wie ein Frührentner in den besten Jahren. Doch hinter der Fassade des Biedermannes steckt die Fratze des Bösen. Peter A. ist ein skrupelloser Vierfachmörder. Ein Killer, der mehr als 30 Jahre im Knast saß, in der DDR bereits zum Tode verurteilt worden war. Doch Peter A. lebt mitten unter uns. Niemand in der Umgebung vermutet, daß er ein Monster zum Nachbarn hat [...]. Warum nur läuft er wieder frei rum? Zuletzt war Peter A. 1995 vom Landgericht Potsdam wegen des Todes von Melanie J. (16) zu 13 Jahren Haft verurteilt worden. Er hatte das Mädchen während einer verpatzten Liebesnacht gewürgt, mit einer Jim-Beam-Flasche erschlagen und die Leiche auf einem verlassenen Armeegelände versteckt. Vor Gericht versuchte A. die bestialische Tat so zu erklären: ›Melanie verhöhnte mich als ›Schlappschwanz‹. Ich fühlte mich als absoluter Versager.‹ Es sind nicht nur Worte, die erahnen lassen, welche Zeitbombe in Peter A. tickt. Es sind auch seine Lebensstationen. Nach Kinderheim und Jugendwerkhof landete der gelernte Koch, Kraftfahrer und Puff-Hausmeister rasch im Gefängnis. Erst kurz vor Beginn des Melanie-Prozesses war rausgekommen, daß Peter A. Anfang der 70er Jahre seinen Stiefvater niedergestochen und lebensgefährlich verletzt hatte. Nach einem Jahr Haft war er draußen – Amnestie. Kurz danach ging er als ›Ripper von Magdeburg‹ in die Kriminalgeschichte ein. A. hatte aus Eifersucht seine Freundin Ilona J. (17), eine Bekannte, und Frank L. mit 200 Messerstichen getötet. Ilona J. hatte ihn mit Frank L. betrogen. ›Der Täter wird hingerichtet‹, urteilte ein DDR-Gericht. Doch A. hatte wieder

Opfer 1991: Melanie (16).

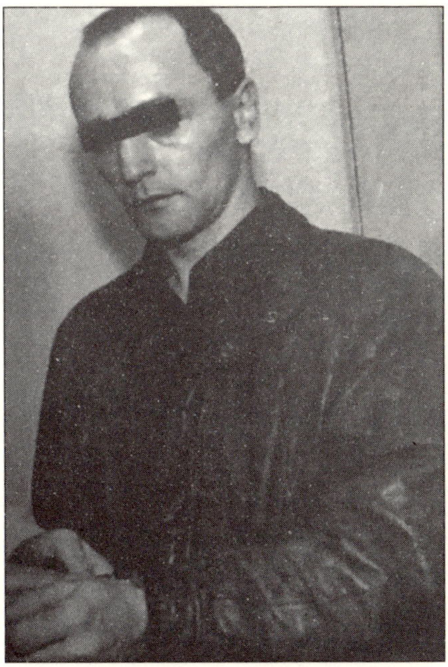

Mörder Peter Albrecht,
der »Ripper von Magdeburg«.

Glück. Nach Intervention der UNO und Recherchen über Folter und Todesstrafen in der DDR wurde das Urteil 1984 in lebenslang umgewandelt – anläßlich des 35. Jahrestages der DDR. Schon 1991 kam A. aber wieder in Freiheit, weil jetzt bundesdeutsches Jugendstrafrecht für ihn galt. Ein Psychiater hat ihn nie begutachtet. Und Sicherheitsverwahrung hatte der Richter im Melanie-Prozeß nicht anordnen können, weil es die in den neuen Bundesländern da noch nicht gab. Wieder so eine Gesetzeslücke, durch die Peter A. vor kurzem in die Freiheit schlüpfte. Lebenslänglich hatte der Richter nicht für A. gewollt – wegen dessen ›verkorkstem Leben‹.«

4

ANGELIKA O. – DIE SECHSFACHE BABYMÖRDERIN VON ZEULENRODA

(Mordserie: 1975–1983/Haft/heute auf freiem Fuß)

Am 8. Dezember 1983 untersuchte Dr. Bilger vom Kreiskrankenhaus Zeulenroda, Abteilung Gynäkologie, eine junge Frau, die über starke Blutungen im Genitalbereich klagte. Er diagnostizierte infolge von Auffälligkeiten an der Gebärmutter und den vorhandenen Mutterschaftstreifen, daß Angelika O. (Klarname verfremdet) noch vor kurzem schwanger gewesen sei und wenige Stunden zuvor ein Kind zur Welt gebracht haben mußte. Da jedoch die Frau zum Verbleib des Säuglings keine Auskünfte geben wollte, schaltete der Arzt die Kriminalpolizei Zeulenroda ein.[39]

Eine erste Aussage der Kindesmutter zur Geburt und dem Verbleib des Säuglings eröffnete den Kriminalisten, daß sie das Kind unmittelbar nach der Geburt getötet hatte. Aufgrund dieses Umstandes wurde gegen Angelika O. ein Ermittlungsverfahren wegen Verdachts des Totschlages gemäß § 113; Absatz 1, Ziffer 2 Strafgesetzbuch der DDR eingeleitet. Zur weiteren Genesung wurde sie ins Haftkrankenhaus Leipzig-Meusdorf überstellt. Nach ihrer vollständigen Genesung kam sie in die Untersuchungshaftanstalt Gera zurück, wo die weitere Beschuldigtenvernehmung der Angelika O. vom Hauptmann der K, Dieter Beer, durchgeführt wurde. Während ihrer Zeit im Haftkrankenhaus wurden die entsprechenden kriminalpolizeilichen Ermittlungen forciert (Zeugenvernehmungen der

---

39 Erstmalig wurde der Fall von Hans Thiers: Mordfälle im Bezirk Gera. Berichte/Bilder/Dokumente (1973–1990). Arnstadt, 2014, S. 205–207 veröffentlicht. Für diesen Beitrag wurde weiteres Akten- und Bildmaterial verwandt.

Eltern, im Betrieb, Beziehung einer ärztlichen Stellungnahme von der Gynäkologie Zeulenroda, Dr. Bilger, Tatortbegehung, Dokumentationen und die Einbeziehung des Institutes für gerichtliche Medizin Jena). Durch einen exakten Untersuchungs- und Maßnahmeplan wurden die spezifischen Untersuchungsversionen ausgearbeitet und systematisch abgearbeitet.

Das Geständnis

Angelika O. gestand am 6. Dezember 1983, gegen 02.00 Uhr, auf der Toilette einen Jungen lebend geboren zu haben. Nach der Geburt hat dieser Junge geschrien und stark gezappelt. Sie nahm ein bereitgelegtes Handtuch und verdeckte die Atemwege dieses Jungen, um das Schreien zu unterbinden und ihn vorsätzlich zu töten. Angelikas Eltern sollten nichts davon mitbekommen. Sie wickelte anschließend das Baby in Papier ein und verbrannte den Säugling im Dauerbrandofen ihres Zimmers. Die Nachgeburt spülte sie durch die Wassertoilette hinunter. Anschließend reinigte sie das Bad von Fruchtwasser und Blutspuren, die Eltern sollten schließlich keinen Verdacht schöpfen.

Die Aussagen des Gynäkologen wiesen darauf hin, daß durch vorhandene »ältere Striae« (Dehnungsstreifen) zurückliegende Schwangerschaften nicht ausgeschlossen werden konnten. Angelika O. geriet in Erklärungsnot. Nach intensiven Vorhaltungen von Zeugenvernehmungen und ärztlichen Aussagen rückte sie mit der Wahrheit heraus. Zuerst gab sie weitere zwei Schwangerschaften und Tötungen von Säuglingen zu. Sie erklärte, wie es zu diesen Umständen gekommen war.

Die Ermittlungsergebnisse

In der Anklageschrift vom 18. April 1984 wurden die wesentlichen Ermittlungsergebnisse zusammengefaßt: Angelika O. hatte in der Zeit vom 1. Juli 1975 bis zum 6. Dezember 1983 in sechs Fällen die von ihr im Bad der elterlichen Wohnung lebend geborenen Kinder gleich nach der Entbindung getötet. Sie erstickte ihre Babys mit einem Handtuch, welches sie fest auf das Gesicht der Neugeborenen drückte. Anschließend verbrannte sie die Kindesleichen im Ofen ihres Zimmers. Den Entschluß zur Tötung der Kinder, zur Art derselben und zur Art des Verbringens der Leichen faßte sie bereits während der Schwangerschaften. Sie tötete die Kinder, weil sie mit ihrem leiblichen Vater gezeugt waren und sie befürchtete, die Kinder seien geistig nicht gesund.

Auflistung der geborenen und getöteten Säuglinge:

Am 1. Juli 1975 tötete sie ein Mädchen, am 3. Februar 1977 ein Mädchen, am 5. Dezember 1978 einen Jungen, am 15. Juli 1980 ein Mädchen, am 12. April 1982 einen Jungen, am 6. Dezember 1983 einen Jungen.

In der Zeit von Mai 1979 bis Oktober 1983 führte die Kindesmörderin ebenfalls monatlich etwa vier- bis fünfmal Geschlechtsverkehr mit ihrem leiblichen Vater Konrad O. (Klarname verfremdet) in ihrem Zimmer in der gemeinsamen Wohnung durch.[40]

---

40 Verbrechen gemäß §§ 113 Absatz 1, Ziffer 2, 6 Absatz 1, 63 StGB und Vergehen gemäß §§ 152 Absatz 1 i. V. m. 82, Ziffer 2 StGB.

Kindheit und Werdegang

Die 29jährige Angelika O. entstammte einer Arbeiterfamilie. Ihr Vater Konrad O. war von Beruf Kraftfahrer, ihre Mutter war als Maschinenarbeiterin tätig. Mit drei Brüdern wuchs sie im Elternhaus auf und verblieb auch in der gemeinsamen elterlichen Wohnung nach ihrer Volljährigkeit. Sie bewohnte dort ein eigenes Zimmer, welches relativ separat von den Wohn- und Schlafräumen der Eltern lag. In der Zeit von 1961 bis 1971 besuchte sie erfolgreich die Polytechnische Oberschule (POS) bis Klasse 10, die sie mit der Note »gut« beendete. Anschließend erlernte sie bis 1973 in der PGH Maßkleidung Zeulenroda den Beruf einer Damenmaßschneiderin, den sie in diesem Betrieb bis 1976 ausübte.

In der Folge nahm sie im VEB Herdas Zeulenroda eine Arbeit als Maschinennäherin auf. Später war sie in diesem Betrieb als Lagenlegerin und im Heimarbeitsstützpunkt tätig. Seit dem 20. November 1982 besetzte sie die Stelle als Lohnrechnerin. Sie begann im September 1983 einen Ausbildungslehrgang zum Meister der Bekleidungsindustrie. Ihre beruflichen Aufgaben erledigte sie gewissenhaft und verantwortungsbewußt.

Angelika O. pflegte ein gutes Verhältnis zu ihrem Vater, der aufgrund seiner Geschicklichkeit und seines Fleißes für sie ein Vorbild war. Dieses Vertrauensverhältnis nutzte der Vater seit 1973 aus und näherte sich seiner Tochter sexuell.

Im Herbst 1973 erzwang er in zwei Fällen unter Anwendung von Gewalt der damals 19jährigen Angelika den Geschlechtsverkehr. In der nachfolgenden Zeit kam es mit ihrem Einverständnis zu regelmäßigem Beischlaf, der etwa vier- bis fünfmal monatlich im Zimmer der Tochter stattfand. »Diese erklärte sich mit den intimen Beziehungen zu ihrem Vater einverstanden, weil sie schließlich selbst Gefallen daran fand und sich zwischen ihnen ein regelrechtes Liebesverhältnis entwickelte, von dem sich die Beschuldigte nicht mehr lösen konnte. Begünstigt wurde die Einstellung der Beschuldigten zur Durchführung des Geschlechtsverkehrs mit ihrem Vater auch durch den Umstand, daß er aus Eifersucht jede Kontaktaufnahme ihrerseits zu anderen Männern unterband. Auch das enge Zusammenleben in einer gemeinsamen Wohnung und die Angst, daß sich die Eltern auf Grund bestehender Spannungen trennen könnten, trugen zur Fortsetzung dieses Verhaltens bei. Geschlechtsverkehr wurde zwischen der Beschuldigten und ihrem leiblichen Vater auch in der Zeit vom Mai 1979 bis Herbst 1983 in der oben geschilderten Häufigkeit durchgeführt. Dabei wurden keine Schwangerschaftsverhütungsmaßnahmen ergriffen.«

Angelika O. ging zunächst irrigerweise davon aus, daß sie keine Kinder bekommen könne, weil ihre Mutter während ihrer Schwangerschaft geschlechtskrank gewesen sei. Diesen Umstand hatte sie in einem Streit zwischen den Eltern erfahren. Ihr Vater ergriff aus Egoismus und Gleichgültigkeit ebenfalls keine Verhütungsmaßnahmen, so daß Angelika schließlich 1974 zum ersten Mal schwanger wurde. Als ihre Periode im November jenes Jahres ausblieb, machte sie sich zunächst keinerlei Gedanken. Sie glaubte vielmehr an eine Unregelmäßigkeit in ihrem Zyklus. Erst später wurde ihr klar, daß sie ein Kind in sich trug. Zu diesem Zeitpunkt glaubte sie, daß es für eine Abtreibung bereits zu spät sei. Sie versuchte mit untauglichen Mitteln (heiß baden, Rotwein trinken u. ä.) die Schwangerschaft abzubrechen – erfolglos. Als sie bereits Kindesbewegungen spürte, machte sie sich Gedanken, was mit dem Kind werden sollte. Sie war der festen Überzeugung, ihr Kind käme geistig nicht gesund zur Welt, da es von ihrem Vater stammte. Mit einem solchen Schicksal sollte es nicht leben. Außerdem fürchtete sie sich vor möglichen Nachteilen für ihre Familie. Sie suchte deshalb keine Schwangerschaftsberatung auf und traf keinerlei Vorbereitungen für die Geburt, sondern entschloß sich, das Kind sofort nach der Entbindung zu töten, falls es leben sollte. Sie überlegte sich verschiedene Varianten der Tötung und des Verbringens der Leiche, wobei es ihr am besten erschien, daß Neugeborene durch Aufdrücken eines Handtuches auf das Gesicht zu ersticken und die Leiche anschließend im Ofen ihres Zimmers zu verbrennen.

Am 30. Juni 1975 kündigte sich die Geburt mit dem Einsetzen der Wehen und dem Platzen der Fruchtblase auf dem Weg von der Arbeit nach Hause an. In den Abendstunden legte sich Angelika O. ins Bett, das sie zwischen 01.00 Uhr und 02.00 Uhr des 1. Juli 1975 wieder verließ, da die Wehen sehr stark geworden waren und sie glaubte, daß das Kind nun geboren werde. Sie begab sich auf die Toilette, legte eine Schere zum Durchtrennen der Nabelschnur, Vorlagen und ein Handtuch bereit. Sie entband ein Mädchen in das Toilettenbecken. Dieses Kind lebte, was sie an dessen Schreien und Strampeln feststellte. Sie nahm es aus dem Toilettenbecken, legte es auf den Rücken, drückte ihm das Handtuch auf Mund und Nase und erstickte es. Die Nachgeburt hatte sie mit der Schere abgetrennt und in die Toilette gespült. Sie entschloß sich, das Kind sofort zu verbrennen.

Aus diesem Grund machte sie im Ofen vom Typ »Keramischer Raumheizer T6« vom VEB Ofenbau Markleeberg Feuer, wickelte die Kindesleiche in Papier, öffnete die Ofentür und steckte das Kind hinein.[41] Die Beschuldigte befeuerte den Ofen über den Schacht, so daß das Kind darin vollständig verbrannt wurde.

Am 1. Juli 1975 blieb sie unter einem Vorwand zu Hause und leerte in den Vormittagsstunden den Aschekasten aus, in dem

41 Dieser Ofentyp ist neben dem normalen Rost über einen sogenannten »Füllschacht« zu beheizen. Dadurch ist beim weiteren Nachfüllen von Kohle ein Öffnen der Tür zum Rost nicht mehr erforderlich.

sie einige Knochenreste fand. Am darauffolgenden Tag ging sie bereits wieder zur Arbeit. Obwohl sie nach der Entbindung den Geschlechtsverkehr mit ihrem Vater nicht mehr aufnehmen wollte, ließ sie sich dazu drängen. Schwangerschaftsverhütung wurde wiederum vernachlässigt, da Angelika befürchtete, ein Arzt werde ihre erste Schwangerschaft entdecken und sie nach dem Verbleib des Kindes fragen. Aus den gleichen Gründen machte sie auch bei den weiteren Schwangerschaften von der Möglichkeit des Abbruchs keinen Gebrauch. Statt dessen beendete sie das Leben der Säuglinge auf immer dieselbe Weise. Nach den Entbindungen suchte sie jeweils einen praktischen Arzt auf und ließ sich für einige Tage unter dem Deckmantel einer anderen Krankheit arbeitsunfähig krankschreiben.

Ihrem Vater bestätigte sie die Schwangerschaften, als er sie auf diese Möglichkeit hin ansprach, täuschte ihn jedoch immer über den Zeitpunkt der Entbindung. Er glaubte daraufhin, daß die Kinder durch Fehlgeburten abgegangen seien. Zudem gab er seiner Tochter allerlei Hinweise, wie ein möglicher Abbruch der Schwangerschaft durch »Hausmittel« bewirkt werden könne. Unter anderem riet er ihr zu Seifenspülungen in die Scheide und zum häufigeren Geschlechtsverkehr. Im März 1983 bemerkte Angelika O., erneut schwanger zu sein. Als sie einen Abbruch der Schwangerschaft mit Hilfe der »Hausmittel« nicht herbeiführen konnte, informierte sie im Mai 1983 ihren Vater. Das tat sie, weil sie im September 1983 ein Meisterstudium beginnen wollte und ein Kind nicht in ihren Zeitplan paßte. Ihr Vater kaufte in der Drogerie eine Klistierspritze für Seifenspülungen in die Scheide. Die Schwangerschaft setzte sich indes fort, und die Tochter plante, daß sie ihr Kind wiederum töten würde. Erstmals waren aber deutliche Veränderungen ihres Körpers während der Schwangerschaft sichtbar. Sie wurde deshalb am 1. Dezember 1983 von einer Produktionsbereichsleiterin ihres Betriebes auf eine bestehende

Schwangerschaft hin angesprochen. Die angehende Mutter verneinte. Sie wurde aufgefordert, einen Arzt aufzusuchen. Dem kam sie nicht nach. Am 6. Dezember 1983 wachte Angelika O. gegen 05.30 Uhr auf und frühstückte anschließend mit ihren Eltern.

Als die Mutter zur Arbeit ging, verblieb der Vater in der Wohnung, da er krankgeschrieben war. Gegen 08.00 Uhr setzten bei Angelika O. die Wehen ein. Im Laufe des Vormittags informierte sie ihren Vater davon, der jedoch nicht reagierte. Gegen 13.00 Uhr gebar sie einen lebenden Jungen in das Toilettenbecken und tötete ihn auf die übliche Art und Weise. Sie spürte beim Herauspressen der Nachgeburt, daß ein Teil davon fehlte. So hatte sie nach der Entbindung noch starke Blutungen. Sie wusch sich, benutzte Vorlagen, zog ihren Schlüpfer und die Strumpfhose an. Sie wickelte das Kind mit der Nachgeburt in einen Scheuerlappen und brachte es in ihr Zimmer, wo sie es vor dem Ofen ablegte, um es wieder zu verbrennen. Als sie bereits die Ofentür geöffnet hatte, hörte sie ihren Vater kommen. Sie nahm das Kind auf und legte es hinter ihr Bett neben einen Schrank am linken Fenster. Als der Vater das Zimmer betrat, bemerkte er den Kopf des Kindes, welcher aus dem Scheuerlappen herausschaute. Bei dem Anblick wurde ihm schlecht und er verließ das Zimmer. Kurze Zeit später kam er zurück und bot sich an, das Bündel zu vergraben. Angelika O. lehnte ab, und die Leiche wurde wieder im Ofen verbrannt, wobei sie von der Kindsmutter hineingeschoben wurde. Ihr Vater legte später noch Kohlen nach und brachte am nächsten Morgen die Asche weg. Im Badeofen hatte die Täterin sechs benutzte Damenbinden sowie vier von ihr getragene und mit Blut verschmutzte Schlüpfer in der Wäscheschleuder abgelegt.

Angelika O. konsultierte am 8. Dezember 1983 einen Arzt – nicht nur auf Drängen von Vertretern des Betriebes, die sie am 7. Dezember 1983 in der Wohnung aufgesucht hatten, sondern auch nach eigenem Entschluß. Infolge der gynäkologischen Untersuchung gestand Angelika O., ihre sechs lebend geborenen Kinder getötet zu haben.

Anfängliches Ableugnen der Straftaten oder Teilgeständnisse waren durch ihre Angst vor einer höheren Strafe begründet. Sie bereute zutiefst ihre begangenen Verbrechen. Die Straftaten erhielten überdies Beweiskraft durch die Zeugenaussage ihres Vaters, durch die Feststellungen des Institutes für gerichtliche Medizin und Kriminalistik hinsichtlich der vorgefundenen Blutspuren an Vorlagen und Schlüpfern sowie durch die Bestätigung, daß Kinderleichen im Ofen des genannten Typs verbrannt werden konnten. Hinsichtlich der letzten Tötung demonstrierte Angelika O. ihre Straftat freiwillig in einer Rekonstruktion. Überzeugend wird im nervenfachärztlichen Gutachten des Bezirkskrankenhauses für Psychiatrie und Neurologie Stadtroda festgestellt, daß Angelika O. für die Begehung ihrer Straftaten voll verantwortlich ist. Die Beschuldigte hatte sich wegen mehrfach begangenen Totschlages gemäß § 113, Absatz 1, Ziffer 2 zu verantworten, da sie unmittelbar nach der jeweiligen Entbindung ihre Kinder tötete. Sie handelte dabei vorsätzlich gemäß § 6 Absatz 1 StGB.

Weiterhin hatte sie sich wegen Geschlechtsverkehrs zwischen Verwandten gemäß § 152 Absatz 1 StGB zu verantworten. Wegen der Strafverfolgungsverjährung aus § 82 Absatz 1, Ziffer 2 StGB waren diese Handlungen nur noch ab Mai 1979 zu bestrafen.

Auszüge aus dem Urteil

»In der Strafsache gegen die Damenmaßschneiderin Angelika O. aus Zeulenroda geboren in Zeulenroda, seit dem 08.12.1983 in Untersuchungshaft in der UHA Gera wegen mehrfachen

Verbrechens des Totschlages u. a. hat der 2. Strafsenat des Bezirksgerichtes Gera in der Hauptverhandlung vom 15.05./18.05. 1984 für Recht erkannt:

1. Die Angeklagte wird mehrfachen Verbrechens des Totschlags (§ 113 Abs. 1, Ziff. 2 StGB) in Tateinheit mit mehrfachen Vergehens des Geschlechtsverkehrs zwischen Verwandten (§ 152 Abs. 1 StGB) zu einer Freiheitsstrafe von 8 – acht – Jahren verurteilt.
2. Die Auslagen des Verfahrens trägt die Angeklagte.«

»Die Beweggründe für ihre Handlungen und auch die Wiederaufnahme der sexuellen Beziehungen zu ihrem Vater waren stets die Gleichen. Die Angeklagte hatte durch die mehrfachen Handlungen und den Umstand, daß sie bis dahin nie aufgedeckt wurden, eine gewisse Sicherheit erlangt und vertraute darauf, daß sowohl die Geburt als auch die Tötung und die Beseitigung der Kinder gut gehen würde.«

Das Institut für gerichtliche Medizin Jena stellte fest: »Der Dauerbrandofen ist für eine absolute Verbrennung der Säuglingsleichen geeignet. Eine vollständige Verbrennung der Kindesleichen ist möglich.«

Die Angeklagte wurde in Stadtroda nervenfachärztlich begutachtet (17. März 1984): »Für alle diese strafbaren Handlungen der Beschuldigten ließen sich weder Hinweise für das Vorliegen einer Geisteskrankheit, eine Bewußtseinsstörung tat- und tatzeitbezogen nachweisen. Sicher ist bei der Beschuldigten das Vorliegen einer Persönlichkeitsabartigkeit, die sich besonders in den letzten Jahren bis hin zur sozialen Isolierung fast paranoid, wie auch im psychologischen Zusatzgutachten bestätigt, entwickelt. Die Beschuldigte ist als gemütsarm anzusehen. Die Persönlichkeitsabartigkeit dürfte jedoch nicht als so schwerwiegend und von Krankheitswert zu beurteilen sein, so daß der § 16 Abs. 1 StGB in Anwendung zu bringen sei. Für ihre strafbaren Handlungen des mehrfachen Totschlages und die Verbrennung der Kinderleichen ist die Beschuldigte voll zurechnungsfähig, d. h. sie war in der Fähigkeit, sich bei der Entscheidung zur Tat von den dadurch berührten Regeln des gesellschaftlichen Zusammenlebens leiten zu lassen, nicht erheblich beeinträchtigt.«

Die Staatsanwaltschaft Gera war mit der Verurteilung von acht Jahren Haft nicht einverstanden und legte gegen dieses Urteil beim Obersten Gericht der DDR Protest ein. Es erfolgte daraufhin eine zweite nervenfachärztliche Begutachtung in der Charité in Berlin. Die Begutachtung erfolgte durch den bekannten Prof. Dr. med. Szewczyk. Er kam zu folgender psychiatrischen Beurteilung: »Diesen Abschnitt zusammengefaßt, kommen wir zu dem Ergebnis, daß Voraussetzungen zu einer Zwangslage im Sinne eines Konflikts zwar bestanden, jedoch auf Grund der Tatsache, daß die Beziehungen zum Vater begonnen hatten, und Frau O. die möglichen Versuche, eine Trennung vom Vater oder zumindest einen Abstand der Beziehungen zum Vater zu erreichen, nicht genügend betrieben wurde. Insgesamt bestehen keine Voraussetzungen der §§ 15 und 16 StGB.«

Am 4. Dezember 1984 wurde vor dem Obersten Gericht der DDR dieser sechsfache Babymord erneut verhandelt. Dem Protest der Bezirksstaatsanwaltschaft Gera wurde stattgegeben. Die Angeklagte wurde jetzt zu zehn Jahren Freiheitsentzug verurteilt. Das Urteil wurde somit rechtskräftig.

In einem abgetrennten Verfahren wurde der Vater von Angelika O. strafrechtlich zur Verantwortung gezogen und mußte eine Haftstrafe verbüßen.

Im Jahre 1987 fiel die Verurteilte unter den Amnestiebeschluß der DDR und wurde am 26. November 1987 wegen guter Führung aus der Haft entlassen. Ihre Reststrafe wurde zur Bewährung ausgesetzt. Somit hat sie für sechs getötete Babys nur insgesamt – mit Untersuchungshaft – vier Jahre Haft verbüßen müssen.

Exkurs: Abtreibung und Kindestötung aus gerichtsmedizinischer Sicht (DDR)

Die Gerichtsmedizin der DDR befand sich bereits um 1980 auf einem sehr hohen Stand.[42] Man ging bei Abtreibung und Kindestötung davon aus, daß der Gerichtsmediziner bei der Kindestötung mit beiden Tatbeständen zu rechnen hatte. Bei der Kindestötung war früher das Problem »ehelich« und »unehelich« ebenso zentral wie bei der Abtreibung, auch wenn die Gesellschaft eheliche und uneheliche Kinder rechtlich völlig gleichstellte (DDR). Die damaligen Bestimmungen im Strafgesetz der DDR machten keinen Unterschied mehr.

Die Motive, die eine Mutter bewegten (und noch immer bewegen), ihr Kind während oder nach der Geburt zu töten, sind vielfältig und von der Persönlichkeitsstruktur der Mutter abhängig. Diese weicht allerdings sehr häufig, wenn nicht in der Regel, von der der Abtreiberin ab.

Die Gerichtsmediziner schrieben der Kindestöterin folgende Eigenschaften zu: passiv, infantil, oft unreif. »Der Gedanke an

42 Vgl. dazu den Standardband von Wolfgang Reimann u. Otto Prokop: Vademecum Gerichtsmedizin. Für Mediziner, Kriminalisten und Juristen. Berlin 1980.

das Kind wird verdrängt und dem ganzen Problem kaum oder keine Beachtung geschenkt. Sie [die Kindsmutter] schiebt die Gewißheit hinaus. Kein Interesse an den körperlichen Veränderungen, die sich während der Schwangerschaft einstellen. Diese Frauen sind gemütsarm und oft sexuell frigide.«

Die Abtreiberin hingegen ist aktiv. Die Beseitigung des Kindes ist das zentrale Problem, das keine höhere Überlegung im Bewußtsein duldet. »Interesse an allen Schwangerschaftssymptomen, über die mit einer Freundin direkt oder indirekt gesprochen wird. Jede Sensation im Leib wird als Schwangerschaftssymptom ausgedeutet, und der Entschluß zu immer aktiveren Handlungen reift heran.«[43]

Mit dieser Aufgliederung verstand man jedoch keine »Typenlehre«. Während früher ein großer Teil der Kindestötungen aus echter sozialer Notlage heraus erfolgte (keine Mittel, das Kind aufzuziehen) oder aus dem sogenannten Ehrennotstand heraus (unehelich = unsittlich = verboten = Schande), sah die Gerichtsmedizin zu DDR-Zeiten Fälle, in denen die Täterin ganz andere Kalkulationen anstellte. Sie versuchte, das Kind als Objekt der Erpressung gegenüber einem Mann zu benutzen, oder um einen wirtschaftlichen Vorteil zu erlangen (Kinderbeihilfen, Urlaub usw.). Berufliche Überlegungen, so Reimann und Prokop, standen eher bei der Abtreiberin im Vordergrund.

Folgende Tötungsverfahren fanden Anwendung: Erwürgen, Erdrosseln, mechanische Erstickung, kein Beistand, Vergraben, Fußtritte, Ertränken, Erfrieren, in Truhe oder Schrank sperren, im Eimer liegen lassen, Erdrücken, Hals umdrehen, Schweinen vorwerfen, in Jauchegrube werfen, Erstechen mit Schere und Stricknadel in Fontanelle.

---

43 Wolfgang Reimann u. Otto Prokop: Vademecum Gerichtsmedizin. Für Mediziner, Kriminalisten und Juristen, a. a. O., S. 291.

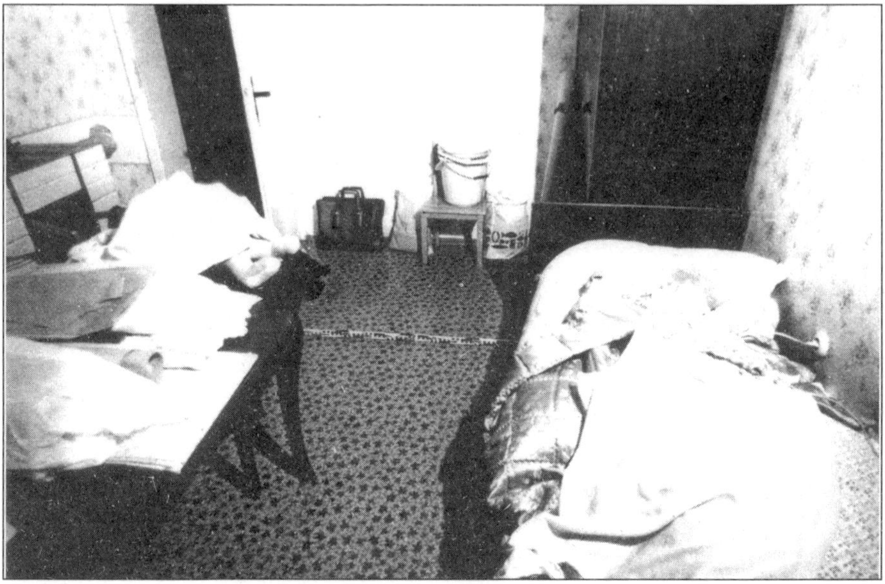

Wohnungssituation und Tatort.

Detailaufnahme des Dauerbrandofens,
in welchem die Babymörderin ihre sechs Babys verbrannte.

Rekonstruktion der Opferbeseitigung durch die Täterin mittels Verbrennen der Babys in einem Dauerbrandofen.

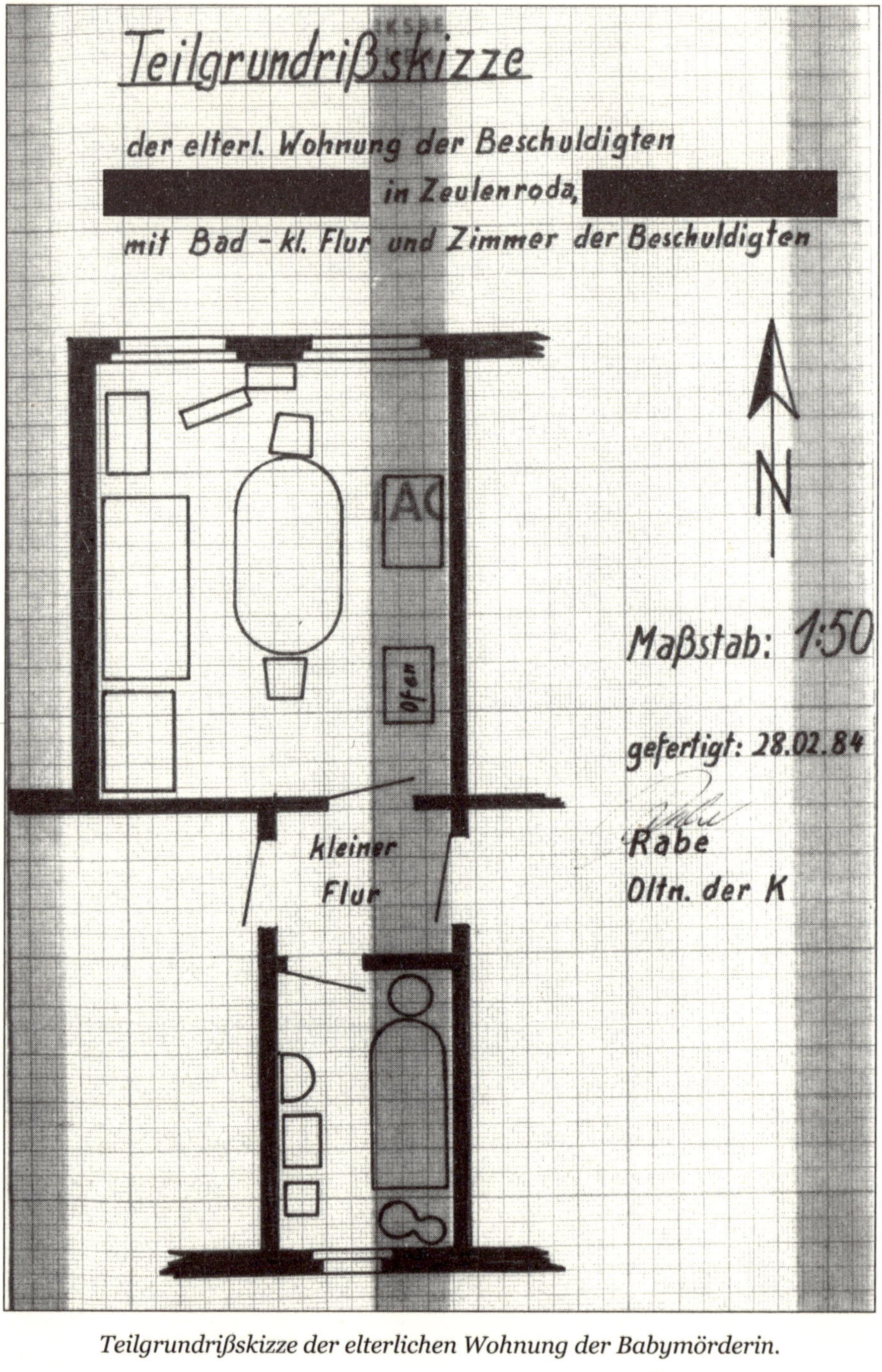

Teilgrundrißskizze der elterlichen Wohnung der Babymörderin.

5

KLAUS-DIETER ST.
VOM MÖRDER ZUM SERIENMÖRDER

(DDR, Bürgel, ein Mord: 1982/Haft/Entlassung 1991/BRD, Mordserie: 1991–1993/seit 1993 Haft)

Bereits in dem Band »Mordfälle im Bezirk Gera«[44] wurde der erste Mord des Klaus-Dieter St. von Bürgel aus dem Jahr 1982 beschrieben. Es sollte nicht sein einziger und letzter Mord gewesen sein.

Persönlichkeit und kriminelle Entwicklung

Der damals 21jährige Klaus-Dieter St. entstammte einer Arbeiterfamilie. Von 1967 bis 1975 besuchte er in Bürgel die Grundschule, wurde aber aufgrund mangelnder schulischer Leistungen aus der 7. Klasse entlassen. Anschließend nahm er bei der ZBO Eisenberg eine Teillehre als Fluchtenmaurer auf, die er 1978 erfolgreich abschloß. Auf seine erste Straffälligkeit im Jahre 1976 folgte prompt eine Verurteilung, aus der St. aber keine Lehren zog, denn während eines Einsatzes in Berlin beging er erneut eine Rechtswidrigkeit. Der zu erwartenden gerichtlichen Bestrafung wollte sich St. durch einen ungesetzlichen Grenzübertritt entziehen. Während der Strafverbüßung im Jugendhaus Ichtershausen wurde St. aufgrund seiner disziplinlosen Einstellung zur staatlichen Ordnung und zur Gesundheit anderer Bürger abermals straffällig. Klaus-Dieter St.

44 Hans Thiers: Mordfälle im Bezirk Gera, a. a. O., S. 36–50. Das Besondere hierbei: Klaus-Dieter St. war nicht der einzige Mörder, der Bürgel in Angst und Schrecken versetzte.

war diesbezüglich ein echter Rowdy, den das Kreisgericht Arnstadt zu einem weiteren Jahr Freiheitsstrafe verurteilte. »Nach seiner Haftentlassung am 3. Dezember 1981 fand St. im Elternhaus und auf seiner Arbeitsstelle, dem VEB Keramische Werke Hermsdorf, Betriebsteil Bürgel, alle Umstände vor, die ihm bei entsprechendem eigenen Willen eine positive persönliche und gesellschaftliche Entwicklung garantierten.«

Der erste Mord von Klaus-Dieter St. in Bürgel (1982)[45]

Im Zeitraum vom 24. Februar 1982 bis zum 1. März 1982 war St. aufgrund eines Betriebsunfalls arbeitsunfähig geschrieben. Am jenem Montag, dem 1. März 1982, etwa zwischen 17.00 und 17.30 Uhr, verließ er – seinen Aussagen nach zum Zweck der Buntmetallschrottsuche – die elterliche Wohnung und begab sich zu dem bei Hohendorf gelegenen Müllplatz. Diesen verließ St. gegen 18.40 Uhr wieder und lief allein auf der Ortsverbindungsstraße Hohendorf-Bürgel in Richtung Bürgel. Zu diesem Zeitpunkt wurde das spätere Opfer von der Zeugin Dr. P. auf eben dieser Straße am Ortsausgang Bürgel gesehen, aber in Richtung Hohendorf laufend. Als Klaus-Dieter St. sich etwa 400 Meter vor dem Ortseingang Bürgel befand, bemerkte er im

45 Als Leiter der Morduntersuchungskommission des Bezirkes Gera stand der Autor mit seinem Kollektiv damals vor der Aufgabe, eine 18jährige vermißte Apothekerin aus Hohendorf bei Bürgel zu finden. Die junge Frau war am 1. März 1982 nach der Arbeit nicht im Elternhaus angekommen, was ungewöhnlich war. Es erfolgte eine Vermißtenanzeige bei der Kriminalpolizei Eisenberg. Die MUK wurde vom K-Leiter des Volkspolizeikreisamtes Eisenberg von der Vermißtensache Regina P. aus Hohendorf in Kenntnis gesetzt. Die Kriminalisten des VPKA Eisenberg begaben sich daraufhin nach Bürgel zum Gruppenposten und leiteten die ersten kriminalistischen Maßnahmen ein. Ein Tötungsverbrechen konnte nicht ausgeschlossen werden, da Zeugen bestätigten, daß Regina P. an diesem Abend mit dem Bus von Jena-Lobeda nach Bürgel gefahren und in Richtung Hohendorf gelaufen war. Aus diesem Grund kam auch die MUK umgehend zum Einsatz.

Halbdunkel die ihm entgegenkommende Person. Als diese sich bis auf zirka vier bis fünf Meter genähert hatte, erkannte er eine junge, weibliche Person. St. faßte zu diesem Zeitpunkt den Entschluß, diese unbekannte Frau unter Gewaltanwendung zu dem 119 Meter entfernten Häckselstrohdiemen zu bringen und dort zu vergewaltigen.

Er griff die 18jährige Regina P. überraschend an und führte sie im Würgegriff von der Ortsverbindungsstraße hinunter zum Strohdiemen. Auf dem Weg dorthin versuchte die junge Frau, sich aus der Umklammerung zu befreien, woraufhin St. den Druck gegen ihren Hals verstärkte. An seinem Ziel angekommen, ließ St. sein Opfer aus der Umklammerung frei. Unversehens drohte die junge Frau ihrem Peiniger mit einer Anzeigenerstattung.[46] Klaus-Dieter St., der eine Strafverfolgung befürchtete, aber seine Absicht nicht aufgegeben hatte, faßte nunmehr den Entschluß, sein Opfer nach der Vergewaltigung zu töten.

Zur Überwindung ihres körperlichen Widerstandes und um eventuelle Hilferufe zu verhindern, würgte er die junge Frau bis zur Bewußtlosigkeit, entkleidete sie teilweise und vergriff sich sexuell an ihr, während er den Geschlechtsverkehr bis zur Ejakulation durchführte. Das Opfer kam wieder zu sich und versuchte, sich gegen seine Handlungen zur Wehr zu setzen. Daraufhin kniete sich St. auf ihre Oberarme und würgte sie kräftig und so lange, bis seiner Meinung nach ihr Tod eingetreten war. Anschließend verweilte er noch etwa zehn Minuten aus Sicherheitsgründen neben der leblosen Frau, schleifte diese dann unmittelbar zu den Strohdiemen und entwendete ihre mitgeführten persönlichen Gegenstände. Danach verbarg er den Körper durch Abdecken mit Häckselstroh. Unter Mitnahme der Habseligkeiten begab sich der Mörder auf Umwegen

46 Das war leider ein großer Fehler und das sichere Todesurteil für die junge Frau.

in seine elterliche Wohnung, wo er die Umhängetasche des Opfers untersuchte. Für ihn unbrauchbare Gegenstände verbrannte er im Ofen seines Zimmers.

Die Kripo beschlagnahmte bei ihm 35 Mark Bargeld, die Damenarmbanduhr und den Sicherheitsschlüssel zur Arbeitsstelle der jungen Frau. Die Täterschaft von Klaus-Dieter St. war zweifelsfrei erwiesen.

Er handelte kaltblütig und zielstrebig. Die Ursachen für seine erneute Straffälligkeit waren in seiner sexuellen Triebhaftigkeit, seiner disziplinlosen Einstellung zum Leben, zur Gesundheit sowie zur Freiheit und Würde eines Menschen zu suchen. Die forensisch-psychiatrische Untersuchung ergab, daß er für die vorliegenden Straftaten strafrechtlich voll verantwortlich war.

In der kleinen etwa 3000 Einwohner zählenden Stadt Bürgel war das mittlerweile der dritte Mord nach 1976 und 1978. Dieses Mal konnte die Kripo dieses Tötungsverbrechen durch zielgerichtete kriminalistische Spurensuche und Spurensicherung sowie umfangreiche Öffentlichkeitsarbeit mittels Lautsprecherwagen, Fahndungsbildern der Vermißten und gezielten Rundumermittlungen innerhalb des Ersten Angriffs von 24 Stunden klären. Ruhe, Ordnung und Sicherheit kehrten in Bürgel und Umgebung ein. Die mit Klaus-Dieter St. durchgeführte Rekonstruktion bestätigte bis ins Detail den Ermittlungsstand des Sexualmordes an der 18jährigen Frau.

Nachdem die Kripo ihre Ermittlungen abgeschlossen hatte, wurde der Vorgang zur Anklageerhebung an die Bezirksstaatsanwaltschaft Gera übergeben. Am 2. und 4. Juni 1982 erfolgte die Hauptverhandlung in der Mordsache Klaus-Dieter St. beim 2. Strafsenat des Bezirksgerichtes Gera. Die Hauptverhandlung führte Frau Oberrichter Sack als Vorsitzende, hinzu kamen zwei Schöffinnen, als Vertreter der Anklage der Bezirksstaatsanwalt Gera, ein gesellschaftlicher Ankläger, sein Rechtsanwalt und zwei Justizangestellte als Protokollführer. Durch die gute Beweislage wurde über alle Instanzen das Urteil gegen St. bestätigt.

Urteil

Das Bezirksgericht Gera kam nach der zweitätigen Hauptverhandlung zu folgendem Urteil: Im Namen des Volkes:

1. Der Angeklagte wird wegen tatmehrheitlichen begangenen Mordes (Verbrechen nach § 112 Abs. 1 StGB), Vergewaltigung im strafverschärfenden Rückfall handelnd (Verbrechen nach § 121 Abs. 1, 44 Abs. 1 StGB) und verbrecherischen Diebstahls zum Nachteil von persönlichem Eigentum (Verbrechen nach §§ 177, 181 Abs. 1 Ziff. 4 i. V. m. §§ 63 und 64 StGB) zu lebenslänglicher Freiheitsstrafe verurteilt.
2. Die staatsbürgerlichen Rechte werden ihm für dauernd aberkannt.
3. Der Angeklagte wird zu Schadenersatz an Herrn H. P. in Höhe von 3.550 M (dreitausendfünfhundertfünfzig) verurteilt.
4. Die Auslagen des Verfahrens trägt der Angeklagte.

Auszüge aus der Urteilsbegründung des Bezirksgerichtes Gera

»Auf dem Rückweg sah er, daß ihm eine junge Frau entgegenkam. Er geriet in sexuelle Erregung und beschloß, diese junge Frau zu vergewaltigen. Er stellte sich ihr in den Weg und sagte zu ihr: ›Wenn du nicht mitkommst, passiert etwas.‹ Dabei faßte er sie gleichzeitig um den Hals, nahm sie in den sogenannten

Schwitzkasten, indem er ihr den linken Arm fest um den Hals legte, und zog sie über die Straße etwa 130 m bis zu einem Strohdiemen. Er merkte, daß das Mädchen sich sträubte, indem sie mit beiden Armen versuchte, seinen Arm von ihrem Hals zu lösen und indem sie sich gegen das Mitgehen stemmte. Trotzdem zog er sie gewaltsam zu diesem Strohdiemen. Dort ließ er sie los, und das Mädchen sagte zu ihm, daß sie ihn anzeigen wird. Da der Angeklagte unter allen Umständen vermeiden wollte, wieder in den Strafvollzug zu kommen, andererseits aber auch sein Vorhaben, gewaltsam mit der Geschädigten Geschlechtsverkehr durchzuführen, nicht aufgab, faßte er auf diese Worte des Mädchens hin den Entschluß, sie nach der Vergewaltigung umzubringen. Gleichzeitig mit diesen Überlegungen umfaßte er mit beiden Händen ihren Hals über den Rollkragenpullover, legte ihr die Daumen über den Kehlkopf und drückte zu. Er bemerkte, wie dem Mädchen die Beine einknickten und sie hintenüber ins Stroh sank. Er würgte sie weiter, bis sie bewußtlos war. Danach ließ er ihren Hals los und zog dem Mädchen die langen Hosen und Schlüpfer herunter. Weiterhin schob er ihren Pullover und den Büstenhalter über die Brust nach oben. Er drückte die Oberschenkel des Mädchens auseinander, holte sein Geschlechtsteil heraus, legte sich auf das Mädchen und führte mit ihr den Geschlechtsverkehr bis zum Samenerguß durch. Gleichzeitig drückte er heftig ihre Brüste und biß sie, so daß ausgedehnte Blutergüsse bzw. Hautunterblutungen an beiden Brüsten und um die Brustwarze entstanden. Während des Geschlechtsverkehrs kam die Geschädigte wieder zu sich und versuchte, dem Angeklagten in die Haare zu fassen. Daraufhin kniete sich der Angeklagte, indem er hochrutschte, mit beiden Beinen auf die Oberarme des Mädchens und drückte ihr wieder kräftig den Hals zu, um seinen Entschluß, sie umzubringen, zu verwirklichen. Er würgte sie so lange, bis er bemerkte, daß ihr Kopf zur Seite fiel, und er annahm, daß sie tot war. Daraufhin wartete er noch 10 Minuten, um auch ganz sicher zu gehen, daß sie nicht mehr lebte. Danach faßte er sie an den Beinen und zog sie näher an den Strohdiemen heran. Er löste die Armbanduhr von ihrem Arm und zog ihr einen Ring vom Mittelfinger der linken Hand ab und steckte beides in die Umhängetasche der Geschädigten. Diese Gegenstände nahm er an sich, um sie zu behalten. Danach kollerte er die Geschädigte noch näher an den Strohdiemen heran. Dort kam sie in Bauchlage mit angewinkelten Beinen und dem Gesicht nach unten zum Liegen. Der Angeklagte deckte sie mit Stroh ab und ließ sie dort liegen. Anschließend steckte er die Umhängetasche in seine Lederjacke und begab sich auf Umwegen nach Hause, um nicht gesehen zu werden. Vorher hatte er noch seine Kleidung von Strohresten gereinigt. Zu Hause schloß er sich in sein Zimmer ein und sichtete den Inhalt der Tasche. Die Uhr, Bargeld in Höhe von 35,– M, daß sich in der Geldbörse befand, Fahrscheine und einen Sicherheitsschlüssel, nahm er an sich, die Tasche mit dem übrigen Inhalt, wie Ausweispapiere, einen Knirps und einen Beutel verbrannte er im Ofen in seinem Zimmer.«

Der Tod der Geschädigten ist durch Halskompressionen eingetreten. Hier befanden sich die dafür typischen Unterblutungen in der Kehlkopfmuskulatur, in den Augenbindehäuten, den Augenlidern, in der Haut im Bereich der Schläfenpartien und im Schädelbereich der Kopfschwarteninnenseite, blutiger Schaum in den Nasenöffnungen und den Luftwegen und ein kräftig unterbluteter Bruch des linken Zungenbeinvorsatzes. (Aussagen des Institutes für gerichtliche Medizin Jena)

Der Angeklagte wurde im Bezirkskrankenhaus für Psychiatrie und Neurologie vom Medizinalrat Dr. med. Stahl nervenfachärztlich begutachtet. Er diagnostizierte beim Angeklagten: »Der Angeklagte ist organisch und psychisch gesund. Seine Intelligenz liegt noch im Normalbereich, wobei sein lebensprak-

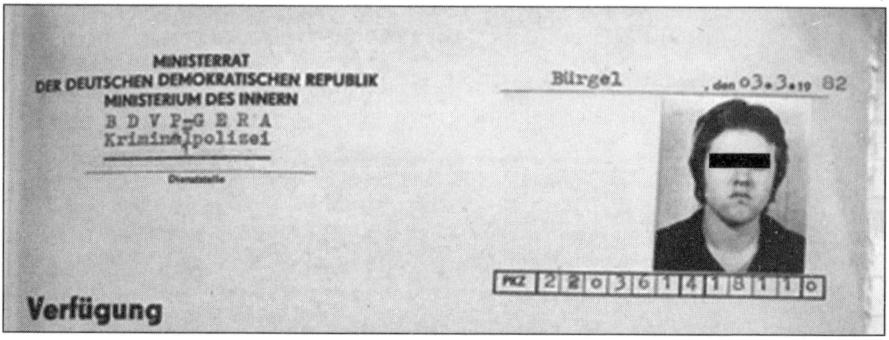

Porträt des Mörders Klaus-Dieter St. vom März 1982.

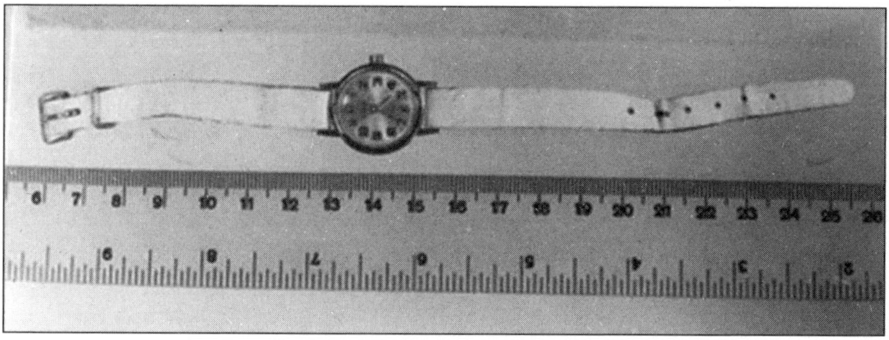

Die Damenarmbanduhr des Opfers,
die im rechten Schuh des Täters gefunden wurde.

Der Sicherheitsschlüssel (Marke EVVA), der zur Apotheke gehörte, in der das Opfer arbeitete. Er konnte im Besitz des Täters gesichert werden.

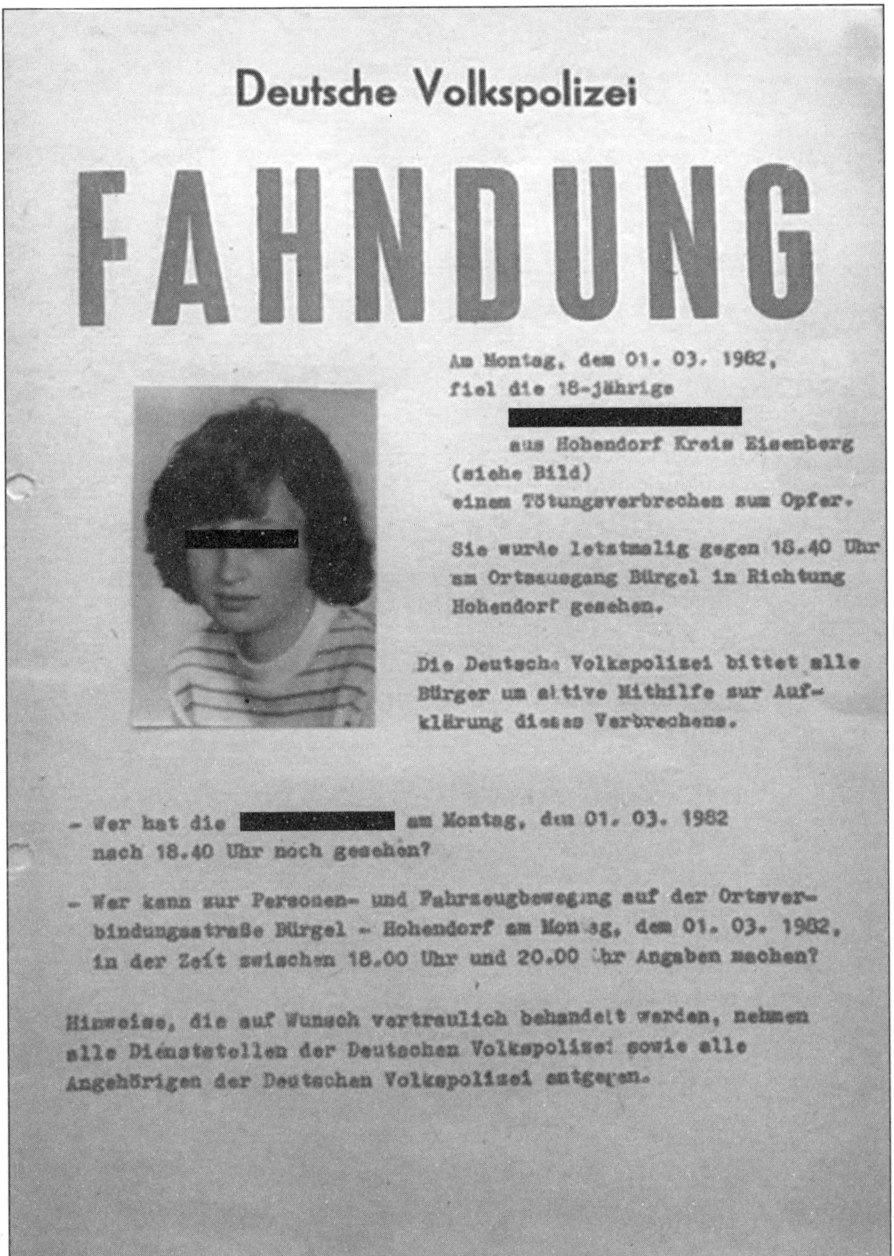

Deutsche Volkspolizei

FAHNDUNG

Am Montag, dem 01. 03. 1982,
fiel die 18-jährige
[redacted]
aus Hohendorf Kreis Eisenberg
(siehe Bild)
einem Tötungsverbrechen zum Opfer.

Sie wurde letztmalig gegen 18.40 Uhr am Ortsausgang Bürgel in Richtung Hohendorf gesehen.

Die Deutsche Volkspolizei bittet alle Bürger um aktive Mithilfe zur Aufklärung dieses Verbrechens.

- Wer hat die [redacted] am Montag, dem 01. 03. 1982 nach 18.40 Uhr noch gesehen?
- Wer kann zur Personen- und Fahrzeugbewegung auf der Ortsverbindungsstraße Bürgel - Hohendorf am Montag, dem 01. 03. 1982, in der Zeit zwischen 18.00 Uhr und 20.00 Uhr Angaben machen?

Hinweise, die auf Wunsch vertraulich behandelt werden, nehmen alle Dienststellen der Deutschen Volkspolizei sowie alle Angehörigen der Deutschen Volkspolizei entgegen.

Porträt des Opfers auf einem Fahndungsaufruf der Deutschen Volkspolizei vom März 1982.

Rekonstruktion. Begegnungsphase mit dem Opfer.

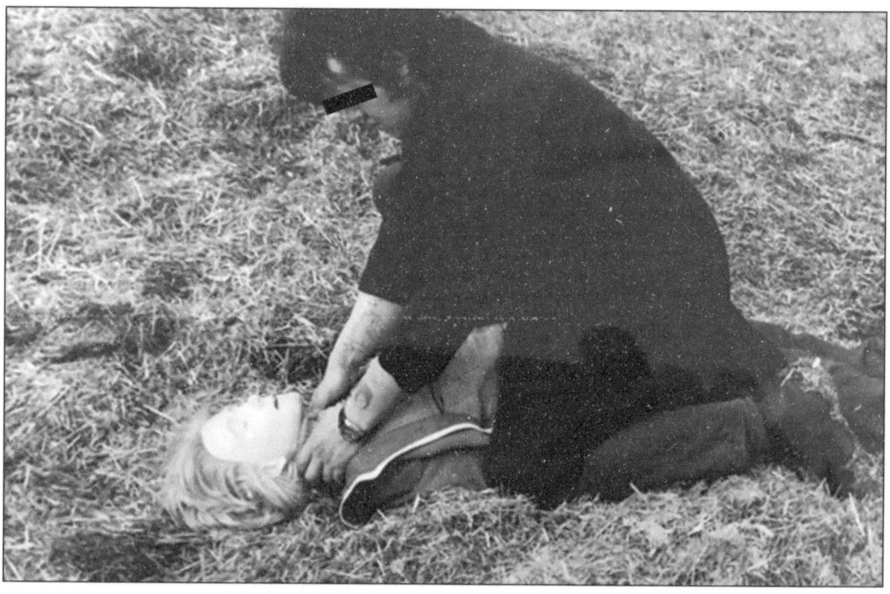

Tatrekonstruktion (Würgen) des Täters an einer Puppe.

Rekonstruktion der Tat an Regina P. durch Klaus-Dieter St.
Nachdem der Täter die junge Frau in den »Schwitzkasten« (Würgegriff) genommen hatte, führte er sie von der Straße aus nach rechts auf das Feld, wo sich ein Strohdiemen befand.

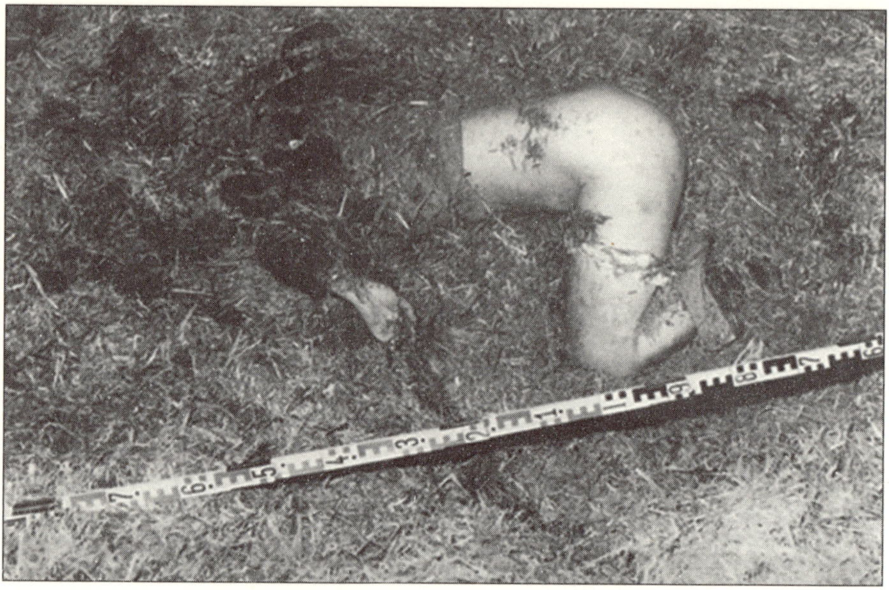

Auffindesituation der Leiche der jungen Frau.

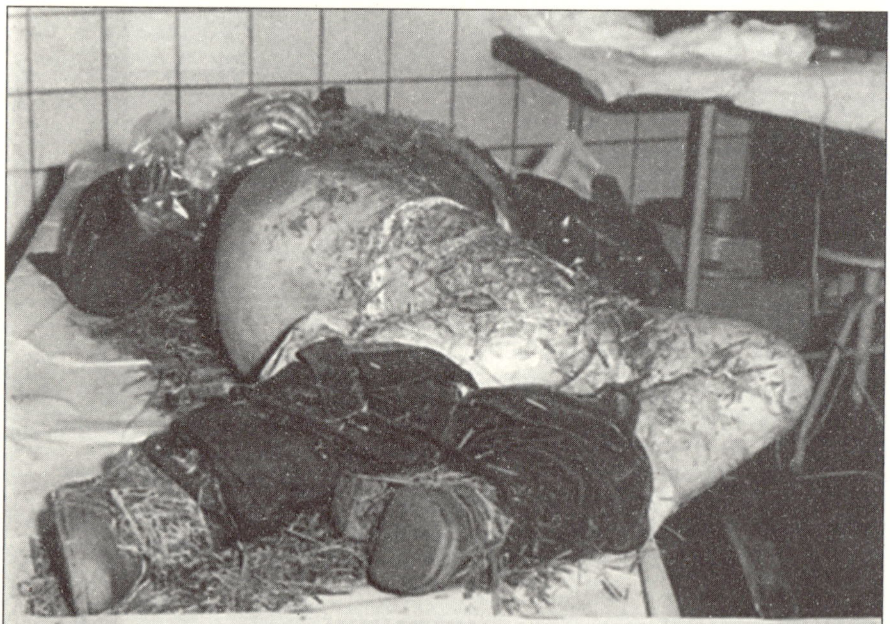

Die Leiche der jungen Frau vor der gerichtsmedizinischen Untersuchung.

tisches Wissen stärker ausgeprägt ist. Es liegt keine Geisteskrankheit [...] vor.

Bei ihm zeigt sich eine deutliche Gefühlskälte und Gemütsarmut. Kritik- und Urteilsfähigkeit sind dabei jedoch nicht eingeschränkt. Es gibt keinen Anhalt für eine akute oder chronische Psychose, ebenso keine Hinweise auf ein cerebrales Anfallgeschehen. Beim Angeklagten handelt es sich um einen selbstunsicheren reizbar-explosiblen gemüts- und gefühlsarmen Menschen mit dissozialer Entwicklung. Diese insoweit von der Norm abweichende Entwicklung ist jedoch nicht schwerwiegend und besitzt keinen Krankheitswert, so daß der Angeklagte tatbezogen voll zurechnungsfähig ist.«

Aufgrund der Vorstrafen von Klaus-Dieter St. und der besonderen Brutalität seiner Handlungsweise gegen Regina P. fällte das Bezirksgericht Gera das richtige Urteil: lebenslängliche Freiheitsstrafe.

Im Jahre 1987 erfolgte in der DDR eine Amnestie. Klaus-Dieter St. hatte sich im Vollzug wahrscheinlich recht ordentlich geführt, denn die lebenslängliche Freiheitsstrafe wurde auf 15 Jahre herabgesetzt. Damit erhielt er die Möglichkeit, 1997 wieder auf freien Fuß zu kommen. Doch die Wende ermöglichte es diesem Schwerverbrecher, früher freizukommen. Unerwartet öffneten sich für ihn die Gefängnistore und Klaus-Dieter St. wurde in die Freiheit entlassen. Diese vorfristige Entlassung sollte in der Folge für weitere Frauen tödlich enden. Schon kurz darauf wurde er erneut straffällig. Dieses Mal setzte er seine sexuelle Triebhaftigkeit mit noch größerer Gewalt und Brutalität um.

Klaus-Dieter St. im Gespräch mit Kriminalhauptkommissar Stephan Harbort

Stephan Harbort hat in seinem Buch »Killerinstinkt. Serienmördern auf der Spur« den weiteren Vergewaltigungs- und Mordverlauf von Klaus-Dieter St. recherchiert, dokumentiert und den Täter interviewt. Unter dem Titel »Charakter: Verbrecher« zeigt der Autor die kriminelle Energie und die Beweggründe seiner Rückfälligkeit auf. Als er den Serienmörder nach den Gründen seiner Entlassung im Jahr 1991 fragte, erzählte dieser, daß nach der Wiedervereinigung alle Akten der ehemaligen DDR-Häftlinge überprüft und neu bewertet wurden und man in seinem Fall eine wesentlich verkürzte Verbüßungsdauer festgelegt hatte. Das war für ihn mit überraschenden Konsequenzen verbunden. »Zwei Wochen vor Pfingsten war das, da kam ein Wärter in meine Zelle und sagte: ›Komm, Entlassung.‹ Da hab ich mich hingesetzt und gesagt: ›Du kannst mich mal. Ich hab draußen niemand. Wo soll ich freitags um drei hin? Ich hab weder eine Wohnung noch Arbeit.‹ Über Pfingsten durfte ich noch bleiben, dann mußte ich aber raus. Das war schrecklich.«

Stephan Harbort: Sie kamen endlich frei und fanden das schrecklich?

Ich mußte erstmal zum Sozialamt, hab mich aber nicht reingetraut. Erst als ich einen Knastkumpel getroffen hab, der mir das erklärt hat, bin ich da wieder hin.

Die haben mir was von meinem Recht auf Wohnraum erzählt, um die anderen Sachen müßte ich mich aber selber kümmern, Arbeit und so. Ich merkte sofort, daß ich nicht willkommen war.

Also blieben Sie wieder sich selbst überlassen, hatten keine Heimat mehr, keine Orientierung – alles wie gehabt.

Ja.

Im Gefängnis haben Sie sich zurechtgefunden, draußen aber nicht.

Genau. Es war ja auch alles neu für mich, die ganzen Ämter und so. Früher gab es in der DDR die Abteilung für Inneres, da hat man alles geregelt. Am schlimmsten war aber für mich diese Ablehnung.

Fühlen Sie sich gekränkt?

Ich wollte nicht auf ein Amt gehen und um Geld betteln.

Da waren Sie ganz unten.

Genau. Da war ich ganz unten, zerstört. Ich kannte das nicht, daß man um etwas betteln muß. Das gab's in der DDR nicht. Wenn einer arbeiten wollte, dann kriegte er auch Arbeit.

Und das konnten Sie nicht akzeptieren.

Ja, ich habe mir einfach genommen, was ich wollte, bin lieber klauen gegangen, als aufs Amt zu marschieren. Aufs Amt zu gehen, war der absolute Tiefpunkt in meinem Leben. Ich hätte ja nicht mal aufs normale Sozialamt gehen dürfen, ich hätte die Haftentlassungshilfe ansteuern müssen. Das ist ja noch schlimmer, da wirst du in so ein Obdachlosenasyl gesteckt, mit Alkoholikern, Drogensüchtigen und so. Damit wollte ich nichts zu tun haben.

Fühlten Sie sich auch ein Stück weit allein gelassen?

Ja, ich war total hilflos. Von jetzt auf gleich gab's die DDR nicht mehr. Damit bin ich nicht klargekommen.

Versuchte Vergewaltigungen nach seiner Haftentlassung, 1991 bis 1993

1. Am Freitag, dem 8. November 1991 riß Klaus-Dieter St. eine 24jährige Studentin überfallartig vom Fahrrad, als sie auf dem Weg nach Hause einen Feldweg als Abkürzung nutzte. Der Täter zerrte sie an den Haaren in einen Wald und stach ihr dort mit einem Messer in die Wange. Da das Opfer sich heftig wehrte, weinte, flehte, schlug und nach ihm trat, ließ er von ihm ab. Er stahl eine Tasche mit Studienunterlagen und floh.
2. Auf einem unbeleuchteten Weg wurde am 29. Oktober 1992 eine 27jährige Doktorandin vom Fahrrad gestoßen. Klaus-Dieter St. hielt der Frau ein Messer an den Hals und zwang sie, mit ihr in ein Gebüsch zu gehen. Das Opfer leistete erheblichen Widerstand und besprühte ihn mit Reizgas. Daraufhin rammte er der Frau sein Messer ins Gesicht, würgte sie fast bis zur Bewußtlosigkeit, ließ dann jedoch von ihr ab, bestahl sie und verschwand.
3. Auf einem einsamen Waldweg wurde am 25. April 1993 eine 48jährige Frau angegriffen. St. bedrohte sie mit einem Messer, schlug ihr mit der Faust mehrmals wuchtig ins Gesicht und würgte sie. Doch auch in diesem Fall kam er nicht an sein Ziel. Die Frau redete intensiv auf ihn ein, worauf St. kurz darauf floh.

Versuchtes Tötungsdelikt

In der Nähe des Rombergparks in Dortmund überfiel St. eine 29jährige Frau, zerrte sie in ein Gebüsch und versuchte, sie zu vergewaltigen. Das Opfer wehrte sich, worauf St. mehrfach mit einem Messer zustach. Die Frau wurde lebensgefährlich verletzt. Weil St. glaubte, das Opfer sei tot, flüchtete er.

Morde in Haltern

Am 9. Juni 1993 schlug St. in Haltern brutal zu, er vergewaltigte und tötete Angelika D. (Name verfremdet) durch Hals- und Bruststiche. Er wurde auf einem Campingplatz verhaftet und hatte sein Tatmesser noch bei sich.

Vor seinem letzten Mord war Klaus-Dieter St. mit zwei ihm bekannten Obdachlosen, die er in Dortmund kennengelernt hatte, an einem Stausee. Da den Obdachlosen nach dem Genuß von reichlich Alkohol das Geld ausging, kehrten diese nach Dortmund zurück. St. trennte sich von ihnen. »Ich bin dann da durch den Wald gelaufen, und es kam wieder so eine Situation.«

Die Frau, die ihm entgegenkam, war eine 26jährige Studentin, die gegen 18.15 Uhr auf einem Waldweg nach Hause radelte. Zu dieser Zeit herrschte, auch bedingt durch den nahen Campingplatz, noch reger Ausflugsverkehr. »Die Frau kam mit dem Fahrrad, ich hab sie vom Fahrrad gezogen. Weit und breit keiner da, und die hat sich auch gewehrt. Sie mußte sich unter Zwang ausziehen, wie ich mir das in der Phantasie vorgestellt hab.« St. bedrohte sie mit einem Messer, worauf die Studentin sagte, er soll das Messer wegstecken. Doch die Studentin unterschätzte die Gefahr, in der sie schwebte. Sie nutzte den Augenblick und schlug auf St. ein, worauf dieser das Messer ergriff und auf sie einstach.

Bei der Obduktion wurden sechs Stiche im linken Brustbereich festgestellt, die das Herz durchbohrt hatten (ein Stich in die rechte Brustseite und ein Stich in den Kehlkopf). Die Gegenwehr der Studentin war für den Sexualmörder zu heftig.

»Ich hätte alles mit mir machen lassen, nur die hat das Gegenteil von dem gemacht, was ich ihr gesagt hab. Da ging's nur noch darum, daß sie ruhig ist. Mit dieser starken Gegenwehr hatte ich nicht gerechnet.« St. agierte emotionslos. Er schaltete ab. »Mitleid hatte ich mit der nicht.« Dann deckte er die Leiche zu und floh. Dennoch wurde er verhaftet.

Harbort kommt nach den Gesprächen zu folgender Erkenntnis:

»Es ging ihm weniger darum, Sexualverkehr mit einer Frau zu erzwingen, sondern vornehmlich um das Ausüben sexualisierter Gewalt. Er hat dieses abnorme Verlangen in einfachen Worten ausgedrückt: ›Mit Sex über sie Macht haben.‹ Besonders ärgerlich und bedenklich erschien dabei, daß ausgerechnet dieser Täter während seiner ersten Inhaftierung Urteile von Mitgefangenen zu lesen bekam, die in ihm nicht nur abnorme Bedürfnisse weckten, sondern später auch als Blaupause für seine Gewaltverbrechen dienten. Wäre seine kriminelle Karriere, vielleicht sogar sein bürgerliches Leben ohne diese Berichte anders verlaufen? Die von ihm in Westdeutschland begangenen Tötungsdelikte waren – neben der Verdeckungsabsicht und dem effektiv anmutenden Bestrafungscharakter – auch eingefärbt vom Motiv der Mordlust, denn seine abnormen Phantasien beinhalteten schon zu diesem Zeitpunkt die Tötung des Opfers als einen Gewaltakt, der einherging mit der unnatürlichen Freude an der Vernichtung eines Menschenlebens.« Und solange Klaus-Dieter St. diese Phantasien hat, wird man ihn nicht in die Sozialgemeinschaft zurückgeben dürfen. »Mit an Sicherheit grenzender Wahrscheinlichkeit wird deshalb jene umstrittene Formel in diesem Fall doch aufgehen: Lebenslänglich = lebenslänglich.«

Exkurs: Sexualkriminalität und Sexualstraftat in der DDR

Mitte der 1985er Jahre ging man in der DDR von einer »insgesamt sinkenden Tendenz der Kriminalität« aus, »das bei einzelnen Straftatenarten aber nicht im genügenden Tempo« geschah. Dazu gehörten auch die vielfältigen Erscheinungsformen von Sexualstraftaten. Wie bei allen anderen Formen von Kriminalität, sah sich die sozialistische Kriminalistik in der Pflicht: »In der sozialistischen Gesellschaft ist der Schutz des Lebens, der Gesundheit, Freiheit und Würde seiner Bürger ein wesentlicher Grundsatz der Rechtspolitik. Die Verwirklichung dieser Grundrechte und ihre zielstrebige Ausgestaltung erfordern im Rahmen des Prozesses der gesamtgesellschaftlichen Bewußtseinsbildung die weitere planmäßige Vervollkommnung des Kampfes um die Vorbeugung, Verhinderung, Aufdeckung und Aufklärung aller Sexualstraftaten.«[47] Diese eindeutige Kampfansage gegen Sexualstraftaten jeglicher Art ging konform mit den politisch-ideologischen Grundsätzen der DDR, die in Kriminalität eine »dem Sozialismus wesensfremde Erscheinung« sah. Kriminalität war »eine eklatante Form der Verletzung gesellschaftlicher Verhaltens- und Rechtsnormen und in der Regel ein Ausdruck rudimentärer Denk- und Verhaltensweisen. Deshalb ist die systematische Zurückdrängung und Bekämpfung der Kriminalität ein bedeutender Faktor bei der Förderung bewußtseinsmäßiger Entwicklungsprozesse und zur Herausbildung sozialistischer Persönlichkeiten mit entsprechenden Verhaltensweisen im Zusammenleben der Bürger.«[48]

Über die Rolle der Bedürfnisse bei Sexualstraftaten bestanden (und bestehen heute noch immer) falsche Vorstellungen.

---

47 Autorenkollektiv: Zur Bekämpfung von Sexualstraftaten. Berlin 1986, S. 7 ff.

48 Zur Bekämpfung von Sexualstraftaten, a. a. O., S. 8.

Der Gerichtspsychologe Harry Dettenborn[49] gab in seinem Buch »Täter – Opfer – Zeuge«. Streifzüge durch die Gerichtspsychologie (Berlin 1988) erstaunliche Antworten, die den Forschungsstand in der DDR am Ende der 1980er Jahre widerspiegeln: »Sie äußern sich zunächst darin, daß hinter Sexualstraftaten zumeist extrem ausgeprägte sexuelle Bedürfnisse vermutet werden. Dagegen sprechen vor allem zwei Tatsachen. Erstens findet sich bei einer Reihe von solchen Straftaten eher verringerte sexuelle Triebstärke. Dies zeigen veröffentlichte Untersuchungen zu bestimmten Gruppen von sexuellen Gewalttätern bis hin zu Sadisten, aber auch von Exhibitionisten und von Pädophilen (d. h. sexuell auf Kinder ausgerichteten) Tätern. Auch der zunächst vermutete starke ›Sexualtrieb‹ bei Tätern mit Chromosomenabweichungen bestätigte sich nicht. Im Gegenteil wurden ›schwache sexuelle Potenz‹, aber dafür ausgeprägte Unreife der Persönlichkeit [z. B. Erwin Hagedorn], Kontaktschwierigkeiten, Hemmungen im Umgang mit Frauen festgestellt, letztendlich Ursachen der Straftat, die auch bei Tätern ohne Chromosomenabweichung den Ausschlag geben. Zweitens zeigt sich, daß überhöhte Bedürfnisse in ganz anderen Bereichen, nicht aber im Sexualbereich, hinter sehr vielen Straftaten stehen. Bei Vergewaltigung und Nötigung (§ 121, 122 StGB) sind vor allem aggressive Bedürfnisse, Streben nach Kompensation von Enttäuschungen und eigenem Versagen sowie nach Anerkennung zu nennen. Sie gründen sich auf sozialer Zurücksetzung, verletzter Eitelkeit, Mißerfolgen in Partnerbeziehungen, belastenden familiären Beziehungen. Oft steht bereits fehlende emotionale Zu-

49 Diplom-Psychologe, Klinischer Psychologe BDP, Fachpsychologe der Rechtspsychologie, zertifizierter Polygraphiegutachter; Tätigkeit als psychologischer Sachverständiger im Familienrecht und im Strafrecht; Erfahrung als psychologischer Sachverständiger bei Gerichten seit 1966, Lehrstuhlinhaber (Lehrstuhl Psychologie) an der Humboldt-Universität zu Berlin bis 2004 usw.

wendung im Kindesalter, Verarmung zwischenmenschlicher Beziehungen im Elternhaus dahinter. Meist gehen Eigenschaften wie feindselige Aggressivität, Rücksichtslosigkeit, Gemütsarmut und mangelnde Fähigkeit zu emotionaler Bindung mit den Straftaten einher. Sie erleichtern jenen Prozeß, in dem sich aggressive Gefühle gegen das oft nur zufällig verfügbare Opfer in der Tatsituation aufschaukeln, das sozusagen stellvertretend für die Frauen angegriffen wird. Nur scheinbar sexuell motivierte Handlungen werden dann oft kurzschlüssig als sexuelle Triebausbrüche infolge überhöhten Triebdruckes angesehen, obwohl die eigentliche Befriedigung dadurch erreicht wird, daß eine Frau gedemütigt und erniedrigt werden kann. Dies ist sogar dann irreführend, wenn sexuelle Motive hinzukommen oder parallel laufen. Es gibt Untersuchungen, aus denen hervorgeht, daß die hier beschriebene Motivation den größeren Teil von Sexualstraftaten mit Gewaltanwendung bestimmt. In ähnlicher Weise werden oft sexuelle Mißbrauchshandlungen an Kindern (§ 148 StGB) oder exhibitionistische Handlungen einseitig als sexuelle Enthemmungen gesehen. In Wirklichkeit stehen aber nicht Enthemmungen im Mittelpunkt, sondern Hemmungen im zwischenmenschlichen Umgang wie auch im sexuellen Bereich wie Kontaktschwäche und -scheu. Es gibt aber noch andere unbegründete Vorstellungen, die auftreten, wenn im Alltag über Sexualstraftaten gesprochen wird. Eine betrifft die Annahme, daß erhöhte Triebstärke, ausgeprägte sexuelle Bedürfnisse als auswegloses und nicht zügelbares biologisches Schicksal anzusehen wäre. Aber selbst dort, wo ausgeprägte sexuelle Bedürfnisse eine Straftat mitbestimmen, ist als wesentlich zu betonen: Menschliches Sexualverhalten ist nicht einfach Ausdruck eines biologischen Triebes, nicht lediglich hormongelenktes Triebverhalten. Es ist vielmehr auf der Grundlage biologischer Funktionen erworbenes Sozialverhalten, erworben in Lernprozessen, die durch Erziehung, Normen, Traditionen, Kultureinflüsse bestimmt sind. In ihnen werden die wesentlichen Orientierungen an Moralnormen der Gesellschaft vermittelt, nicht durch die biologischen Grundlagen. Normales Sexualverhalten ist deshalb in prinzipiell gleicher Weise steuerbar wie anderes Sozialverhalten, es sei denn, es treten Störfaktoren auf, die die Entscheidungsfähigkeit beeinträchtigen und auch für Sozialverhalten in anderen Bereichen gelten. Im einfachsten Falle gilt für denjenigen, der aufgrund längerer sexueller Abstinenz sich in sexuellem Spannungszustand mit Drang nach Entladung befindet und deshalb eine Vergewaltigung erwägt, das gleiche wie für denjenigen, der aus Enttäuschung und aggressiver Wut eine Frau durch Vergewaltigung entwürdigen möchte: Nicht das Vorhandensein des Bedürfnisses ist maßgebend, sondern die eigene Auseinandersetzung damit, der Bedürfnis-Norm-Vergleich und die Entscheidungsmöglichkeit im Sinne der Normerwartung.«[50]

50 Harry Dettenborn: Täter – Opfer – Zeuge. Streifzüge durch die Gerichtspsychologie. Berlin 1988, S. 47ff.

6

REINHARD P.
DER AUFSCHLITZER VON HALLE

(Mordserie: 1982–1984/Haft)

Der erste Mord – der falsche Mörder

Mitte Mai 1982 gingen Hausbewohner in den obersten Etagen des Wohnblocks 618 in Halle-Neustadt einem widerlichen Geruch nach. Bald fanden sie heraus, daß der Gestank aus der kleinen Wohnung des alleinstehenden 30jährigen Georg F. drang. Bekannt war, daß der junge Mann sich offenbar nur wenig zu Hause aufhielt, weshalb er von den Nachbarn kaum wahrgenommen wurde. Nur einzelne Personen wußten, daß er als Matrose bei der Handelsmarine arbeitete und nur selten zu Hause weilte. Zwar drangen ab und an laute Musik oder Stimmen durch die Zimmerwände, aber Georg F. schien ansonsten ein eher unauffälliges, zurückgezogenes Leben zu führen.[51]

Der Gestank belästigte die Hausbewohner dermaßen, daß sie die Deutsche Volkspolizei verständigten. Nachdem diese die Wohnung geöffnet hatte, bot sich den Polizisten ein furchtbares Bild: Auf der ausgezogenen Schlafcouch lag der hochgradig in Fäulnis übergegangene Körper eines kräftigen, nackten Mannes. Offenbar handelte es sich um den Wohnungsinhaber Georg F. Mehrere Obstmesser lagen lose auf dem Oberkörper des Toten, ein Schraubendreher steckte tief in der linken Brust, ein Messer war leicht in die Vorhaut seines Penis eingeführt.

---

51 Der Beitrag folgt im wesentlichen Hans Girod: Der Fall Bernd Fröhlich. In: Das Skelett im Wald. Berlin 2005, S. 255–264. P.s Klarname wurde hier zu »Prieslich« verfremdet.

In der Wohnung herrschte Unordnung. Teppich und Sessel waren verschoben, Bücher lagen umher, darunter auch ein blutverschmiertes Olympiahandbuch westlicher Herkunft, dessen Schutzumschlag fehlte. Lebensmittelreste, eine fast geleerte Flasche Wodka. Ein kleines Handbeil lag ganz in der Nähe der Leiche.

Schnell stand fest, daß ein Verbrechen vorlag. Wahrscheinlich hatten sich Opfer und Täter einen heftigen Kampf geliefert. Die Morduntersuchungskommission wurde eingeschaltet.

Bei dem Toten handelte es sich zweifelsfrei um den Wohnungsinhaber Georg F. Der Obduzent des Hallenser Gerichtsmedizinischen Instituts stellte 31 Stiche mit dem Schraubendreher und den Messern, aber auch zwei Hiebe mit dem Beil gegen den Kopf des Opfers fest. Todesursache war inneres Verbluten. Unter Berücksichtigung der Temperaturen in der fernbeheizten Wohnung nahm der Gerichtsmediziner eine Todeszeit von mehreren Wochen an. Ein Ermittlungsverfahren gegen Unbekannt ließ die Kriminalpolizei auf Hochtouren arbeiten.

Erste Ermittlungsergebnisse liefen ein: Während die »MS Jena« in Rostock auf der Reede lag, war der trinkfeste Matrose Georg F. in der zweiten Aprilhälfte einige Tage auf Heimaturlaub. Die Ermittlungen zielten auf die systematische Einengung des Tatzeitraums und die Persönlichkeit des Opfers. Zeugen wurden vernommen. Ganz in der Nähe des Tatortes wohnten die nächsten Verwandten Georgs: sein Bruder Bernd, beschäftigt als Hausmeister, dessen Ehefrau Martina, die in einer benachbarten Schule als Reinigungskraft arbeitete, und ihre Kinder. Sie wurden wichtige Zeugen für die Bestimmung der Tatzeit.

Ihre Aussagen belegten, daß Georg F. am 20. April 1982 in Halle eintraf und zunächst eigennützig seinen ebenfalls trinkfreudigen Bruder besuchte. Da im eigenen Haushalt keine Nahrungsvorräte vorhanden waren, gingen die Brüder sodann mit einem Beutel voller Lebensmittel und Alkoholika zu Georg. Bernd hielt sich dort eine Zeitlang auf, trank etwas und ließ schließlich den Schraubendreher, den er gewöhnlich bei sich führte, dort liegen.

Ein Nachbar vernahm in der Nacht des 22. April aus Georgs Wohnung Geräusche, die wie eine ziemlich lautstarke Auseinandersetzung klangen. Die Tatzeit konnte auf diese Nacht festgelegt werden. Das Tatmotiv blieb trotz weiterer Ermittlungen unklar. Die anfängliche Vermutung, die Auffindesituation des Opfers sei auf homosexuelle Handlungen hin zu deuten, gab man auf. Ein Raubdelikt wurde ebenfalls ausgeschlossen. Nach einem Jahr richtete sich der Verdacht gegen Bernd F., den Bruder des Ermordeten, belastet von der eigenen Gattin. In der Folge des Falles wurde sie zur Hauptbelastungszeugin gegen ihren Mann. In mühselig erlangten Aussagen, die mit suggeriertem Täterwissen nur so gespickt waren, bekannte sie in einer Mischung aus Dichtung und Wahrheit, am Abend des 21. April 1982 dabei gewesen zu sein, als ihr Mann im Zuge einer Auseinandersetzung seinen Bruder mit dem Schraubendreher tötete.

Aus Angst vor seiner Brutalität habe sie ihm nicht nur geholfen, den toten Schwager auf die Bettcouch zu hieven, sondern auch später über die schrecklichen Vorgänge Stillschweigen gewahrt. Tatsächlich unterhielt Martina F. seit langem ein intimes Verhältnis mit ihrem Schwager. Ihren eigenen Mann jedoch haßte sie. Am Nachmittag des Tattages war sie, einer heimlichen Verabredung folgend, zu einem erotischen Stelldichein in der Wohnung des Schwagers erschienen, während der Gatte seinem Broterwerb als Hausmeister nachging. Früher als erwartet war Bernd aber heimgekommen und in dunkler Vorahnung schnurstracks zu seinem Bruder geeilt. An der Art, wie es an der Wohnungstür klingelte, schloß sie, daß es nur ihr ungeliebter Gatte sein konnte. Es blieb ihr kaum Zeit, sich wieder komplett anzukleiden. Angetrunken wie ihr Mann war, hatte er die verräterische Szene gar nicht richtig wahrgenommen. Die drei leerten daraufhin in wenigen Stunden mehr als eine Flasche Wodka. Bernd war gegen 20.00 Uhr so betrunken, daß Martina sich aufmachte, ihren hilflosen Mann nach Hause zu schleppen. Danach verließ auch Georg seine Wohnung und suchte die nächste Gastronomie auf.

Bei der Kripo gab Frau F. einen völlig anderen Verlauf der abendlichen Ereignisse an. Die Brüder hätten sich im Zuge alkoholischer Enthemmung angeblich heftig gestritten und sogar geschlagen. Erst mit Georgs Tod endete der Streit.

Die Ermittler nahmen Bernd F. ins Visier. Die Angaben der Ehefrau stimmten zudem mit der vorgefundenen Tatsituation überein. Der gehörnte Ehemann hatte ein plausibles Motiv: Eifersucht. Die merkwürdige Inszenierung am Tatort ließ sich vermeintlich sogar erklären: Das Messer unter der Vorhaut symbolisierte die Vernichtung jenes verhaßten Körperteils, mit dem sich Bernd F. betrogen fühlen mußte.

Bernd F. konnte sich jedoch nur verzerrt an jenen Abend vor einem Jahr bei seinem Bruder erinnern. Ein »absoluter Filmriß« setzte seine Erinnerung außer Kraft. F. bedauerte alles. Seine Zweifel am Geschehen standen gegen die harten Indizien. Bernd F. fügte sich. Er mußte – so die Lage der Dinge – akzeptieren, daß nur er der Auslöser für das Unheil gewesen sein konnte. Alkoholbedingte Handgreiflichkeiten und Erinnerungsausfälle waren bei ihm nichts Ungewöhnliches. Er war ein schlechter Zeuge in eigener Sache. Durch Falschaussagen seiner Ehefrau schwer belastet und durch lange Vernehmungen zermürbt, resignierte er, seinen Bruder in Volltrunkenheit getötet zu haben.

Justitias Irrtum

Volltrunkenheit hat nach DDR-Recht keine schuldmindernte Wirkung, weil nach § 15 Abs. 3 StGB ein Täter, der »sich in einen die Zurechnungsfähigkeit ausschließenden Rauschzustand versetzt und in diesem Zustand eine mit Strafe bedrohte Handlung begeht, nach dem verletzten Gesetz bestraft wird«.

Das Bezirksgericht erkannte für Recht, den Angeklagten Bernd F. wegen Mordes zu lebenslänglicher Freiheitsstrafe zu verurteilen. Seine Berufung wurde zurückgewiesen. Bernd F. kam in die Strafvollzugseinrichtung Brandenburg-Görden. Die Akte wurde geschlossen und archiviert.

Doppelmord in »Ha-Neu«

Am frühen Morgen des 20. Mai 1983 erhielt die Morduntersuchungskommission Halle einen Einsatzbefehl. Mit einem Großaufgebot rückte sie zum ersten Angriff aus. Ziel des Einsatzes: Ein Doppelmord in der Parterrewohnung des Blocks 324 in Halle-Neustadt, nahe Gimritzer Damm. Die Opfer waren die 24jährige Wohnungsinhaberin Felicitas S. und ihre zehnjährige Tochter Kathrin (Klarnamen verfremdet). Im Schlafzimmer bot sich den Kriminalisten das grauenvolle Bild einer Gewalttat. Die nur halb bekleidete Frau lag im Bett und war durch mehrere heftige Messerstiche ins Herz getötet worden. Ihre Brüste waren aufgeschnitten. In der Vagina steckte das Tatwerkzeug. Kampfspuren und Abwehrverletzungen waren erkennbar. Im Wohnzimmer fanden sich ein voller Aschenbecher und Essensreste. Trinkgläser und Schnapsflaschen sprachen für ein »prädeliktisches« Gelage.

Das tote Kind, mit einem Schlafanzug bekleidet, lag einige Meter neben der fast nackten Mutter in einer großen Blutlache. Der oder die Mörder hatten dem Kind den Hals durchtrennt. Die Gerichtsmediziner fanden weitere Stiche im Leib. Die Tatortsituation bot keinen Anhalt für ein Raubmotiv. Dagegen sprachen die vorgefundenen Umstände »für einen sexuell getönten Eliminationsmord an der Frau und eine auf Tatverdeckung ausgerichtete Tötung des Kindes.«

Bereits am ersten Tag ermittelten die Kriminalisten, daß Felicitas S. einen Freund hatte: Reinhard P., 22 Jahre alt, groß, blond und von kräftiger Statur. Zudem war er wegen Eigentums- und Gewaltdelikten mehrfach vorbestraft.

Reinhard P. wohnte in einer schäbigen Wohnung in der Altstadt von Halle, die zu Beginn der 1980er Jahre bereits ziemlich heruntergekommen war. Vor dem Eindringen der Polizei in seine Wohnung versuchte er, sich mit einem aus Dübel- und Bolzenschußkartuschen gebastelten, beschußfähigen Revolver in die Stirn zu schießen, doch die Selbsttötung mißlang.

P. wurde festgenommen. Man sicherte ein Motorrad ohne Papiere. Er hatte es vor Monaten gestohlen und mit einem falschen Kennzeichen versehen. In Untersuchungshaft versuchte der Beschuldigte, sich mit einer im Saum seines Jacketts versteckten Rasierklinge die linke Pulsader aufzuschlitzen, doch auch dieser Suizidversuch schlug fehl.

In der ersten Vernehmung gestand er den Diebstahl des Motorrads und den illegalen Waffenbesitz. Den Doppelmord wies der Hafterfahrene zurück. Nachdem man ihm ein Stück Streuselkuchen und später Eisbein mit Sauerkraut geliefert hatte, begann er auszupacken.[52]

Nachdem Reinhard P. den Doppelmord gestanden hatte, erfuhren die Vernehmer Folgendes: Der betrunkene P. hatte bis spät in die Nacht hinein mit seiner Freundin Felicitas S. in deren Wohnung »einen draufgemacht«. Dann gerieten beide aus Eifersucht in Streit. Sie erhob ein Messer gegen ihn. Beim Versuch, es ihr zu entreißen, habe er sie unabsichtlich verletzt.

»Wie am Spieß hat sie geschrien. Ich hatte Angst, die Nachbarn könnten es hören und die VP rufen!« Natürlich überkam ihn eine mächtige Wut und Rachsucht »für die Fremdgeherei«. Deshalb stach er mit dem Messer auf sie ein. Die Schreie der Mutter weckten Töchterchen Kathrin, das in der Stube nebenan schlief. Als die Kleine plötzlich im Schlafzimmer stand, ihre blutüberströmte, sterbende Mutter sah und ebenfalls angstgeschüttelt zu schreien begann, erstach er auch sie. Der toten Felicitas S. verstümmelte P. die Brüste und Genitale, das Messer stieß er ihr in die Scheide. »Ich habe mich an dem gerächt, mit dem sie mich betrogen hat«, gibt er später darüber an.[53] Die spurenkundlichen Befunde am Tatort und die übrigen Ermittlungsergebnisse ließen keinen Zweifel an seiner Täterschaft.

P. gestand gegenüber den Ermittlern noch einen zweiten Mord, den er im April 1982 begangen haben wollte. Auf einer Sauf-

---

52 Bei Vernehmungen müssen Kriminalisten eine hohe psychologische Einfühlsamkeit zeigen: 1979 stießen die Vernehmer im Fall des Polizistenmordes von Gera auf eine ähnlich bizarre Situation: der Täter signalisierte den Vernehmern, daß er gesprächsbereit sei, wenn er eine Vita Cola, einen Camembert in Goldpapier und genügend zum Rauchen bekäme. Nachdem er alles verspeist und genossen hatte, nannte er den Vernehmern jeden Tag einen Buchstaben des Ortes, an dem er mit einem Mittäter das Tötungsverbrechen begangen hatte. Montag der Buchstabe »G«, Dienstag »E«, Mittwoch »R«, Donnerstag »A«: Gera. Es widerspricht manchmal jeglicher Logik, worauf Verdächtige in der Vernehmung reagieren. Kleinigkeiten in der konkreten Vernehmungssituation entscheiden über die Geständnisbereitschaft eines Mörders. Vgl. Hans Thiers: Der Polizistenmord von Gera (1979). In: Mordfälle im Bezirk Gera. Arnstadt 2014, S. 97–113.

53 Die Symbolik der Tatausführung ist unverkennbar.

tour sei er zufällig mit einem gewissen Georg aus Ha-Neu, wie der Volksmund Halle-Neustadt bezeichnet, zusammengetroffen. Dieser Georg war Seemann und einige Tage auf Landurlaub. Die beiden hätten sich über Dinge ohne Belang unterhalten und ausgiebig gezecht. Nach Lokalschluß habe Georg seinen neuen Freund zu sich in die Wohnung gebeten. Bereitwillig sei P. der mitternächtlichen Einladung gefolgt. In Georgs Behausung hörten sie Musik, blätterten in einem Olympiahandbuch, unterhielten sich und tranken Hochprozentigen. Es wurde bereits Tag, als Georg plötzlich splitternackt von der Toilette zurückkam. Er wollte P. zu sexuellen Spielchen verleiten. Der habe aber entschieden abgewehrt. Schließlich sei Georg immer zudringlicher geworden. Doch P. wollte nicht und es entwickelte sich eine handgreifliche Auseinandersetzung, in deren Verlauf er einen Schraubendreher griff, der zufällig auf dem Couchtisch lag, und zustach. Weil Georg wie am Spieß schrie, sei P. erst recht in Rage geraten – Grund genug, ihm den Schraubendreher in den Leib zu rammen. »Danach verpaßte ich ihm mit dem kleinen Beil, was da rumlag, ein paar Hiebe auf die Rübe. Die Obstmesser habe ich dann auf Georgs Körper verteilt, mit einem Messer habe ich unter die Vorhaut seines Pimmels gestochen und es dann so liegen lassen. Alles sollte so aussehen, als wäre der Täter ein Verrückter!«[54]

Nach der Tat floh P. aus der Wohnung, nahm die Brieftasche, den Schlüsselbund und den Schutzumschlag des Olympiabuchs mit. Am folgenden Tag vergrub er diese Gegenstände, zusammen mit seinem blutigen Hemd in einer Plastetüte verpackt, irgendwo in der Dölauer Heide.

Aufgrund dieses Geständnisses wurde der stellvertretende Generalstaatsanwalt der DDR aktiv. Alle Spuren und Beweismittel im Fall Georg F. wurden erneut überprüft. Die Ehefrau

---

54 Hans Girod, a. a. O., S. 261.

des unschuldig Verurteilten, die ihn am meisten belastet hatte, stand mittlerweile im Verdacht, den Straftatsbestand der falschen Anschuldigung erfüllt zu haben.

P. gab indessen Täterwissen preis und führte die Kriminalisten an die Stelle, an der er fast zwei Jahre zuvor die in einer Plastetüte verstauten verräterischen Sachen in der Dölauer Heide vergraben hatte. Nun stand eindeutig fest: Georg F. wurde Ende April 1982 von dem mehrfach vorbestraften Kraftfahrer Reinhard P. vorsätzlich getötet.

Dieser gestand zudem noch einen vierten Mord. Ende November 1982, nach der Ermordung Georgs, erschlug er seinen alten Knastkumpel Hans-Werner D. (35), dem er den Mord an dem Seemann im alkoholisierten Zustand großspurig verraten hatte. P. schlug mit einem Hammer siebenmal kräftig zu, so daß das Blut nur so spritzte. Die Leiche zersägte er in »handliche« Stücke und vergrub sie in seinen beiden Hauskellern. Anschließend beseitigte er die Blutspuren in seiner Stube. Den abgetrennten, zertrümmerten Kopf seines Opfers wagte er nicht mehr zu berühren. Um ihn transportieren zu können, bohrte er ein Loch in die Schädeldecke, ließ den Bohrer im Knochen stecken und benutzte ihn als Tragegriff. Die Leichenteile fand die Polizei wie beschrieben vor. Ebenso die Überreste seines vollstreckten Grauens. Das Bezirksgericht Halle verurteilte Reinhard P. zu einer lebenslänglichen Freiheitsstrafe.

Auf Antrag des Generalstaatsanwaltes faßte das Bezirksgericht den Beschluß zur Durchführung eines Wiederaufnahmeverfahrens im Fall Bernd F. Dieser erhielt nach zweijähriger Haft eine Entschädigung in Höhe von 20.000 Mark, eine Wohnung und Arbeit in einer Stadt seiner Wahl.

Wohnscheibe in Halle-Neustadt, Block 618.

Situationsbild vom Tatort des Verbrechens an dem Seemann »Flory«.

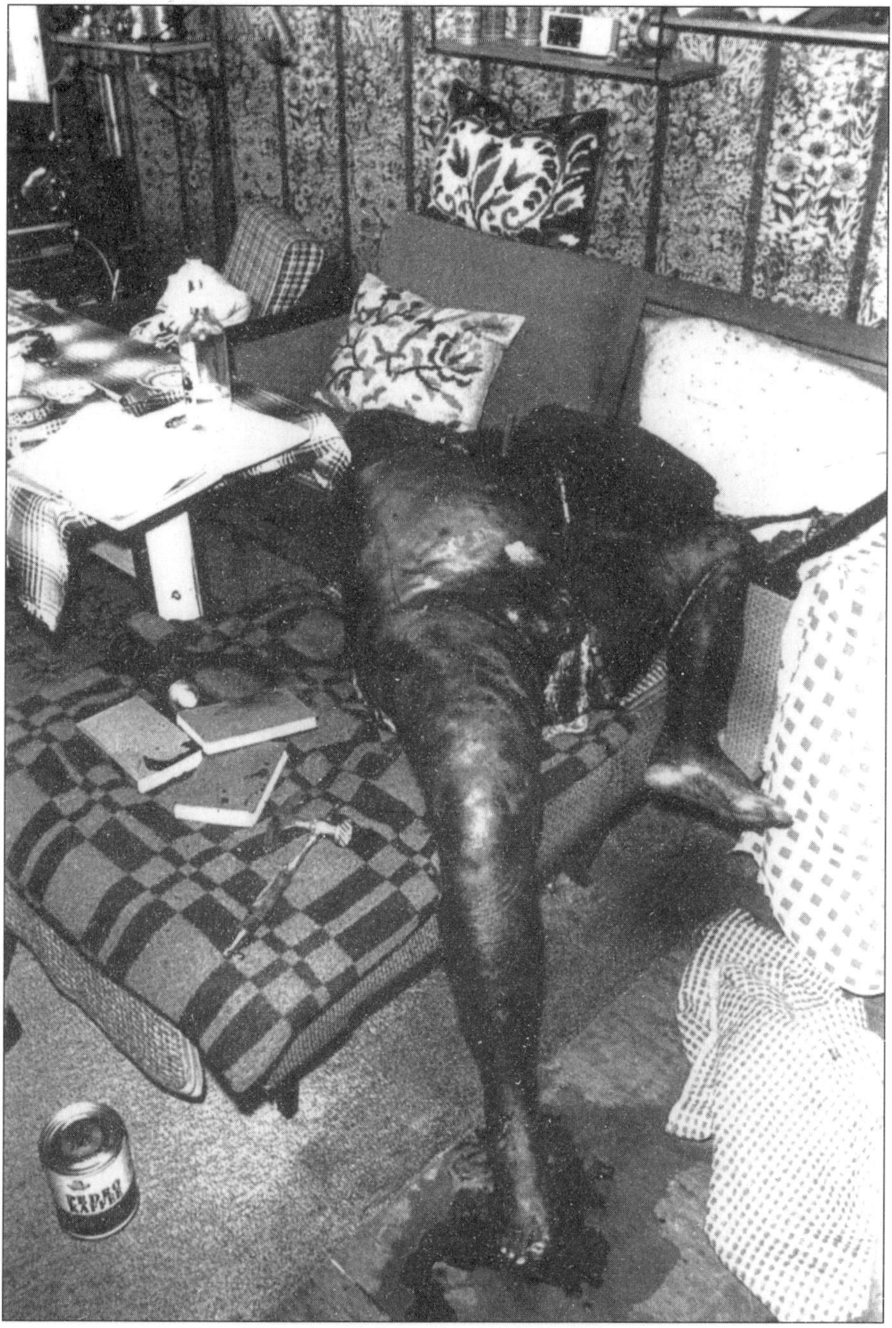

Auffindesituation der Leiche des Seemanns.

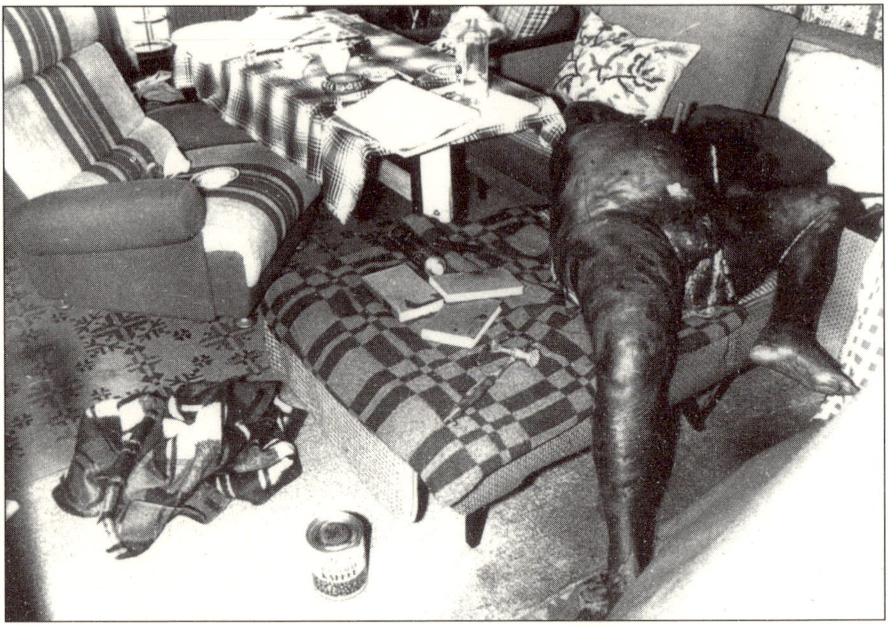

Auffindesituation der Leiche des Seemanns.

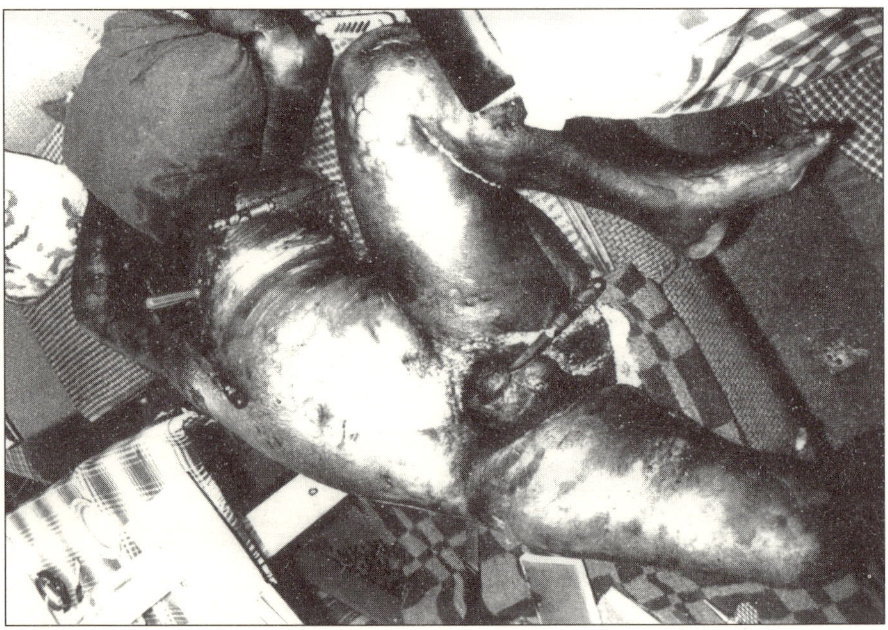

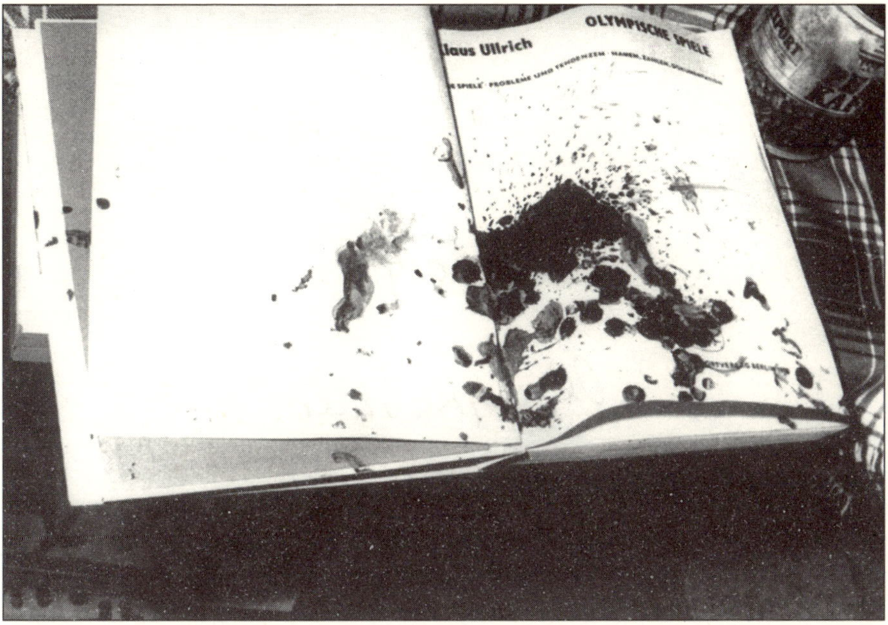

Blutspuren auf dem Olympiabuch am Tatort.

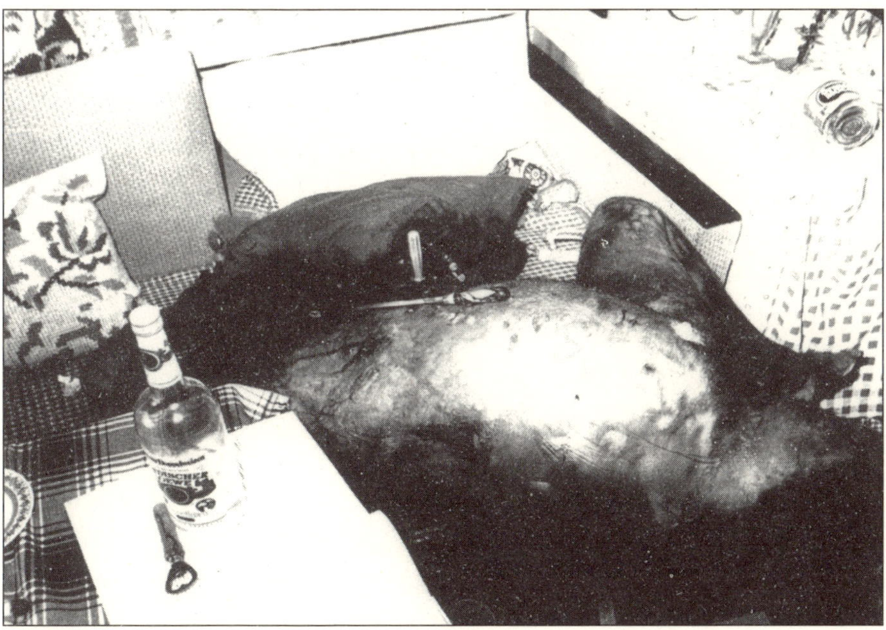

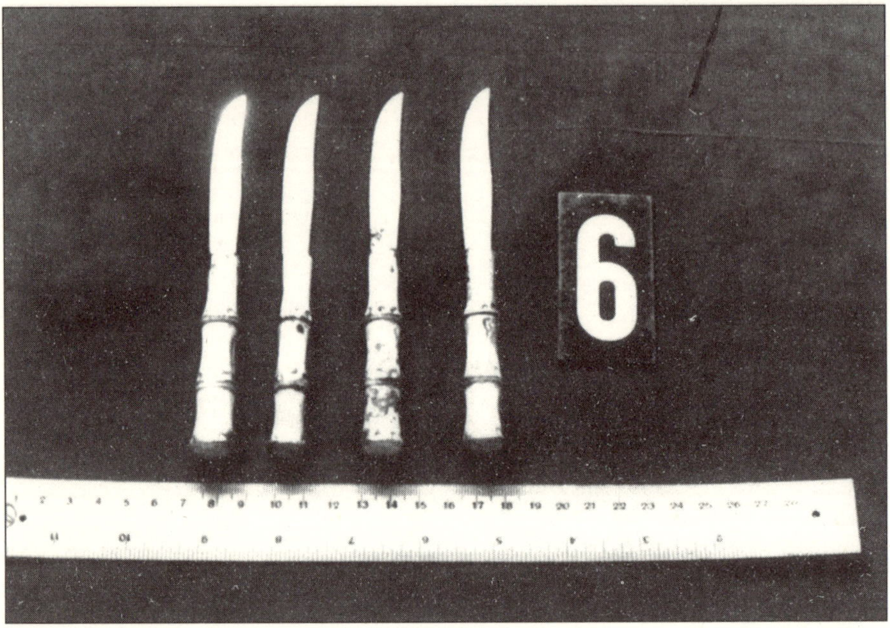

Obstmesser im Fall Reinhard P.

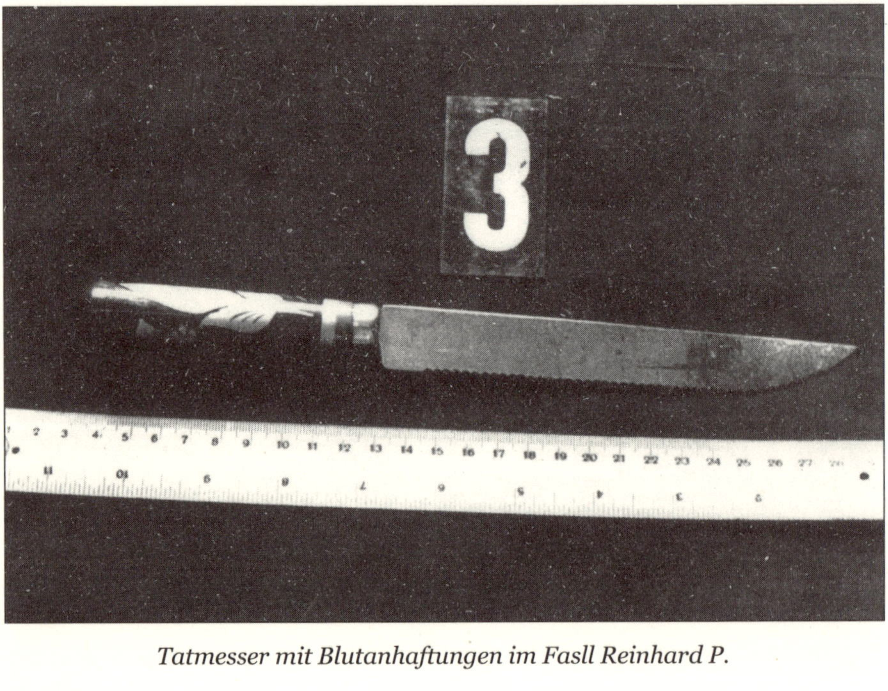

Tatmesser mit Blutanhaftungen im Fasll Reinhard P.

7

MARIO S. – DER KINDESMÖRDER VON NEUBRANDENBURG

(Mordserie: 1983–1984/noch heute in Haft)

Mario S. (Name verfremdet) zählt zu den brutalsten Serienmördern der Kriminalgeschichte der DDR. Er sitzt noch heute in der JVA Bautzen. Ein Interview mit ihm war nicht möglich. Die zuständigen Beamten in der JVA Bautzen lehnten ein Ersuchen aus rechtlichen und organisatorischen Gründen ab.

Kindheit, Jugend, Ausbildung

Mario S. wuchs als nichteheliches Kind bis zu seinem 6. Lebensjahr bei seiner Großmutter auf. Mit der Einschulung übernahmen seine Mutter und sein Stiefvater die weitere Erziehung. In späteren Vernehmungen beschrieb der Kindesmörder das Verhältnis zu seinem Stiefvater als »gestört«. Mario S. fühlte sich von ihm gegenüber seinem jüngeren Bruder zurückgesetzt und ungerecht behandelt.[55]

Mario S. besuchte die allgemeinbildende polytechnische Oberschule bis Klasse 10 und erreichte durchschnittliche bis gute Leistungen. Er entwickelte sich zu einem Schüler mit Lern- und Leistungswillen, der es verstand, rationell und selbstständig zu arbeiten. Allerdings war er für einen Jungen verhältnismäßig körperlich schwach und wurde deswegen vielfach gehänselt.

---

55 Der Beitrag fußt im wesentlichen auf kriminalistischem Aktenmaterial. Der Fall wurde auf Arte vorgestellt: Sonderermittler der Stasi – so ging die DDR mit schweren Verbrechen um. 2017.

Mit Abschluß der POS erlernte er von 1977 bis 1979 den Beruf des Elektromonteurs im VEK Tiefbau Berlin. Mit Beendigung seiner Lehre wurde ihm eine positive Einstellung bescheinigt. Er zeigte sich hilfsbereit, bescheiden und zuverlässig. Bis zu seiner Einberufung zum Wehrdienst am 3. Mai 1980 war er im VEK Tiefbau beschäftigt. Mario S. wurde zur Unteroffiziersschule der Nationalen Volksarmee (NVA) in Frankfurt/Oder einberufen, nach erfolgter Ausbildung als Fernsprecher am 26. Oktober 1980 zum Unteroffizier ernannt und in die NVA-Dienststelle 2007 Neubrandenburg versetzt. Hier erfolgte eine weitere Qualifizierung mit dem Einsatz als Fernschreiber (Einsatz in der Dienststelle 2001 Cölpin der Luftstreitkräfte/Luftverteidigung).[56]

Man bescheinigte ihm im Diensthabenden System Umsicht und eine gute Auffassungsgabe. Er war ein Pedant und ließ keine Fehler zu. Seine Spezialisierung stand jedoch im Widerspruch zu seinen sonstigen militärischen Leistungen, bei denen er aufgrund seiner physischen Schwäche und seines mangelnden Leistungswillens nur unbefriedigende Ergebnisse erreichte. Darüber hinaus fiel er durch ungepflegtes Aussehen auf und mußte befehlsmäßig zur Einhaltung der persönlichen Körperpflege angehalten werden.

In seiner Einheit galt er als kontaktarmer Einzelgänger. Über persönliche Probleme äußerte er sich nicht. Den größten Teil seiner Freizeit verbrachte er allein im Standortbereich Neubrandenburg bzw. Berlin, wohin er sich wiederholt unerlaubt von seiner Einheit entfernt hatte. Er beschäftigte sich mit Fotografie, dem Sammeln von Briefmarken und dem Lesen von utopischer Kriminalliteratur.

---

56 Ein ähnlich brutaler Kindesmörder, der in den 1980er Jahren in Nordhausen ein neunjähriges Mädchen bestialisch vergewaltigt und ermordet hatte, wurde von der MUK Erfurt gefaßt. Auch dieser Täter war ein Berufsunteroffizier der NVA. Der Mörder, der mit größter Wahrscheinlichkeit weiter gemordet hätte, sitzt noch heute im Gefängnis.

Zur Täterpersönlichkeit

Bei Mario S. lag offensichtlich eine sexuelle Fehlentwicklung in der Jugendzeit vor. Er will nichts für Mädchen empfunden haben. Sein Interesse galt dem Anblick entkleideter Oberkörper von Knaben und jungen Männern. Er suchte, beginnend mit seinem 14./15. Lebensjahr, öffentliche Badeanstalten auf, um sich an schöngebauten männlichen Körpern zu erfreuen und sich in sexuelle Erregung zu versetzen. In den Vernehmungen gab er an, sich des öfteren mit dem Bauch über eine querliegende Stange eines Klettergerüstes oder eines Barrens gelegt zu haben, um sich durch Druck und Schmerzzufügung sexuell zu erregen.

Mit fortschreitendem Alter entwickelte Mario S. präzisere Vorstellungen. Er ersehnte, entkleidete Oberkörper von Jungen und jungen Männern zu streicheln, sich dabei sexuell zu erregen und die Erwählten zu würgen. Er ging mehrfach Jungen und jungen Männern nach, die seinem Typ entsprachen.

Eines Tages faßte er den Entschluß, sich geeignete Kandidaten durch Gewaltanwendung gefügig zu machen und seine sexuellen Phantasien zu realisieren. Zu diesem Zweck kaufte er sich Anfang des Jahres 1983 ein Fahrtenmesser. Seinen Vorstellungen entsprechend kamen für ihn nur betrunkene gleichaltrige Männer oder Jungen im Alter von acht bis 14 Jahren in Frage, denen er körperlich überlegen war, um so jedes Risiko für sich auszuschalten. Gleichzeitig verfestigte sich der Gedanke, daß die gewaltsam erzwungene sexuelle Befriedigung auch das Töten des Opfers mit einschließen muß. Dazu suchte er in Neubrandenburg, Berlin und in der näheren Umgebung nach Örtlichkeiten, die ihm für seine Vorhaben geeignet erschienen.

Der erste Mord
Mario S. tötet einen jungen betrunkenen Mann

Am 16. Juli 1983, einem Samstag, steuerte Mario S. in den Nachmittagsstunden gezielt den Kulturpark in Neubrandenburg an. Er suchte Kontakt zu jungen Männern, um sie sexuell zu mißbrauchen und zu töten.

Aus seinem Einkaufsbeutel aus blauem Jeansstoff zog er das Fahrtenmesser und versteckte den Beutel in einem Busch in der Nähe des »Hauses der Jungen Pioniere«. Er schlug den Weg zum Tollensesee sein, wo er sich abwechselnd an den Gaststätten »Badehaus« und »Seeblick« aufhielt. Da er niemanden ausmachen konnte, der seinen Vorstellungen entsprach, begab er sich gegen 22.00 Uhr von der Gaststätte »Badehaus« zum Versteck seines Einkaufsbeutels, um die Rückfahrt zur Dienststelle nach Cölpin anzutreten. Unterwegs kam er am Ziegengehege des Kulturparks vorbei und sah einen jüngeren Mann auf einer Parkbank sitzen: Frank N. (Name verfremdet, geboren 1961 in Neubrandenburg). Mario S. näherte sich vorsichtig und bemerkte, daß der Mann beinahe schlief und stark nach Alkohol roch. Er faßte den Entschluß, den Mann durch einen Stich in den Unterleib bewußtlos zu machen, den Oberkörper zu entkleiden, diesen zu streicheln und sich dadurch sexuell zu befriedigen.

Nachdem sich Mario S. davon überzeugt hatte, daß sich niemand in der Nähe befand, schritt er zur Tat. Er gab in den Vernehmungen an, dem Mann mit seinem Fahrtenmesser einen Stich in die linke Bauchseite zugefügt zu haben, wobei die Klinge bis an das Heft in den Körper eindrang. Als er das Messer herauszog, sah er, daß sich die Klinge zum Griff hin stark verbogen hatte und der von ihm angestrebte Erfolg nicht eingetreten war. Um das Opfer am Schreien zu hindern, legte er das Messer ab und begann, den Mann mit beiden Händen am Hals zu würgen. Obwohl Frank N. nur geringen Widerstand leistete, gelang es Mario S. nicht, sein Opfer bewußtlos zu würgen. Daraufhin ergriff Mario S. abermals das Messer und versetzte seinem Opfer in Tötungsabsicht einen Stich in den Hals. Nach Erhalt dieses Stiches, der eine stark blutende Wundöffnung verursachte, schleppte sich Frank N. bis zum Zaun des Ziegengeheges, wo er sich röchelnd über die Umfriedung beugte. Mario S. versetzte ihm in dieser Situation noch fünf bis sechs Schläge mit dem Knauf des Messers auf den Kopf. Frank N. fiel nach hinten um und gab kein Lebenszeichen mehr von sich.

Der Täter drehte den Körper des am Boden Liegenden um 180 Grad und schleifte ihn, an den Hosenbeinen fassend und darauf achtend, daß er sich nicht mit Blut beschmutzt, in ein Gebüsch, das sich etwa 25 Meter hinter der Bank, auf der das Opfer gesessen hatte, befand. In diesem Gebüsch legte er das Opfer ab und stellte, um eine frühzeitige Entdeckung der Leiche zu verhindern, mehrere Äste, die er von anderen Büschen abgebrochen hatte, als Abdeckung davor. Danach versuchte der Mörder, auf den Holzlatten der Parkbank die verbogene Messerklinge geradezubiegen. Dann begab er sich zum Ablageplatz seines Einkaufsbeutels und von dort zur nächstgelegenen Bushaltestelle am Stadtring, von wo er nach Cölpin fuhr. Auf dem Weg zur Unterkunft warf Mario S. in der Nähe einer Brücke das Tatmesser in den Schloßteich. Den Aussagen des Mörders zufolge wurde die Tatwaffe im Rahmen umfangreicher Suchmaßnahmen geborgen und durch S. eindeutig identifiziert.

In seiner Unterkunft stellte der Mörder fest, daß er bei der Tötung des Mannes seinen Kugelschreiber verloren hatte. Dieser wurde bereits am 17. Juli 1983 durch Zeugen unmittelbar neben einer großen Blutlache an der Parkbank gefunden und nach Bekanntwerden des Verbrechens der Deutschen Volkspolizei übergeben. Die Zeugen informierten auch über Blutspuren auf der Parkbank, an der Umfriedung des Ziegengeheges sowie über Schleifspuren auf dem Weg und im Gras zu dem Gebüsch, in das S. die Leiche verbracht hatte.

In den folgenden Tagen bemühte sich Mario S. insbesondere durch das Lesen der Tageszeitung »Freie Erde« erfolglos, Hinweise zum Stand der Ermittlungen zu erhalten.[57]

Die Leiche von Frank N. wurde erst am 1. August 1983 in stark verwestem Zustand durch einen Zeugen aufgefunden. Todesursache: Verbluten. Die kriminaltechnischen Befunde stimmten mit den Aussagen von Mario S. überein und ließen sich später in das von ihm geschilderte Geschehen einordnen.[58]

Von der Auffindung der Leiche erfuhr der Mörder durch Fahndungsinformationen der Deutschen Volkspolizei in der Öffentlichkeit und in der Presse. Die Personalien und Daten zu seinem Opfer entnahm er der Tageszeitung, um sie später zur Anfertigung einer schriftlichen Aufzeichnung über den von ihm begangenen Mord zu nutzen.

Der zweite Mord
Mario S. ermordet ein Kind

Mario S. war nach der Tötung des Mannes enttäuscht, da es ihm nicht möglich war, sich am Oberkörper seines Opfers sexuell zu erregen und zu befriedigen. Hinzu kam, daß er keine

---

57 Kriminalistische und taktisch-operative Erkenntnisse, denen Täterwissen zugrunde liegt, sollten und müssen der Presse vorenthalten bleiben, solange der Täter nicht gefaßt ist.

58 Mit der Beweistatsache bekanntgemacht, daß der zugefügte Bauchstich durch Gutachten des Instituts für gerichtliche Medizin und Kriminalistik der Ernst-Moritz-Arndt-Universität Greifswald ausgeschlossen wurde und vielmehr eine Stichverletzung im rechten unteren Rückenbereich diagnostiziert wurde, gab Mario S. in den späteren Vernehmungen an, daß er auch nach Kenntnisnahme der Gutachten der Überzeugung war, zumindest versucht zu haben, dem Opfer in die linke Bauchseite zu stechen. Mario S. wollte sich erinnern, den Frank N., als dieser am Zaun des Ziegengeheges stand, einmal in den Rücken gestochen zu haben.

für ihn sichtbaren Aktivitäten der Deutschen Volkspolizei zur Aufklärung des Mordes feststellen konnte. Aus diesen Gründen nahm er sich vor, künftig neun- bis elfjährige Jungen auszuwählen. Mario S. ging davon aus, daß er von Kindern nur einen geringen Widerstand zu erwarten habe.

Am 26. Juli 1983 kam es zu einem weiteren Mord. Mario S. in den Mittagsstunden von Cölpin nach Neubrandenburg. Er wollte geeignete Jungen zur Realisierung seines Verbrechens suchen. Er führte wieder seinen blauen Einkaufsbeutel mit, in dem sich eine zum Fesseln vorgesehene stabile Paketschnur sowie sein Fotoapparat »Praktica electronic B 200« befanden. Mario S. wollte seine Opfer nach Möglichkeit fotografieren und in einem mitgeführten Notizbuch (Format A6) deren Personalien und ihn interessierende Daten notieren, um sich später an diese Menschen zu erinnern und sie sich erneut vorstellen zu können. In Neubrandenburg kaufte er sich ein Tauchermesser ungarischer Produktion. Mario S. ging, von der Leninstraße kommend, zum »Badehaus« am Tollensesee. Dort studierte er die Situation und kehrte wieder zum Gätenbach zurück. Er hielt Ausschau nach einem geeigneten Ort, an dem er sein Vorhaben realisieren könnte, und fand eine Buschgruppe zirka 250 Meter von der Leninstraße und 30 Meter vom Gätenbach entfernt. Danach kehrte er zum Tollensesee zurück, wo er an der Brücke über den Gätenbach – in unmittelbarer Nähe des Badestrandes – Position bezog. Es herrschte an diesem Tag ein reger Badebetrieb.

Als gegen 17.00 Uhr zwei Jungen im Alter von etwa acht und neun Jahren vom Strand über den Gätenbachweg in Richtung Leninstraße liefen, folgte er ihnen. Mario S. wollte sie ansprechen, in die Buschgruppe zwingen, sie dort sexuell mißbrauchen und danach töten. Die Jungen blickten sich jedoch fortlaufend mißtrauisch nach ihm um, so daß er von einer Tat absah. Mario S. kehrte zu seinem Standort an der Gätenbachbrücke zurück. Gegen 17.30 Uhr erregte Michael N. (Name verfremdet, geboren 1973) seine Aufmerksamkeit. Der Junge war auf dem Heimweg und lediglich mit einer Badehose und Sandalen bekleidet und trug eine Badetasche. Mario S. folgte ihm, überholte ihn auf Höhe der Büsche und, nachdem er sich vergewissert hatte, daß sich keine weiteren Personen auf dem Gätenbachweg befanden, packte das Kind mit der rechten Hand im Genick und zwang es an den von ihm erkundeten Platz. Hier angelangt, forderte er mit beruhigenden Worten den Jungen auf, sich hinzusetzen und erfragte Personalien, wie seine Wohnadresse, Schule und Angaben zu Geschwistern. Diese Informationen schrieb er unverzüglich in sein Notizbuch. Danach fotografierte er das Kind sieben Mal, in sitzender und liegender Stellung. In liegender Stellung streichelte er den nackten Oberkörper des kleinen Michael im Brust- und Rükkenbereich, um sich sexuell zu erregen. Dann fügte er dem am Boden liegenden Jungen durch Druck mit den Fäusten in den Magen empfindliche Schmerzen zu. Als der Kleine aufschrie, warf sich Mario S. auf sein Opfer und würgte es mit den bloßen Händen bis zur Bewußtlosigkeit. Das durch das Würgen hervorgerufene Aufbäumen des jungen Körpers steigerte die sexuelle Lust des Täters. Anschließend fesselte er dem Kind mittels der Paketschnur die Hände auf dem Rücken und würgte es weiter am Hals, um sich abermals am Aufbäumen des Körpers seines Opfers sexuell zu erregen. In der Absicht, den Eintritt des Todes bei dem Kind zu beschleunigen, steckte er dem Jungen ein Badehandtuch als Knebel in den Mund und hielt ihm die Nasenöffnungen zu. Als S. keine Herzschläge mehr wahrnahm, entfernte er das Handtuch und die Handfesseln und zog den leblosen Körper an den Händen erfassend unter eine Buschgruppe. Dann versetzte er seinem Opfer mit dem Tauchermesser einen tiefen Stich in die linke Brustseite. Zur Verhinderung einer frühzeitigen Entdeckung der Leiche riß er wilden Rhabarber aus und bedeckte sie damit vollständig. Die Badehose des Kindes versteckte er unweit der Leiche unter Sträuchern in einer Erdmulde. Zur Tarnung legte er das Handtuch darüber. Vom Tatort begab sich S. dann zur Bushaltestelle am Stadtring und fuhr über die Oststadt in Neubrandenburg nach Cölpin. Inzwischen war es etwa 19.00 Uhr geworden. Die Leiche des Kindes wurde am 27. Juli 1983 gegen 07.00 Uhr im Ergebnis umfangreicher Suchmaßnahmen an der beschriebenen Stelle gefunden.

Zwei weitere Morde

Am 23. September 1983 entfernte sich Mario S. in seiner dienstfreien Zeit unerlaubt von seiner Dienststelle in Cölpin in der Absicht, nach Berlin zu fahren. Gegen 12.45 Uhr traf er aus Neubrandenburg mit dem D-Zug kommend in Oranienburg ein. Von hier aus setzte er die Weiterfahrt mit der S-Bahn bis zur Station Lehnitz fort. S. begab sich in das Gebiet um den Lehnitzer See, um Kinder zu beobachten. Da er bis 16.30 Uhr keine geeigneten Opfer fand, fuhr er mit der S-Bahn nach Borgsdorf, wo er sich zur Ortsverbindungsstraße Borgsdorf und Birkenwerder/Briese begab. Etwa 700 Meter von der Gemeinde Borgsdorf entfernt, verließ S. die Ortsverbindungsstraße, durchquerte ein Waldstück und legte in einem Busch an einer Schneise seinen blauen Beutel ab.

Nach Ablage des Beutels kehrte S. zur Ortsverbindungsstraße zurück. Hier fiel ihm nach 30 Minuten ein Kind auf einem Fahrrad auf. Da es aber einen Hund mit sich führte, unterließ S. eine Annäherung.

Gegen 18.15 Uhr näherten sich aus Richtung Briese kommend die Brüder Heiko N. (geboren 1972) und Wolfgang N. (geboren 1974) aus Oranienburg. Beide Jungen waren Pilze sammeln gewesen und wollten gegen 17.55 Uhr die Heimfahrt nach Oranienburg antreten. Als die Kinder Mario S. nach der Uhrzeit fragten, sah dieser eine günstige Gelegenheit für seine bestialische Tat. Nachdem er sich vergewissert hatte, daß sie unbeobachtet waren, packte S. beide Kinder mit seinen Händen im Genick und führte sie auf diese Weise durch das Waldstück zum Ablageort seiner sämtlichen Utensilien. Hier verlangte er von einem der beiden, den Beutel aufzunehmen und zu tragen, bevor er die Jungen weitere 30 Meter in den Wald hineinführte. Dann sollten sie sich setzen.

S. erfragte wiederum von den Kindern die Personalien und andere Details, die er sich in sein Notizbuch schrieb. Kurz darauf fertigte er von beiden Kindern fünf Fotoaufnahmen an. Um den Jungen keine Chance zur Flucht zu geben, entnahm er seinem Einkaufsbeutel mehrere vorbereitete Stücke der Zeltleine und fesselte damit den Kindern zuerst die Beine und später auch die Hände. Als einer der Jungen zu erkennen gab, daß er wisse, wie er sich aus der Fesselung befreien könne, reagierte S. unverzüglich. Das Taschenmesser, das der Knabe in den Händen hielt, nahm er ihm schroff ab. Mario S. band beide Kinder an unterschiedlichen Bäumen fest. Da sich die beiden Jungen durch Rufe zu verständigen versuchten, lief S. mehrfach genervt zwischen den Kindern hin und her. In dieser Situation faßte er den Entschluß, zuerst den einen Jungen zu töten und dann den anderen zu mißbrauchen. In Ausführung seines Entschlusses begab er sich zu einem der Jungen, würgte ihn mit den Händen am Hals bis zum Eintritt der Bewußtlosigkeit und versetzte ihm sechs Messerstiche in den Brust- bzw. Halsbereich. S. war der Überzeugung, den Jungen damit vollends getötet zu haben. Beim Würgen und Stechen verspürte er eine wachsende sexuelle Erregung. Er wandte sich dann dessen Bruder zu und versuchte, auf diesen beruhigend einzuwirken. Als er wimmernde Schmerzensschreie hörte, lief S. zu dem ersten Jungen zurück, drehte den mittlerweile am Boden liegenden Jungen in die Bauchlage und stach ihm in Tötungsabsicht mit dem Messer zehn Mal in Genick und Rücken.

Anschließend begab er sich zu seinem zweiten Opfer. Er entblößte dem verängstigten Jungen den Oberkörper und erregte sich sexuell, indem er dessen Rücken streichelte und ihn – von hinten den Hals mit den Händen umfassend – bis zum Eintritt der Handlungsunfähigkeit würgte.

Durch das rhythmische Aufbäumen des kindlichen Körpers kam es bei S. zum Samenerguß. Er drehte den Jungen sodann auf den Rücken, drosselte ihn mit einem Stück Zeltleine und würgte ihn mit den Händen so lange, bis er keine Herztöne mehr wahrnahm. Mit dem Messer stach er seinem kleinen Opfer in den Bauch und in die Körperseite. Schließlich schnitt Mario S. ihm den Hals auf.

Der Kindesmörder begab sich zwischen 20.30 Uhr und 20.45 Uhr zum S-Bahnhof Borgsdorf, um nach Berlin zu fahren. In seiner Wohnung, gegen 22.05 Uhr angekommen, reinigte er seine Bekleidung von anhaftendem Schmutz und Blutspritzern, entnahm dem Fotoapparat den belichteten Film und kennzeichnete diesen zur vorrangigen Entwicklung mit einem roten Kreuz. Das Taschenmesser des Knaben legte er in der Schrankwand ab. Bei dem Tatmesser handelte es sich nach Aussagen des Mörders um ein feststehendes Fahrtenmesser, welches er sich nach dem Verlust seines Tauchermessers bei der versuchten Tötung in Berlin kaufte. Während er den Kindern die Stiche zufügte, wurde der Griff des Messers beschädigt und bei dem Versuch, die Beschädigung zu beheben, zerbrochen. Daraufhin warf er es noch am gleichen Abend in einen Müllcontainer.

Die Leichen der Kinder wurden im Ergebnis umfangreicher Suchmaßnahmen am 24. September 1983 durch einen Zeugen gefunden.

Unter Verwendung der den Kindern abverlangten Personalien und Daten fertigte Mario S. umfangreiche Notizen zu seinem Verbrechen. Das gestohlene Taschenmesser verpackte er in einem Umschlag, verklebte diesen und kennzeichnete ihn mit der Nummer 005. Den Notizen legte S. die gefertigten Filmnegative bei.

Die Aufzeichnungen, die Negative sowie ein Ausschnitt der »Berliner Zeitung«, in der die Deutsche Volkspolizei um Mitfahndung bei der Aufklärung des Verbrechens an den Kindern ersuchte, und das Taschenmesser wurden am 8. Juli und am 10. Juli 1984 in der Wohnung des Beschuldigten gefunden. Gutachterlich bewiesen wurde auch, daß die Kinder unter dem Baum fotografiert wurden, an dem die Leiche des einen Jungen gefunden wurde. Auf den Fotoaufnahmen konnten die beiden Kinder eindeutig identifiziert werden.

Ein weiterer Mord

Am Dienstag, 7. Februar 1984, fuhr Mario S. gegen 16.30 Uhr von Cölpin nach Neubrandenburg. Nach dem Einkauf von Lebensmitteln trachtete er, Ausschau nach geeigneten jungen Männern oder Jungen zu halten. Zum Zweck des Mißbrauchs und des Mordes führte er in seinem blauen Einkaufsbeutel ein Tauchermesser mit. Allerdings verzichtete er darauf, seinen Fotoapparat mitzunehmen, denn die tageszeitlichen Lichtverhältnisse ließen ihn einen neuen möglichen Tatort erwägen, etwa einen Keller.

Gegen 18.00 Uhr fiel sein Auge auf einen geeigneten Jungen im Alter von zehn bis zwölf Jahren. Er verfolgte ihn bis in das Neubaugebiet Neubrandenburg/Datzeberg, wobei beide den Bus der Linie 9 benutzten. Wegen der starken Personenbewegung im Haltestellenbereich sah Mario S. allerdings keine

Möglichkeit, seinen perfiden Plan in die Tat umzusetzen. Nachdem er im Bereich der dortigen Kaufhalle einem weiteren Jungen erfolglos nachgelaufen war, sah er gegen 18.45 Uhr einen anderen Jungen die Straße überqueren. Es handelte sich um Martin N. (geboren 1977, wohnhaft in Neubrandenburg), der in der Nähe der Kaufhalle von seinem Vater mit dem Pkw abgesetzt worden war und alleine der elterlichen Wohnung zustrebte.

Mario S. folgte ihm bis in den Eingang des Wohnhauses. Hier ergriff er den Jungen unvermittelt am Arm und führte ihn unter heftiger Gegenwehr in den Keller. Nachdem S. die unverschlossene Kellertür geöffnet und das Licht eingeschaltet hatte, erfragte er die Personalien des Kindes. Nun forderte er den Jungen auf, den Anorak auszuziehen und sich hinzusetzen. Er wollte ihm den Oberkörper entblößen und streicheln, um seine sexuelle Lust zu steigern. Da S. jedoch feststellen mußte, daß der Junge für diese Zwecke noch zu unterentwickelt war, entschloß er sich, ihn zu quälen und sich dadurch sexuell zu erregen und zu befriedigen. Kaum hatte er sein wehrloses Opfer aufgefordert aufzustehen, schlug er ihm mit Wucht die Faust in den Magen. Der Kleine ging zu Boden.

Der Täter legte sich sofort auf den Jungen und würgte ihn in Tötungsabsicht mit den Händen, bis er an der Blaufärbung des Gesichtes erkannt haben wollte, daß der Junge tot sei. Während des Würgens erregte sich der Mörder an dem aufbäumenden Körper des Jungen sexuell. Mario S. bemerkte, wie Blut aus dem rechten Nasenloch des Opfers austrat, über die Wange abrann und auf dem Fußboden einen 3 x 5 Zentimeter großen Blutfleck bildete. Als der Mörder Geräusche vor der Kellertür wahrnahm, verschloß er die Zugangstür mit einem Schlüssel und verließ unter Mitnahme seines Einkaufsbeutels den Verbindungsgang zwischen den Kellern.

Mario S. begab sich sofort zur Bushaltestelle und fuhr von dort, im Stadtteil Oststadt umsteigend, nach Cölpin zurück. Gegen 19.15 Uhr wurde das Kind in der Kellernische tot aufgefunden.

Die bei der Tatortuntersuchung erhobenen Befunde stimmten im Detail mit den Aussagen des Mörders überein. Als Todesursache wurde durch die gerichtsmedizinische Obduktion Tod durch Ersticken infolge Kompression und Strangulation im Halsbereich festgestellt. Es wurde gutachterlich bewiesen, daß sich die Hauteinblutungen zweifelsfrei in die vom Mörder geschilderte Art und Weise der Tötung des Jungen einordnen ließen. Die Strangulationsmerkmale am Hals waren auf das Einbeziehen des bundförmigen Kragens des Pullovers während des Würgens zurückzuführen.

Der Mörder war in der Folgezeit bemüht, aus den Tageszeitungen Kenntnisse über die Fahndungsmaßnahmen der Deutschen Volkspolizei zu erlangen. Obwohl solche veröffentlicht wurden, wollte er keine festgestellt haben. Aus Gesprächen in seinem Dienstkollektiv entnahm er jedoch, daß das von ihm begangene Verbrechen aktiv durch die Volkspolizei bearbeitet wurde und eine Personenbeschreibung vom Täter vorläge.

Aus diesem Grund suchte er das Wohngebiet Datzeberg über mehrere Monate nicht auf. In dem Bemühen, über das von ihm begangene Verbrechen Aufzeichnungen anzufertigen, versuchte S., die dem Jungen abgeforderten Personalien zu vervollständigen. Er begab sich dazu am 1. Juli 1984 in das Wohngebiet Datzeberg und stellte anhand des Namensschildes fest, daß es sich bei dem Tatort um das Wohnhaus des Kindes handelte. Diese Feststellung vermerkte er in seinem weißen Notizbuch, das ebenso als Beweismittel vorlag wie die Aufzeichnungen über das Verbrechen.

Nichtvollendete Tötungen

Im Zeitraum von April/Mai 1983 bis zu seiner Festnahme am 8. Juli 1984 bereitete Mario S. in 20 Fällen die Tötung von 24 Menschen vor. Um auf eine Tatausführung vorbereitet zu sein, führte er seit Anfang des Jahres 1983 während seiner dienstfreien Aufenthalte fast regelmäßig ein feststehendes Messer sowie mehrere Stücke Schnur mit sich. Aus dem gleichen Grund komplettierte der Mörder für eine Tatausführung vorgesehene Gegenstände, indem er mehrfach Lederhandschuhe zur Vermeidung von Fingerabdrücken, Material zum Knebeln, seinen Fotoapparat und ständig ein Notizbuch zur Aufzeichnung derer Personalien mit sich führte. Dazu gehörten auch ein Linoleummesser, das er seit Februar 1984 bei sich trug, und ein Hammer, den man ihm bei seiner Festnahme auf frischer Tat abnahm. Mit dem Linoleummesser gedachte er, seinen Opfern die Halsschlagader zu öffnen. Der Hammer sollte zur Betäubung seiner Oper, vornehmlich junger Männer, dienen.

Die Festnahme am 8. Juli 1984

Am 24. Juni 1984 entgingen zwei Kinder – Daniel und Marco F. – nur knapp einem weiteren Überfall dieses Mörders. Am Sonntag, 8. Juli 1984, war Mario S. erneut in Berlin. In aller Frühe fuhr er mit dem Fahrrad zum Kiessee. Er trug die selben Sachen wie am 24. Juni 1984. Des weiteren führte er ein Linoleummesser und einen Schraubenschlüssel mit. An einem Baum neben der Baumbrücke stellte er sein Fahrrad ab. Auf einer Anhöhe verschaffte er sich einen Überblick, doch es war noch zu früh. Der Mörder hatte es an diesem Tag gezielt auf Daniel F. abgesehen, der vollends seinen Vorstellungen entsprach, der ihn aber auch gesehen hatte. Nach 13.00 Uhr – inzwischen waren mehrere Kinder an dem potentiellen Mörder vorbeigelaufen – erspähte er sein Opfer. Doch der Junge erkannte den unheimlichen Mann wieder und fuhr in Richtung Siedlung davon. Als er vor den ersten Häusern stoppte und zurücksah, erblickte er Mario S., der den Unschuldigen spielte. Der Kindesmörder ging zurück zur Baumbrücke und versteckte sich in einer Buschgruppe. Kurze Zeit später passierten eine Frau und der Junge erneut seinen Weg. Mario S. folgte ihnen unauffällig, verlor sie aber aus den Augen und ging zurück zur Baumbrücke. Nach einer Stunde gab er das Warten auf und streifte auf dem Waldweg zwischen Baumbrücke und Bahndamm entlang. Es glich einem Zufall, daß er hier auf den anderen Jungen – Marco F. stieß.

Mario S. versperrte dem Jungen den Weg und zwang ihn, vom Fahrrad zu steigen. Inzwischen traf ein zweiter Junge ein und hielt ebenfalls an. Marco F. fragte den S., ob er seinen Vater sprechen möchte, da dieser an der Baumbrücke wäre, doch S. reagierte nicht, sondern forderte den zweiten Jungen ebenfalls auf, vom Fahrrad abzusteigen. Mario S. packte beide Jungen am Arm. Es kam zu einem Gerangel, in dessen Verlauf sich Marco F. leicht verletzte, aber fliehen konnte. Der Junge schrie um Hilfe, da er nun in Mario S. den Mann wiedererkannte, der ihn am 24. Juni 1984 mit seinem Bruder Daniel F. am Nacken den Schilfweg entlanggeführt hatte. Der zweite Junge schrie nun ebenfalls um Hilfe. Mario S. gab auf und wollte fliehen, doch auf seinem Vorderrad fehlte Luft.

Die Kinder fuhren zur Siedlung zurück und benachrichtigten Erwachsene. Während Mario S. sich mühte, Luft aufzupumpen, gewahrte er Stimmen. Für ein Versteck war es zu spät, denn schon wurde er von einem Mann fest am Arm gepackt und aus dem Gebüsch gezogen. Inzwischen trafen weitere Männer ein.

Die Kinder hatten an diesem Tag enormes Glück. Und fast glich es einer Vorsehung, denn der Mann, der den Kindesmörder gepackt hielt, war der Vater der beiden Jungen.

Die Kinder hatten ihrem Vater von dem Vorfall am 24. Juni 1984 berichtet und den Mann relativ gut beschrieben. An diesem 8. Juli erzählte der kleine Marco seinem Vater, daß er den Mann wieder gesehen habe, worauf sich der Vater und andere Personen aus der Nachbarschaft sofort auf den Weg machten. So wurde Mario S. durch das beherzte Eingreifen eines Vaters zur Strecke gebracht.

Zum Urteil

Mario S. war nicht ernsthaft krank und in vollem Umfang geständig. Sein letzter Dienstgrad war Feldwebel, bevor er im Zusammenhang mit seinen Straftaten zum Soldaten herabgesetzt und aus der NVA entlassen wurde. 30 Zeugen sagten zur Person und Sache aus. 22 Sachverständige gaben Berichte und Gutachten ab.

Die in den Gutachten, Befundsberichten, Beweisgegenständen und Zeugenaussagen enthaltenen Informationen stimmten miteinander überein und ergänzten sich. Der Gehalt der Informationen bestätigte insgesamt die Richtigkeit der Aussagen des Mörders zum Tatgeschehen.

Für die Beantwortung der Frage, ob für einen Täter, der wie Mario S. handelte, die volle Zurechnungsfähigkeit gegeben war, standen dem Militärstrafsenat die auf der Grundlage umfassender gerichtspsychiatrischer Untersuchungen gefertigten Gutachten zur Verfügung, die in der Beweisaufnahme ergänzt und konkretisiert wurden. In ihrer Beurteilung kamen die Gutachter unter anderem zu folgender Einschätzung, der sich der 1. Militärstrafsenat in vollem Umfang anschloß:

Bei Mario S. handelt es sich um einen Mann, bei dem sowohl eine homosexuelle abnorme Triebentwicklung als auch eine sadomasochistische, zur Zeit der Taten vorwiegend sadistische Triebabnormität bestand. Diese beinhalteten somit eine schwerwiegende abnorme Entwicklung der Persönlichkeit, ohne normabweichende Zeichen im Sinne einer Bewußtseinsstörung zur Zeit der Tat oder einer krankhaften Störung der Geistestätigkeit.

Damit verbunden war Mario S. in der Lage, sich mit seiner eigenen abnormen Triebrichtung auseinanderzusetzen und entsprechende Bewältigungsstrategien zu entwickeln.

Die bei Mario S. vorhandene abnorme Triebrichtung führte in ihrer Intensität bei der Vorbereitung seiner Handlungen nicht zur Einschränkung der Aufmerksamkeit, der Wahrnehmung sowie des logischen Durchdenkens und Handelns. Er bereitete die Geschehensabläufe überlegt vor und erkundete dazu geeignete Örtlichkeiten, die nach seinem Ermessen ein erhöhtes Risiko für seine Person ausschlossen. Die von ihm ausgewählten Gegenden suchte er zielgerichtet auf und wartete teilweise stundenlang auf ein Opfer.

Er beruhigte diese durch heuchlerische Worte, um so ohne großen Widerstand seine Zielsetzung verwirklichen zu können.

Mario S. verlor auch während der Tötungshandlungen nie den Überblick. Er befand sich in keiner Phase in einer Form höchster Erregung. Er blieb trotz allem Triebdruck der im Denken klare, überlegene, sich der Situation anpassende und somit entscheidungsfähige Täter.

Diese Feststellungen trafen ebenfalls für das Verhalten nach der jeweiligen Tat zu. Er verdeckte dort, wo es ihm notwendig erschien, die Leichen, sicherte sich beim Verlassen der Ereignisorte ab und reinigte seine Kleidung.

Die Analyse der von ihm begangenen Handlungen führte mit dazu, daß er in seinem Jeansbeutel den Umfang der Gegenstände und deren Zweckbestimmung dem jeweils gestiegenen Erfahrungsstand anpaßte.

Mario S. vollzog die von ihm begangenen Tötungen bewußt nach. Dazu dienten ihm die mehrfache Protokollierung der Tatabläufe, die Phantasievorstellungen, die noch darüber hinausgingen, und die gedankliche Vollendung der vorbereiteten Handlungen.

Insgesamt war die Intensität der schwerwiegenden abnormen Entwicklung deshalb tatbezogen nicht so hoch, daß die Entscheidungsfähigkeit des S. hinsichtlich der konkreten Tathandlungen erheblich vermindert oder ausgeschlossen war und damit Krankheitswert bestanden hätte. Die Verteidigung ging von der gegenteiligen Auffassung aus. Danach seien in der Beweisaufnahme Umstände deutlich geworden, die die Triebabnormität von krankheitswertiger Stärke annehmen ließen. Deshalb seien Zweifel an der Zurechnungsfähigkeit gegeben. Diese hätten durch ein ergänzendes psychiatrisches Gutachten möglicherweise ausgeräumt werden können.

Der Militärstrafsenat hat sich, in Übereinstimmung mit dem Militärstaatsanwalt, aus den dargelegten Gründen dem psychiatrischen Gutachten angeschlossen. Darüber hinaus hatte sich der Militärstrafsenat im Verlaufe der mehrtägigen Beweisaufnahme und der damit verbundenen umfangreichen Befragung des S. einen eigenen Eindruck von der Zurechnungsfähigkeit verschaffen können.

Für einen Teil der Vorbereitungshandlungen war nach Auffassung der Verteidigung der Tatbestand des § 112 Abs. 1 und 3 StGB nicht erfüllt. Bei zehn Handlungen waren nach ihren Darlegungen die tatbestandsmäßigen Voraussetzungen des § 21 StGB nicht gegeben, da Mario S. zum Teil keinen konkreten Tatentschluß gefaßt hatte, die geäußerte Zielstellung nur allgemeiner Art gewesen war, die Vorstellungen vom Tatort fehlten und die Tatplanung dem Zufall überlassen worden war.

Im Falle des Geschädigten N. sei S. außerdem von der Tatausführung freiwillig zurückgetreten. Für solche rechtlichen Wertungen durch die Verteidigung bot das Ergebnis der Beweisaufnahme jedoch keine Grundlage. Es wurde vielmehr zweifelsfrei festgestellt, daß subjektiv jeder Vorbereitungshandlung ein auf die konkrete Tat bezogener Tatentschluß zugrunde lag, der darauf gerichtet war, Kinder bzw. betrunkene junge Männer körperlich zu berühren, zu quälen und zu erwürgen. Objektiv ist bei einer Vorbereitungshandlung ein in seinen wesentlichen Zügen herausgebildeter Gesamtplan zur Ausführung der Straftat als Tatbestandsvoraussetzung ausreichend. Dieser lag bei allen Handlungen vor.

Auf der Grundlage der getroffenen Beweiswürdigung ging der Militärstrafsenat davon aus, daß Mario S. auf der objektiven Seite in fünf Fällen den Tatbestand des Mordes gemäß § 112 Abs. 1 StGB mehrfach erfüllte. Auf der subjektiven Seite stellte der Militärstrafsenat fest, daß S. bewußt die Opfer mit seinen Händen würgte und/oder mit einem Messer auf sie einstach, um ihren Tod herbeizuführen. Die Handlungen führte er so lange durch, bis er vom Tod der jeweiligen Person überzeugt war. Er handelte dabei in jedem Einzelfall vorsätzlich gemäß § 6 Abs. 1 StGB.

Mario S. hatte den Geschädigten mit der Zielstellung der Tötung bereits gefesselt und stach mit einem Messer auf ihn ein. Somit hatte der Täter mit der Ausführung der Tötungshandlung begonnen. Der Geschädigte erlitt die im Sachverhalt bezeichneten Verletzungen. Diese Rechtsauffassung wurde auch vom Militärstaatsanwalt und von der Verteidigung vertreten.

In 20 Fällen hatte der Angeklagte gegenüber 24 Personen konkrete Handlungen begangen, um diese letztendlich zu töten. Die Tatphasen waren jedoch noch nicht so weit fortgeschritten, daß Handlungen ausgeführt wurden, die direkt auf die Verwirklichung der Tatbestandsmerkmale gerichtet waren.

Mario S. hatte mögliche Opfer ausgewählt, sie beobachtet und verfolgt, zum Teil angesprochen, eventuelle Tatorte ausgesucht sowie sie teilweise gezwungen, dorthin mitzugehen. Bei jeder Einzelhandlung hatte er die Absicht, die Tötung zu begehen. Sein subjektiver Wille war auf das sexuelle Erleben, das Würgen und das Töten gerichtet. Die Handlungen standen insgesamt gemäß § 63 StGB in Tatmehrheit zueinander.

Mario S. beging Verbrechen gegen das Leben und die Gesundheit von außerordentlicher Gesellschaftsgefährlichkeit. Er vernichtete und bedrohte das Leben einer Vielzahl von Kindern und Jugendlichen. Die in der Beweisaufnahme festgestellten Sachverhalte waren bereits einzeln betrachtet verabscheuungswürdig. In ihrer Gesamtheit stellten sie eine Dimension dar, die schwer vorstellbar war. Durch Mario S. wurden innerhalb eines relativ kurzen Zeitraumes vier Kinder und ein Jugendlicher getötet sowie bei einem jungen Mann die Tötung versucht. Bei 21 Kindern und drei Erwachsenen stand deren Leben auf dem Spiel. In seiner Handlungsweise kam die alles verachtende Einstellung des S. zum Leben anderer zum Ausdruck. Sie widersprach zutiefst dem humanistischen Anliegen der sozialistischen Gesellschaft und war ihr prinzipiell wesensfremd. Insbesondere mit seinen Morden an den Kindern verbreitete er unter der Bevölkerung in diesen Gebieten Unruhe und Angst, die auch auf andere Territorien der DDR übergriff. Durch die ständige Suche nach neuen Opfern und deren Verfolgung bis hin zum Mord beschwor er akute Gefahrensituationen herauf.

Nachdem S. sich zu seinen Verbrechen entschlossen hatte, ging er zielstrebig und hartnäckig an deren Verwirklichung. In besonders brutaler Weise tötete er seine Opfer. Seine bestialische Begehungsweise wurde in der Beweisaufnahme gerade bei den Morden an den beiden Brüdern deutlich. Diese und auch die anderen Kinder mußten die Würgehandlungen bewußt erleben und konnten sich nicht dagegen wehren.

Mario S. handelte heimtückisch, die Arglosigkeit der Kinder ausnutzend. Durch geheuchelte Freundlichkeit brachte er sie zu den späteren Tatorten und führte dort hinterhältig den Angriff auf deren junges Leben. Davon ausgehend wurde die Schwere der Schuld bestimmt, die S. zu verantworten hatte. Jede der Tathandlungen war nicht das Ergebnis von Zufälligkeiten. Sie erfolgten im Ergebnis wohl überlegter und durchdachter Zielstellungen, die entsprechend der Vorbereitungen und Absicherungen ständig intensiviert und perfektioniert wurden. Diese die objektive Schädlichkeit und den Grad der Schuld kennzeichnenden Umstände beinhalteten eine hohe Tatschwere. Der Täter setzte sich bewußt und gewollt über alle Normen des gesellschaftlichen Zusammenlebens hinweg.

Mario S. hatte für die von ihm begangenen Verbrechen in vollem Umfang einzustehen. Es wurde auf eine Strafe zuerkannt, die den Schutzinteressen der Bürger der DDR Rechnung tragen mußte.

Der 1. Militärstrafsenat verurteilte deshalb Mario S. entsprechend dem Antrag des Militärstaatsanwaltes gemäß § 112 Abs. 1 StGB zu einer lebenslänglichen Freiheitsstrafe. Die ständige Isolierung von der Gesellschaft sollte die Gewähr geben, daß der brutale Kindesmörder niemals wieder eine Gefahr für junge Menschen wird. Die Verteidigung stellte den Antrag, Mario S. zu einer zeitigen Freiheitsstrafe zu verurteilen. Dieser Antrag widersprach dem Umfang, der Art und Weise sowie den Auswirkungen der Verbrechen.

Mario S. sitzt noch heute in der JVA Bautzen. Ein Interview mit ihm wurde seitens der JVA Bautzen abgelehnt.

Mitteilung der Volkspolizei

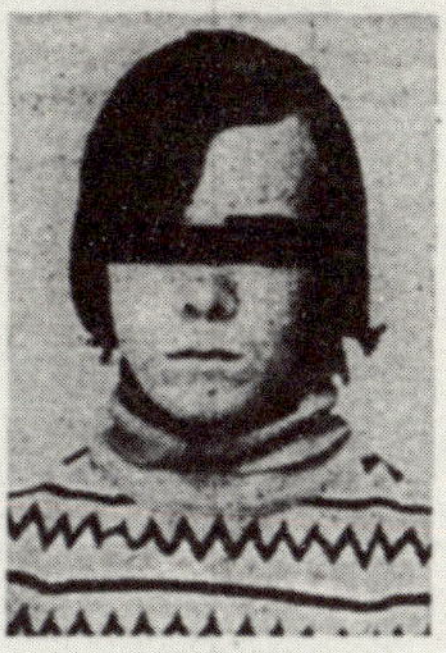

Am Montag, dem 1. 8. 1983, wurde der auf dem Bild dargestellte Bürger [redacted], geb. am 8. 4. 1961, wohnh. gewesen in Neubrandenburg, im Kulturpark, in der Nähe des Ziegengeheges, in der Stadt Neubrandenburg tot aufgefunden.

Personenbeschreibung:
Scheinbares Alter: 18–22 Jahre, 165 cm groß, schlanke Gestalt, dunkelbraunes, links gescheiteltes Haar, über die Ohren reichend, blaue Augenfarbe, schmale Lippen, links oben eine sichtbare Zahnlücke.
Tätowierungen: linker Arm: Totenkopf; rechter Arm: Löwenkopf. Auf dem Mittelfinger einer Hand ein Kreuz.

Bekleidung:
schwarze Nadelkordhose, blau-weiß kariertes Oberhemd, beigefarbene Strickjacke, rot-braune Halbschuhe mit hohen Absätzen.

Am Sonnabend, dem 16. 7. 1983, hielt sich [redacted] in der Nähe des Badehauses im Kulturpark in Neubrandenburg auf und wurde dort gegen 16.45 Uhr letztmalig lebend gesehen.

Die Volkspolizei ersucht dringend alle Bürger, die am 16. 7. 1983 mit [redacted] zusammengetroffen sind oder ihn an den nachfolgenden Tagen gesehen haben bzw. die andere zweckdienliche Hinweise zur Aufklärung des Sachverhaltes geben können, sich unverzüglich an die Volkspolizei zu wenden.

Hinweise, die auf Wunsch vertraulich behandelt werden, nimmt jede VP-Dienststelle bzw. jeder VP-Angehörige entgegen.

BDVP Neubrandenburg
– Kriminalpolizei –

»Freie Erde« vom 02.08.1983 über den Mord.

Neubaublock Neubrandenburg Datzeberg.

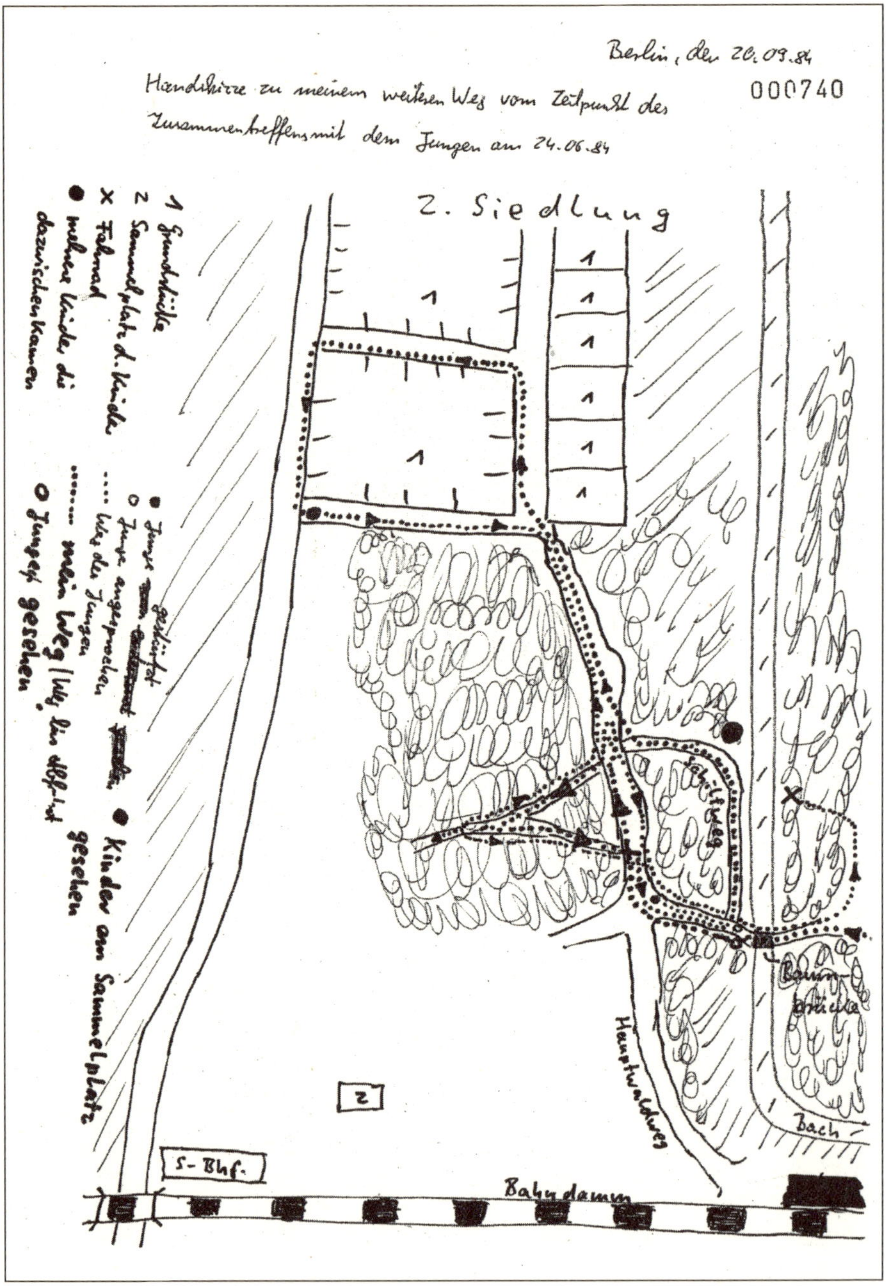

Handskizze von Mario S.
In diesem Flurstück wurde Mario S. am 8. Juli 1984 festgenommen.

8

MARGITTA UND MANFRED FIEDLER DIE FÜNFFACHE BABYMÖRDERFAMILIE AUS WERNIGERODE

(Mordserie: 1984 bis 1988/Haft bis 2005)

Am 27. Dezember 1988, gegen 17.00 Uhr, verbrannte der 39jährige Manfred Fiedler ein am 16. Dezember 1988 geborenes Mädchen, eingewickelt in eine Papiertüte, im Heizungskeller des Ferienobjekts im Wernigeröder Ortsteil Hasserode. Fiedler kannte die Örtlichkeiten infolge seiner damaligen Arbeit. Es war bereits das fünfte Baby der Familie, das der Vater auf diese Art und Weise beseitigte. Die anderen Babys, geboren im Juli 1984, Juli 1985, September 1986 und November 1987, verbrannte er in der Großkesselanlage einer Metallgießerei in Wernigerode.[59]

Mit dem Fall beschäftigte sich das Volkspolizeikreisamt Wernigerode Anfang 1989. Die Kaderleiterin des Stahlbaus Wernigerode, in dem Margitta Fiedler als Reinigungskraft arbeitete, war stutzig geworden. Margittas Berichte über eine vermeintliche »Toilettenfehlgeburt« überzeugten sie nicht; auch die Version von einem »Blutstau« klang unglaubhaft. Sie schickte die 36jährige zum Gynäkologen und verlangte eine Bescheinigung des Frauenarztes. Der überführte Margitta Fiedler per Befund.

Der Kriminalist und Erste Kriminalhauptkommissar Georg Giertz, der damals zur Außenstelle der Bezirkspolizeibehörde in Halberstadt gehörte, begann zu ermitteln. Bei einer ersten Zeugenvernehmung fiel ihm zuerst die eigenartige Konstellati-

59 Bernd Kaufholz: Der Tod der fünf Neugeborenen. In: Der Ripper von Magdeburg. Magdeburg 2001, S. 92–94. An dieser Stelle danke ich Bernd Kaufholz für die freundliche Unterstützung.

on im Zusammenleben der beiden Eheleute auf. Margitta Fiedler hatte eindeutig das Sagen. Ihr Mann hingegen sei sieben Tage in der Woche von früh bis abends unterwegs gewesen, um Geld zu verdienen und die Familie zusammenzuhalten. Auch die Hauswirtschaft lastete zum größten Teil auf ihm. Relativ schnell gab Manfred Fiedler die Tötung des Neugeborenen zu. Da der Kriminalist Georg Giertz noch weitaus Schlimmeres vermutete, kam Familie Fiedler in Untersuchungshaft nach Halberstadt.

Ihre Kinder Stefan (5), Holger (9), Heiko (14) und Mike (14) mußten ins Heim, Mirko (17) zog in ein Lehrlingswohnheim. Bei der Durchsuchung der Wohnung in der Albert-Barthels-Straße fanden die Kriminalisten auf den Matratzen des Ehebetts große Flecken. Dort hatte Frau Fiedler ihre Kinder entbunden.[60]

Margitta Fiedler, so eine Zeugin, war oft angetrunken. Im Prozeß gab sie zu, zwischen 70 und 80 Mark pro Woche für Schnaps und Bier ausgegeben zu haben. Zuletzt trank das Paar jeden Abend eine Flasche »Hochprozentigen«.

Die Zeugin sagte weiter aus: »Ich habe gedacht, daß sie die Babys nach der Geburt zur Adoption freigibt.«

Georg Giertz gelang es, zu Mirko, dem ältesten Sohn, ein Vertrauensverhältnis aufzubauen. Für den Kriminalisten war es ein besonderer Fall, der außergewöhnlichste und grauenvollste seiner Dienstzeit.

---

60 Bei der Bearbeitung dieser Straftaten wurden solcherlei Spuren (großflächige Flecken aus Fruchtwasser, vielfach mit Blut vermischt) oftmals auf Matratzen vorgefunden – ein eindeutiger Hinweis auf eine im Bett erfolgte Geburt. Die Matratzen wurden dann per Fotografie dokumentiert, Proben gerichtsmedizinisch und kriminaltechnisch untersucht.

Eine Hausgeburt

Am 16. Dezember 1988 sahen sich Margitta Fiedler und ihre Kinder eine Fernsehserie an. Als bei ihr die Wehen einsetzten, gab die Mutter ihrem großen Sohn den Auftrag, den Vater von der Arbeit zu holen. Die abgesprochene Losung lautete: Es ist Besuch da, du sollst nach Hause kommen. Doch Manfred Fiedler konnte seinen Arbeitsplatz nicht verlassen, um seine Frau, wie bei den Hausgeburten zuvor, zu unterstützen. Der Junge lief in die Wohnung zurück. »Dann müssen du und Mike eben helfen«, verlangte die Mutter, die im Schlafzimmer alles vorbereitet hatte.

Kaum hatte Margitta Fiedler ein kleines Mädchen geboren, legte sie dem Neugeborenen Zellstoff aufs Gesicht. Dann verbrachte sie das Kind in eine Korbkiste und ließ es sterben. Kurz nach der Entbindung stand sie wieder auf und sah weiter fern. Als ihr Mann später nach Hause kam, fragte er nur kurz: »Alles gut gelaufen?« »Ja«, antwortete Margitta Fiedler, »du mußt es demnächst wegschaffen.« Manfred Fiedler ging daraufhin zu einer Betriebsfeier ins Hotel »Zur Post«.

Nachdem Georg Giertz die Eltern mit den Aussagen Mirkos konfrontiert hatte, legten diese ein umfassendes Geständnis ab, welches auch die Tötung und Verbrennung der vier anderen Babys einschloß. Für den Vernehmer war die ganze Sache so unbegreiflich, daß er sich schwer damit tat, das Motiv zu begreifen. Erst, als Margitta Fiedler intime Beziehungen zu anderen Männern gestand und sie eine Entdeckung ihrer Seitensprünge befürchtete – das Aussehen eines Babys kann verräterisch sein –, wurde das Motiv vollumfänglich klar. Beim letzten Kind trat noch ein anderer Aspekt hinzu: Margitta Fiedler hielt sexuellen Kontakt zu ihrem ältesten Sohn.

»Ich hatte Angst, daß das Baby behindert zur Welt kommt«, offenbarte sie in einem Verhör. Kinder habe sie nach den fünf

Söhnen nicht mehr gewollt, aber auch keine Verhütungsmittel benutzt.[61]

Das Urteil

Am 29. Mai 1990 begann vor dem 1. Strafsenat des Magdeburger Bezirksgerichts der Prozeß. Die Anklage lautete: Mehrfach gemeinschaftlich begangener Mord, Anstiftung zum Mord und Totschlag. Die psychiatrischen Gutachten bescheinigten dem Ehepaar volle Zurechnungsfähigkeit. Sohn Mirko wurde im Zusammenhang mit der Tat im Dezember 1988 attestiert, nicht schuldfähig zu sein. Am 18. Juni 1990 wurden Margitta und Manfred Fiedler zu je 15 Jahren Haft verurteilt. In ihren Schlußworten bedauerten beide ihre Taten: »Wie haben schwere Schuld auf uns geladen und bereuen zutiefst.«

Interview mit Kriminalrat i. R. Georg Giertz[62]

Georg Giertz war 1988 Kriminalist (Oberleutnant der K) in der BDVP Magdeburg, Dezernat II, Kommissariat 2 in Halberstadt und als Untersuchungsführer tätig. Er bekam den Verdacht der Kindestötung nach der Geburt zur Untersuchung und die Klärung der Todesumstände eines Babys in der Familie Fiedler aus Wernigerode übertragen. Zu diesem Zeitpunkt konnte er nicht ahnen, daß sich dieses Tötungsverbrechen in seiner

---

61 Das Referat Jugendhilfe beim Rat des Kreises Wernigerode wollte nie etwas von den Schwangerschaften bemerkt haben.

62 Vom 8. Juli bis zum 11. Juli 2017 war der Autor für Recherchen in Wernigerode und zwecks eines Interviews zu Besuch beim ehemaligen Hauptmann der K und jetzigen Kriminalrat i. R. Georg Giertz.

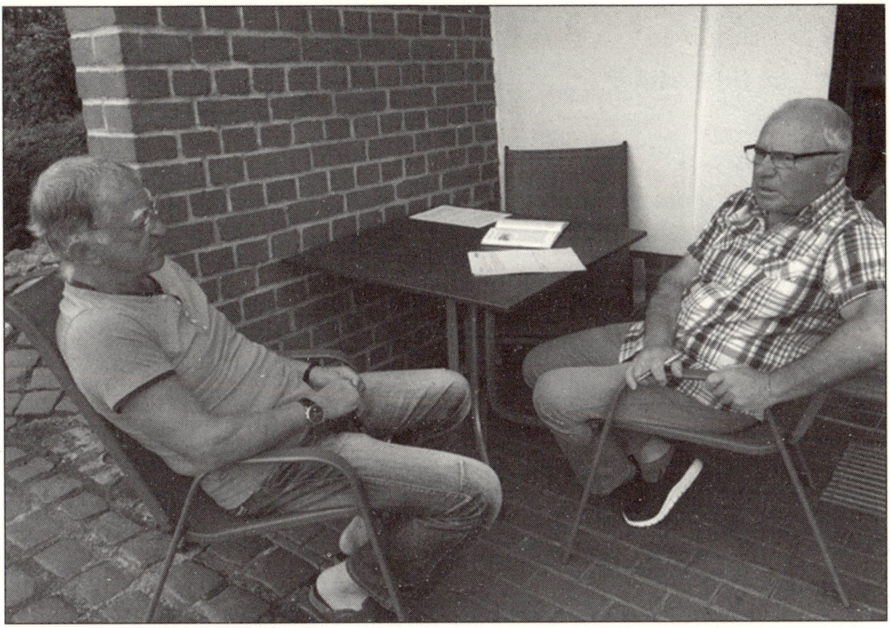

Interview zwischen Georg Giertz und Hans Thiers.

kriminalistischen Laufbahn zu seinem größten Fall entwickeln würde.

Herr Giertz, Sie haben diesen Verbrechensverdacht zur kriminalistischen Untersuchung übertragen bekommen. Durch welche Informationen erhielt die Kriminalpolizei Kenntnis, daß zur Familie Fiedler aus Wernigerode ein Tötungsverbrechen geprüft werden mußte?

Ich muß dazu sagen, daß wir zu Beginn der Untersuchungen nicht sehr viel Verwertbares hatten. Ich stand am Anfang der Untersuchungen. Zu diesem Zeitpunkt konnte ich noch nicht erahnen, welchen Verlauf die kriminalistischen Untersuchungen in diesem Fall nehmen sollten. Dieses Tötungsverbrechen nahm anfänglich seinen Verlauf damit, daß die Kaderleiterin des Betriebes, in dem die Tatverdächtigte arbeitete, stutzig wurde, weil Frau Fiedler plötzlich wieder schlank erschien. Gegenüber der sehr resoluten Kaderleiterin, die eine Schwangerschaft vermutet hatte, war Frau Fiedler chancenlos. Die Begründung der späteren Täterin, sie hätte einen Blutstau, akzeptierte sie nicht. Die Kaderleiterin ließ eine Untersuchung in der Frauenklinik Wernigerode veranlassen, um eine Bescheinigung für den Betrieb zu erhalten. Der Befund des Frauenarztes war aber sehr eindeutig: Bei Frau Fiedler hat vor kurzer Zeit eine Entbindung stattgefunden. Da das Baby fehlte, wurde über die Kaderleiterin – und infolge der Meldepflicht des Frauenarztes – die Kriminalpolizei in Kenntnis gesetzt und ich mit der sofortigen Untersuchung des Falls beauftragt.

Wie sind Sie an die Untersuchung des Verdachts eines Tötungsverbrechens – Kindstötung nach der Geburt gemäß § 113 StGB Totschlag – herangegangen?

Erst einmal wurde eine Anzeige aufgenommen. Denn ich hatte bis dato nur die Aussagen der Kaderleiterin, den Arztbericht des Gynäkologen sowie die Aussagen der Untermieterin im Wohnhaus. Ich erarbeitete mir nun einen konkreten Untersuchungsplan mit exakten kriminalistischen Maßnahmen, um den Fall umfassend aufzuklären. Zu diesem Zeitpunkt war mir noch nicht klar, daß es mein größter kriminalistischer Fall werden würde!

Ich führte erst einmal umfangreiche Ermittlungen und Zeugenvernehmungen bei den Mietern im Haus durch. Denn hier erhoffte ich mir konkrete Informationen zu den Familienverhältnissen der Fiedlers. Und ich hatte Glück: Die Untermieterin der Familie Fiedler hatte über Jahre beobachtet, daß Frau Fiedler mehrmals einen dicken Bauch aufwies und dann plötzlich wieder schlank war. Angesprochen darauf, gab sie ihrer Untermieterin immer zu Begründung, sie hätte an einem Blutstau gelitten, der sich aber wieder gegeben hätte. So richtig nahm sie aber der Frau Fiedler diese Begründung nicht ab. Sie hatte über Jahre den Verdacht, daß Frau Fiedler mehrmals schwanger gewesen sein muß. Dabei stellte die Untermieterin fest, daß Frau Fiedler entweder ihren dicken Bauch geschnürt habe oder sie sehr lose Kleidung trug, um ihren dicken Bauch gegenüber ihrem Umfeld zu verbergen. Des weiteren habe sie in den letzten Monaten vor der Geburt die Wohnung kaum verlassen, damit sie auf ihren schwangeren Zustand nicht angesprochen wird. Das ist ihr dann über viele Jahre gelungen.

Wie ist es Ihnen dann gelungen, langsam Licht in die Untersuchungen zu bringen, und wer aus dem Familienverband Fiedler war aussagebereit?

Ich möchte erst einmal kurz zu den Familienverhältnissen Stellung nehmen: Bei den von mir geführten Ermittlungen mußte ich feststellen, daß es sich bei der Familie Fiedler um am Rande befindliche asoziale Familienverhältnisse handelte. In der Familie F. hatte die Ehefrau das »Sagen«. Ihr Ehemann ging die ganze Woche arbeiten und vielfach auch noch an den Wochenenden »schurwerken«, um die siebenköpfige Familie zu ernähren und zusammenzuhalten. Denn bis dato hatten sie bereits fünf Kinder (nur Jungen), und später erfuhr ich von Frau Fiedler, daß sie noch gern ein Mädchen gehabt hätte.

Als ich nun endlich zur letzten Schwangerschaft und Geburt umfangreiches Material zusammengetragen hatte, konfrontierte ich den Ehemann und die Ehefrau mit den Fakten. Dabei habe ich vor allem die Aussagen von Mirko (dem großen Sohn) vorgehalten. Sie log aber immer noch permanent. Manfred Fiedler gab indessen die Tötung des am 16. Dezember 1988 geborenen Mädchens zu. Jetzt war natürlich das Lügengerüst seiner Ehefrau zerbrochen. Beide wurden inhaftiert. Bei der kriminalistischen Untersuchung der Wohnung der Familie Fiedler wurden auf den Matratzen der Ehebetten landkartenartig große Flecken festgestellt.

Die Untersuchungen dieser Flecken durch das Institut für gerichtliche Medizin Magdeburg ergaben, daß es sich um typische Fruchtwasser-Blutflecken handelte, die im Zusammenhang mit einer Geburt medizinisch erklärbar waren.

Wie kam es zur Tötung des am 16. Dezember 1988 geborenen Säuglings?

Bei Frau Fiedler setzte am 16. Dezember 1988 die Geburt ein. Beim Fernsehen bekam sie Senkwehen, die Fruchtblase platzte und sie wußte nun, daß die Geburt kurz bevorstand. Da sie ja bereits fünf Söhne geboren hatte, war ihr klar, wie so eine Geburt abläuft.

Ihr Ehemann war zu dieser Zeit auf Arbeit. Sie beauftragte den großen Jungen, ihren Ehemann von der Arbeit zu holen, damit er seiner Ehefrau bei der Geburt helfen sollte. Damit niemand auf Arbeit von Manfred Fiedler das Bevorstehende mitbekommt, weil ja beide die Schwangerschaft verheimlicht hatten, war die Begründung: »Es ist Besuch da. Du sollst nach Hause kommen.« Der Vater kam aber von der Arbeit nicht weg und konnte bei der anstehenden Hausgeburt seiner Ehefrau nicht helfen. Zwischenzeitlich hatte Frau Fiedler bereits alles im Schlafzimmer für die anstehende Geburt vorbereitet. Sie sagte zu den beiden älteren Jungen Mike und Mirko: »Dann müßt ihr mir eben bei der Geburt helfen.« Was die beiden Jungen auch machten. Nachdem das Kind im Bett geboren war, stellten sie fest, daß es ein Mädchen war. Die Geburt verlief ohne Komplikationen. Unmittelbar nach der Geburt legte die Kindsmutter Zellstoff auf das Gesicht des Mädchens, verbrachte es in eine Korbkiste und ließ es sterben. Kurz nach der Entbindung stand Margitta Fiedler wieder auf und sah weiter fern. Für sie war die Geburt und Tötung ein Routineakt. Der Alltag in der Familie ging einfach weiter, als wenn nichts geschehen sei. Kurze Zeit später, nachdem Margitta Fiedler entbunden hatte, kam ihr Ehemann von Arbeit und fragte seine Ehefrau nur: »Alles gut verlaufen?« Die Antwort seiner Ehefrau lautete: »Ja, du mußt es demnächst wegschaffen.«

Nach diesem kurzen Gespräch ging Manfred Fiedler zu einer Betriebsfeier ins Hotel »Zur Post«. Es war alles wie ein einstudierter Routineablauf zwischen den Ehepartnern. Am 27. Dezember 1988 wickelte Manfred Fiedler das tote weibliche Baby in eine Papiertüte ein, begab sich zum Ferienheim »Sennhütte« in Wernigerode, seine ehemalige Arbeitsstelle. Er kannte sich dort gut aus. Hier angekommen, rutschte er über eine Kohlenschütte in das Kesselhaus und warf das tote Baby mit der Papiertüte in die kleine Kesselanlage, wo es letztendlich verbrannte. Die von mir hierzu weitergeführten Ermittlungen sollten sich in der Folge zu einem einmaligen kriminalistischen Mordfall im ehemaligen Bezirk Magdeburg entwickeln.

Was hat Sie veranlaßt, weitere tiefgründige kriminalistische Ermittlungen zu führen, und hatten Sie den Verdacht, daß diese Familie zurückliegend bereits weitere Neugeborene nach der Geburt getötet haben könnte?

Dadurch, daß ich sehr konkrete Hinweise von der Untermieterin von zurückliegenden Schwangerschaften von Frau Fiedler hatte, ging ich davon aus, dass hierzu intensiv weiter ermittelt werden mußte. Hier könnte mehr passiert sein! Weiterhin ermittelte ich, daß Frau Fiedler auch Männerbesuche hatte, wenn ihr Mann auf Arbeit war. Des weiteren hatte ich zum großen Sohn der Familie Fiedler – Mirko – Vertrauen aufgebaut. Ich glaube, er wollte sich diese gesamte Sache von der Seele reden. So setzte sich ein Teilchen in einem kriminalistischen Puzzle nach dem anderen zusammen. Als ich das Ehepaar mit den kriminalistischen Fakten konfrontierte, legten beide ein umfangreiches Geständnis ab, nun auch zu den bereits vier getöteten Babys.

Nach Aussagen der Täterin Margitta Fiedler wollte sie immer noch ein Mädchen haben. Warum hat sie dann nach der Geburt dieses weibliche Neugeborene getötet?

Jetzt erfuhr ich, wie diese Schwangerschaft zustande gekommen war. Ihr Ehemann und sie sagten gemeinsam aus, daß sie ihren beiden älteren Söhnen den Geschlechtsverkehr beigebracht haben. Das heißt, Frau Fiedler lernte ihre beiden Söhne in Sachen Sexualität praktisch an und hatte mit ihren Söhnen Geschlechtsverkehr ohne Verhütung und bis zum Samenerguß. Ihr Ehemann war dabei und beobachtete alles, und er gab Hinweise, daß die Jungs auch alles richtig machten! Danach wurde Frau Fiedler wieder schwanger. Da sie davon ausging, daß sie durch den Geschlechtsverkehr mit ihren älteren Söhnen schwanger geworden sein könnte, wurde ihr klar, daß dieses neugeborene Mädchen auch sterben muß. Sie hatte Angst, daß sie ein behindertes Kind zur Welt bringt, und so ein Mädchen wollte sie nicht haben. Das zeigt alles sehr deutlich, wie es in der Familie Fiedler zuging.

Wie lief dann die Tötung der anderen vier Babys ab?

Margitta Fiedler hatte während ihrer Ehe intime Beziehungen zu anderen Männern, die sie besuchten, wenn ihr Mann auf Arbeit war. Ich habe einen Teil dieser Intimpartner ermittelt. Deshalb mußten auch die vier Babys sterben, weil sie befürchtete, daß diese Babys dem Äußeren nach nicht von ihrem Mann stammen könnten. Damit ihr Ehemann nicht nachrechnen konnte, hat sie ihm die Schwangerschaft erst offenbart, wenn sie weit fortgeschritten waren und es für eine Unterbrechung zu spät war. Ich konnte in der Folge meiner systematischen Vernehmungsarbeit mit den beiden Beschuldigten folgende Geburtsmonate der vier getöteten Babys herausarbeiten: geboren im Juli 1984, im Juli 1985, September 1986 und September 1987.

Die Täterin bestätigte, daß die anderen vier Babys von ihr voll ausgetragen wurden. Keines der Babys war eine Frühgeburt oder Fehlgeburt. Sie hatte keine Probleme während der Schwangerschaften. Die Babys wiesen keine Mißbildungen auf und hatten nach der Geburt alle gelebt, so die Aussagen der Täterin. Sie ging zu keiner Schwangerschaftsberatung und mußte auch in dieser Zeit keinen Frauenarzt aufsuchen. Die »Entsorgung« der vier Babyleichen erfolgte ebenfalls nach einer sich immer wiederholenden Verfahrensweise: Sie gebar die Kinder immer problemlos, hatte keine Geburtsverletzungen etc. und tötete die Babys nach ihrem festen Schema, wie das zuletzt geborene.

Da Manfred Fiedler in dieser Zeit in einer Metallgießerei in Wernigerode arbeitete, verbrannte er die vier Babys in der Großkesselanlage des Betriebes. Keiner hatte eigentlich richtig bemerkt, was in dieser Familie ablief. Auch nicht das Referat Jugendhilfe beim Rat des Kreises Wernigerode.

Warum kam von den staatlichen Stellen der Jugendhilfe beim Rat des Kreises Wernigerode niemand dem kriminellen Verhalten der Familie Fiedler auf die Schliche?

Wie schon gesagt, war doch mehr oder weniger die Familie Fiedler in einer gewissen Betreuung des Referates Jugendhilfe beim Rat des Kreises der Stadt Wernigerode. Angeblich sind die Mitarbeiter dieses Referates bei der Familie ein- und ausgegangen und wollen von den letzten fünf Schwangerschaften aber nichts bemerkt haben!

Obwohl diese Familie zu einer gewissen Asozialität neigte, waren die Kontrollmechanismen mit Sicherheit zu »lax«. Selbst die einmal im Monat nichtangemeldete Kontrolle bei Familie Fiedler brachte nichts zutage. Es gab keine konkreten Auflagen für die Familie. Manfred Fiedler ging immer seiner Arbeit nach, und Margitta Fiedler arbeitete vor und während ihrer 10. Schwangerschaft als Reinigungskraft im Stahlhaus Wernigerode. Da in der DDR kinderreiche Familien auch entsprechende staatliche Unterstützung erhielten, war diese Familie wahrscheinlich nicht ein direkter Problemfall des Referats Jugendhilfe. Wenn das Referat Jugendhilfe ihre Aufgaben bei der Kontrolle der Familie ernster genommen hätte, hätten sie die Situation erkennen müssen, und es wäre nicht zu diesen fünf Tötungen gekommen. Somit blieben die letzten fünf Schwangerschaften unerkannt, was diese Familie nutzte, diese Babys nach der Geburt zu töten und danach zu entsorgen.

Hatte sich Familie Fiedler an die Schwangerschaft von Margitta Fiedler, die Geburten und die anschließende Tötung der Babys »gewöhnt«?

Ja, es wurde für sie zur Routine. Margitta Fiedler hat generell alle ihre Geburten als Hausgeburten vollzogen. Also: gebären, töten und entsorgen. Ein Beispiel, wie sie alles plante: Als die Familie Fiedler im Urlaub war, hatte Margitta Fiedler Angst, eventuell während der Urlaubszeit zu entbinden. Damit ihr das nicht passierte, wurde der Urlaub einfach abgebrochen. Die weiteren Urlaube plante sie dann so, daß man bei ihr keine Schwangerschaft vermutete und eine überraschende Geburt im Urlaub auszuschließen war. Es war von ihr eigentlich alles mit Bedacht geplant.

Was hat letztendlich dazu geführt, daß Sie dieses schwere Verbrechen so umfassend aufklären konnten?

Sehr entscheidend war, daß ich einen systematischen Untersuchungs- und kriminalistischen Maßnahmeplan erarbeitet habe. Alle Ermittlungsschritte wurden von mir akribisch dokumentiert und aktuell ergänzt. Vor allem die Untermieterin des Mörderehepaares machte sehr präzise Aussagen zu den weiteren Schwangerschaften von Margitta Fiedler. Es fehlten ja von

1984–1988 die geborenen Kinder. Hinzu kamen noch die ständigen anderen Männerbekanntschaften. Einige dieser Sexualpartner konnte ich noch ermitteln. Nachdem ich genügend belastendes Untersuchungsmaterial gegen die Familie Fiedler vorliegen hatte, ging ich nun durch einen logisch aufgebauten Vernehmungsplan an die Beschuldigtenvernehmungen.

Konfrontiert mit den Aussagen der Zeugen, vor allem des älteren Sohnes, war Manfred Fiedler als erster bereit, zu den fünf getöteten Babys Stellung zu nehmen. Danach brach das Lügengerüst seiner Frau zusammen. Auch sie gestand in der Folge die fünf Schwangerschaften und Tötungen der Neugeborenen.

Als ich durch das enge Zusammenwirken mit dem Bezirksstaatsanwalt und der Gerichtsmedizin Magdeburg die Ermittlungen abgeschlossen hatte, erfolgte die psychiatrische Begutachtung des Ehepaares. Die Gutachter diagnostizierten bei beiden volle Zurechnungsfähigkeit.

Ich übergab den Vorgang an den Bezirksstaatsanwalt Magdeburg. Es erfolgte Anklage gegen die Beschuldigten. Am 29. Mai 1990 begann vor dem 1. Strafsenat des Magdeburger Bezirksgerichts der Prozeß. Beide wurden wegen gemeinschaftlich begangenen Mordes sowie Anstiftung zum Mord und Totschlag angeklagt. Die Urteile lauteten: 15 Jahre Haft für Manfred Fiedler, 15 Jahre Haft für Margitta Fiedler.[63]

---

63 An dieser Stelle danke ich Herrn Kriminalrat a. D. Georg Giertz für die freundliche Unterstützung und die Gewährung eines Interviews.

Interview mit Margitta Fiedler in der »Volksstimme«

Was denkt eine Frau, die fünf Babys nach der Geburt umgebracht hat? »Wie können Sie mit dieser Schuld noch weiterleben?«

Das Interview mit der »Mord-Mutter« führte Heinz Sunder, Mitarbeiter der »Volksstimme«.

U-Haftanstalt Magdeburg. Ein karger Raum. Ein Tisch, mit rotem Kunstleder bespannte Stühle. Der Richter hat das Interview zuerst abgelehnt, dann genehmigt. »Vielleicht sagt sie Ihnen mehr als uns«, bemerkte er resigniert. Es war ein Gespräch wie ein Sprung in tiefes, sehr kaltes Wasser.

Sie haben zwei Ihrer Söhne nach anderthalb Jahren wiedergesehen. Was dachten Sie?

Mein Gott, sind die groß geworden. Kräftige Burschen.

Und warum haben Sie dann Ihr Gesicht hinter den Händen verborgen?

Ich konnte nicht anders.

Haben Sie sich geschämt?

Ja.

Warum?

Weil alles so gekommen ist. Weil ich mich überhaupt nicht traue, jemand anzuschauen.

Haben Sie unter Ihren fünf Söhnen einen Liebling?

Ja, den Kleinen, den Stefan. Der war mein Liebling.

Warum haben Sie ihn dann mitgenommen, als Sie mit Ihrem Mann eines der toten Babys zum Verbrennen wegbrachten?

Der Stefan wollte Kastanien sammeln. Und bei der »Sennhütte«, beim Ofen, da stehen Kastanienbäume.

Sie sind sehr einsilbig vor Gericht. Haben Sie schon so viel vergessen?

Ja, ich bringe die Kinder durcheinander.

Wollen Sie verdrängen, was Sie getan haben? Sie haben ja fünf Babys sterben lassen, oder?

Ja. Das habe ich schon. Aber die Zeit läßt mich vieles vergessen.

Sind Sie froh darüber?

Ja. Sehr. Denn nachts, da kommen die Dinge auf mich zu. Ich habe sehr oft Alpträume.

Die Dinge? Ihre Kinder, die Sie getötet haben?

Ja, das sind die Kinder.

Was träumen Sie von Ihren Kindern?

So, wie es war. Ich sehe mich selber. Ich liege auf dem Bett. Alles ist voller Blut. Zwischen meinen Beinen liegt ein Baby. Und dann ...

... lassen Sie es sterben.

Nein. Nicht mehr. Manchmal, da nehme ich es im Traum auf den Arm und versorge es. So, als ob ich es behalten wollte. Als ob es nicht sterben sollte. Aber meistens kommt mein Mann und packt es in die Wolldecke und legt es in den Korb.

Wo es dann stirbt, wie in der Wirklichkeit.
Ja, wo es dann stirbt.

Sie haben alle fünf Babys in Ihrem Leib wachsen lassen. Trotzdem konnten Sie sie töten. Sind Sie eine kalte, gefühllose Mutter?
Nein, aber ich konnte nicht anders. Es war nach dem ersten Mal wie ein Zwang.

Sie haben vor Gericht zu Ihrem Motiv geschwiegen. Sie hätten abtreiben können, die Kinder nach der Geburt adoptieren lassen. Warum sie umbringen? Sie waren immer knapp bei Kasse. Für jede Geburt hätten Sie 1000 Mark erhalten. Warum haben Sie darauf verzichtet?
Da waren vielleicht mehrere Gründe. Da ist, also, da waren ... Ich kann das so nicht sagen. Ich weiß es nicht.[64]

Sie hatten schon fünf andere Kinder. Wurde Ihnen alles zu viel?
Ja, natürlich. Wir wollten keine Kinder mehr. Ich habe mich auch geschämt. Da waren schon die fünfe. Und jedes Jahr ein neues. Wie da die Leute reden bei uns: ›Die hecken ja wie die Kaninchen‹, oder es heißt: ›Du bist ja wie eine Muttersau.‹ Und ich wollte meine Familie erhalten. Mein kleines Leben. Mit Mann und den Kindern. Irgendwie kam alles zusammen.

Sie wollten die Familie erhalten. Jetzt sitzen Sie und Ihr Mann im Gefängnis, die Kinder leben verstreut in Heimen. Ihr Ältester will mit Ihnen nichts mehr zu tun haben, und Ihr Jüngster, der Stefan, hat Sie bald vergessen. War also doch alles umsonst?

---

64 Anm. d. Verf.: Hier hält sie sich bedeckt. Das Motiv wurde klar herausgearbeitet: Die Babys stammten von fremden Männern und dem eigenen Sohn.

Ja, und das ist so schrecklich. Ich habe alles kaputtgemacht.

Bei Ihnen ging die Jugendhilfe ein und aus. Sie haben an manchen Tagen eine Flasche Schnaps getrunken. Sie hatten zwei Geliebte. Gab es auch gute Jahre?

Am Anfang war es schön. Ich habe meinen Mann geliebt. Wir waren auch im Urlaub. Es war in Ordnung.

Waren Sie lebenslustig? Brauchten Sie viel Sex?

Ja, ich war lebenslustig. Ich bin gerne tanzen gegangen und im Karneval und so. Und vor meinem Mann hatte ich schon andere Männer. Aber nicht so doll.

Und warum hatten Sie in der Ehe noch zwei Geliebte? Sogar zur selben Zeit?

Das war eben so. Aber nicht dolle. Den einen hatte ich schon seit 1980 oder 81. Aber nicht oft. Wirklich nicht.

Sehnen Sie sich in der Haft nach Ihrem Mann? Vermissen Sie sexuelle Begegnungen mit Männern?

Ja, aber nicht so dolle. Ich denke da jetzt nicht dran.

Woran denn? An Gott?

Ja. Manchmal. Eigentlich oft.

Beten Sie?

Ja, das »Vaterunser«, das kann ich. Ich war ja zur Konfirmation.

Glauben Sie, daß es für Ihre Taten Verzeihung gibt. Nicht hier, sondern vor einem anderen Gericht?

Das weiß ich nicht. Ich hoffe es.

Wie können Sie überhaupt mit dieser Schuld weiterleben? Denken Sie an Selbstmord?

Nein, nie. Da bin ich nicht der Typ dafür. Aber mein Mann schon. Die Gedanken habe ich ihm ausgeredet. Ich habe ihm gesagt, daß unsere Kinder ihn brauchen.

Wirklich? Sie und Ihren Mann erwarten viele Jahre Gefängnis. Was wollen Sie da den Kindern helfen?

Na, daß wir wieder alle gut sind miteinander. Uns schreiben und so.

Warum haben Sie und Ihr Mann keine Verhütungsmittel genommen?

Wir hatten Probleme mit Kondomen, dann wollten wir es beide nicht mehr.

Wenn die neugeborenen Babys zwischen Ihren Beinen lagen, hatten Sie da nicht das Gefühl: Das ist ein eigener Mensch. Den kann man doch nicht einfach sterben lassen.

Ja, dieses Gefühl hatte ich schon. Irgendwie ist über mir alles zusammengestürzt. Und dann nach der ersten Sache, da hatte ich überhaupt keine Kraft mehr, das anders zu machen.

Waren Sie froh, als Sie gestanden haben?

Ich war nicht sehr beglückt, daß alles heraus war. Aber in einer Art war ich doch froh. Wir hätten so nicht weiterleben können.

Was ist Ihr größter Wunsch, wen hätten Sie jetzt am liebsten bei sich?

Daß ich mit meinem großen, dem Mirko, wieder gut bin. Und daß mein Mann hier wäre.

Wohnhaus in Wernigerode – im 2. Stock wohnte Familie Fiedler.

Schlafzimmerbett Fiedler zeigt Geburtsflüssigkeit auf der Matratze.

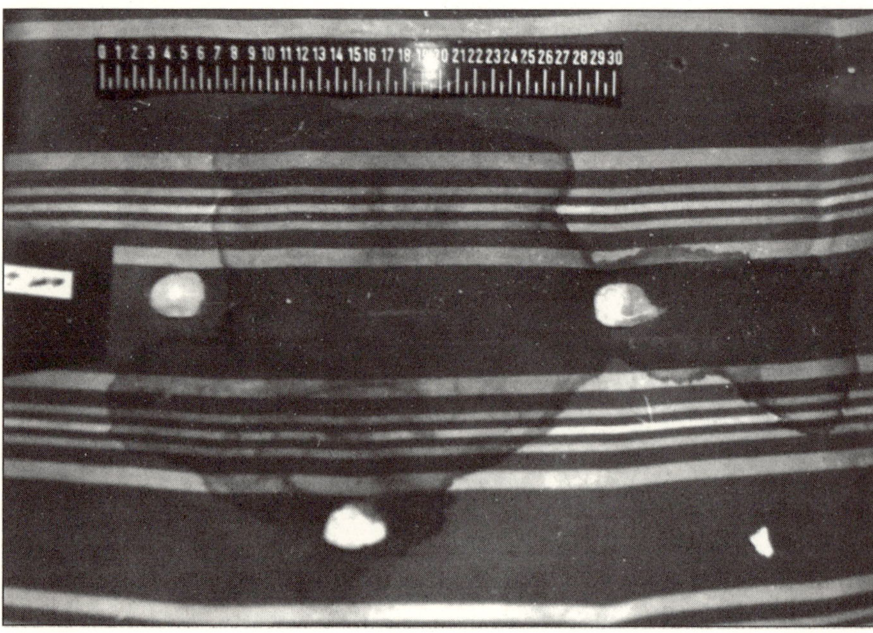

Matratze mit Geburtsflüssigkeitsspuren.

Pflechtkörbe – in diesen Körben verstarben die Babys.

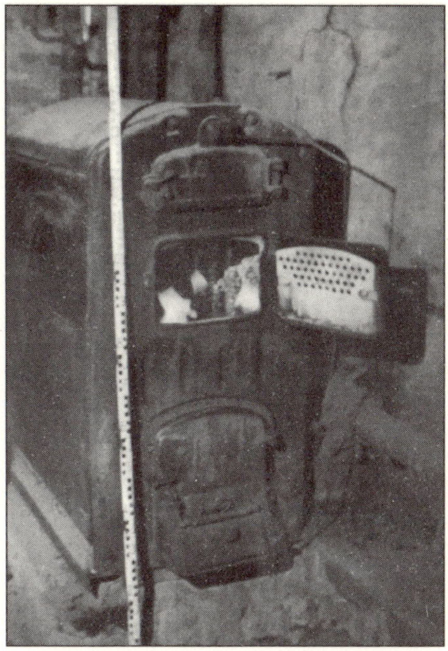

Heizungsofen in der Sennahütte.

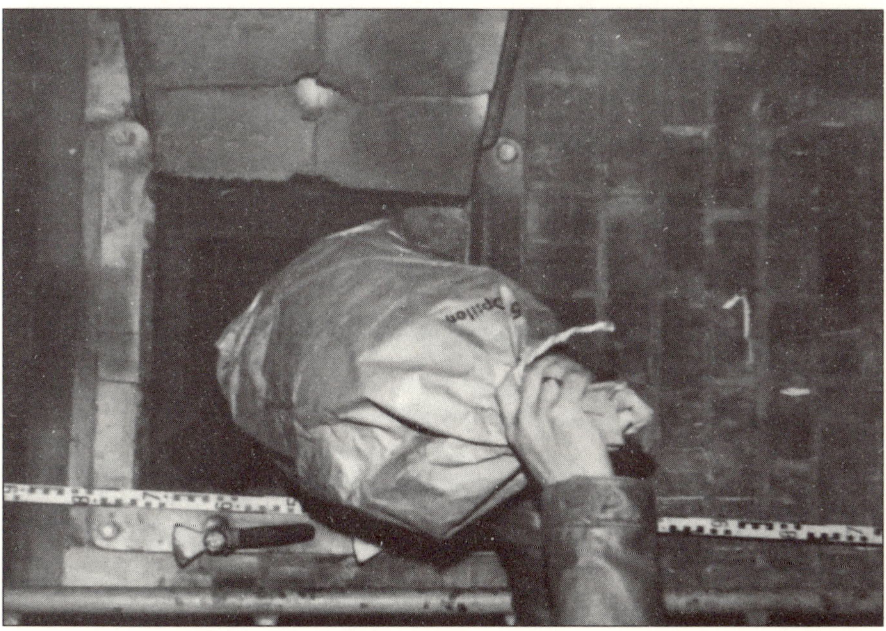

Einstieg in die Sennahütte durch Fiedler mit dem fünften getöteten Baby.

Fiedlers: 15 Jahre Haft. Urteilsverkündung am Montag im Prozeß gegen das Wernigeröder Ehepaar. Das Gericht verurteilte beide wegen Totschlags bzw. Mord von fünf Neugeborenen.
(Ausführlich auf Seite 3.)
Aufn.: Gabi Müller

Bericht in der »Volksstimme« vom 19. Juni 1990.

Am sechsten Prozeßtag Beweisaufnahme abgeschlossen

Die Fiedlers strafrechtlich voll verantwortlich

Von Jens-Uwe Jahns

Der sechste Tag im Prozeß gegen das Wernigeröder Ehepaar Fiedler brachte am Dienstag den Abschluß der Beweisaufnahme. Zuvor vernahm der 1. Strafsenat sieben weitere Zeugen. Außerdem gaben zwei Sachverständige psychiatrisch-psychologische Gutachten zum Persönlichkeitsbild der Angeklagten ab.

Die Anhörungen von Nachbarn, Arbeitskollegen, Verwandten und Mitarbeitern der Jugendhilfe zeichneten zunächst ein widersprüchliches Bild von den Familienverhältnissen. Während die Eltern ihre fünf lebenden Kinder offensichtlich mit Liebe, Wärme und Zuneigung erzogen, vermittelten die Aussagen zum Zustand des Haushaltes einen ganz anderen Eindruck. Den wenigen Menschen, denen Zutritt zur

Nach der nun abgeschlossenen Beweisaufnahme bleibt ein fader Nachgeschmack. Schließlich gaben fast alle Zeugen vor Gericht zu Protokoll, daß sie zwischen 1984 und 1988 Schwangerschaften der Frau Fiedler zumindest vermutet hätten. Einige von ihnen sprachen gar von Gewißheit. Fragen türmen sich auf. Immerhin blieben fünf deutlich sichtbare Schwangerschaften für die Umwelt der Fiedlers ohne ein einziges Kind. Jeder suchte für sich eine glaubhafte Begründung. „Sie gibt sie sicher zur Adoption frei", vermutete eine Zeugin und ließ es dabei. Aus unserer Sicht bleibt auch die Nachgiebigkeit der Behörden unfaßbar. Immerhin sagte am Dienstag auch eine ehrenamtliche Jugendhelferin vor Gericht aus, daß sie 1985 und 1988 Schwangerschaften bei Frau Fiedler deutlich bemerkt habe. Daraufhin habe das Referat Jugendhilfe die Schwange-

Bericht in der »Volksstimme« vom 13. Juni 1990.

9

SIMONE K. – DIE VIERFACHE BABYMÖRDERIN VON LEIPZIG

(Mordserie: 1985–1986/Haft/Selbsttötung 2009)

Im Oktober 1986 stand der Ruf der Städtischen Frauenklinik Leipzig (SFK) auf dem Spiel. In einem Zeitraum von nur wenigen Tagen starben vier Neugeborene auf unerklärliche Weise. Bis zu diesem Zeitpunkt gab es keine Unregelmäßigkeiten bei der Versorgung der Säuglinge mit Muttermilch. Höchst merkwürdig war der Umstand, daß sich die tödlichen Vorkommnisse immer auf der Intensivstation der SFK ereigneten. Stand etwa einer der Beschäftigten mit dem Tod der vier Babys in Verbindung? Gab es Fahrlässigkeiten bei der Versorgung der Säuglinge durch das Personal? Den Ärzten war klar, daß weitreichende Untersuchungen der toten Säuglinge erforderlich würden. Immer neue Fragen stellten sich: Standen die einzelnen Todesfälle etwa in einem Zusammenhang? Wie geht man vor, um weitere Todesfälle zu verhindern? Selbst ein Tötungsverbrechen konnte man zu diesem Zeitpunkt nicht ausschließen. Es mußten schnellstens Untersuchungen eingeleitet werden, um weitere Todesfälle zu verhindern. Die medizinischen Untersuchungen der toten Babys ergab, daß sie keines natürlichen Todes gestorben, sondern vergiftet worden waren (Vgl. S. 176).

Am 10. April 1986 informierte der Kreisarzt die zuständige Kreisdienststelle des MfS Leipzig-Stadt über Unregelmäßigkeiten bei der Muttermilchversorgung Neugeborener und damit auftretender medizinischer Komplikationen. Im weiteren Verlauf sollte die Spezialkommission (SK) der Abteilung IX der Bezirksverwaltung des MfS Leipzig, die die weiteren kriminalistischen Untersuchungen übernahm, auf einen ungeheuerlichen Kriminalfall stoßen. Die Morduntersuchungskommission des Bezirkes Leipzig war in die Untersuchungen nicht involviert. Die entsprechenden Leitungsgremien in Richtung Berlin waren informiert.[65]

»Die Linie IX des MfS (Hauptabteilung IX im Ministerium und Abteilungen IX in den Bezirksverwaltungen) gehörte ebenso wie die Arbeitsgebiete II und III der Kriminalpolizei sowie der Zollfahndung zu den staatlichen Untersuchungsorganen im Sinne des § 88 Abs. 2 StPO von 1984. Mit dieser Bestimmung wurde der zuvor geltende § 96 StPO von 1952 konkretisiert. Die Zuordnung eigener Untersuchungsorgane zum MfS basierte auf dem Prinzip der Einheitlichkeit der Staatsgewalt und gewährleistete eine hohe fachliche Kompetenz in der Ermittlungstätigkeit. Gemäß der Strafprozeßordnung der DDR führten die Untersuchungsorgane des MfS unter Leitung des zuständigen Staatsanwalts offiziell Ermittlungen in Strafsachen durch. [...] Bei Vorliegen der rechtlichen Voraussetzungen konnten alle nach der Strafprozeßordnung zulässigen Untersuchungshandlungen vorgenommen werden. Für die Einhaltung der Gesetzlichkeit war der Staatsanwalt

---

65 Auch dieser Kriminalfall wurde in einer Dokumentation (ZDF-History, zuletzt am 7. Januar 2018) unkorrekt dargestellt. Vgl. dazu Frank-Rainer Schurich: Die Spezialkommission – geheime Mordermittlung in der DDR? www.kriminalia.de: Der Zuschauer »erfährt hinsichtlich der Leipziger Krankenschwester und Serienmörderin, im Film Sybille D. genannt, daß der Chefarzt der Frauenklinik Prof. Springer hinsichtlich seiner Feststellungen den Leiter der Bezirksverwaltung des MfS Generalmajor Hummitzsch anruft und dieser dem Mediziner rät, Anzeige zu erstatten. Klar, der Arzt ruft mal einfach unkompliziert beim General des MfS an. Klingt komisch, und ist es letztlich auch. In der Realität war der Auslöser für die Ermittlungen der Leipziger Spezialkommission an der Städtischen Frauenklinik die Mitteilung des Kreisarztes Leipzig an die Kreisdienststelle für Staatssicherheit Leipzig-Stadt (vgl. Text – Anm. d. Verf.). Der Kreisarzt informierte am 10. April 1986 die zuständige Kreisdienststelle über Unregelmäßigkeiten bei der Muttermilchversorgung Neugeborener und damit auftretender medizinischer Komplikationen. Leider bleibt unbekannt, wessen Hirn der Anruf des Chefarztes bei Generalmajor Hummitzsch entsprang. Hummitzsch selbst kann dazu keine Auskunft mehr geben.«

verantwortlich. Die Funktion des Staatsanwalts als Leiter des Ermittlungsverfahrens war im § 89 StPO geregelt.«[66]

Man mußte dringend handeln. Unruhe in der Leipziger Bevölkerung galt es zu vermeiden. Innerhalb der Bevölkerung sollte zudem keine unbegründete Kriminalitätsangst hervorgerufen werden.

Die Untersuchungen begannen nach dem Tod des vierten Säuglings am 10. April 1986 durch die SK. Die ersten Untersuchungsergebnisse ergaben, daß die Spuren zum Tod der Säuglinge direkt ins Krankenhaus der Städtischen Frauenklinik führten. Aus dieser Klinik müßten der oder die Täter kommen. Man stand am Anfang der Untersuchungen und Ermittlungen. Zeugen wurden gehört, medizinische Gutachten erarbeitet, Spezialisten einbezogen. Die Untersuchungsabteilung des MfS übergab am 16. April 1986 an den Gesundheitsminister der DDR, Ludwig Mecklinger, eine Information über den aktuellen und beginnenden vorläufigen Untersuchungsstand. Auf der Grundlage von Hinweisen über Unregelmäßigkeiten bei der Muttermilchversorgung Neugeborener und damit aufgetretener medizinischer Komplikationen (akute Herzrhythmußtörungen) wurden durch die Tätigkeit einer Spezialkommission und Einbeziehung Sachverständiger des Institutes für Gerichtliche Medizin und Kriminalistik der Karl-Marx-Universität Leipzig komplexe Überprüfungen eingeleitet. Dabei wurde bekannt:

Am 10. April 1986 wurde in der Städtischen Frauenklinik Leipzig aufgrund der Verweigerung der Nahrungsaufnahme Neugeborener bei der Verabreichung von Muttermilch in dieser ein bis zu 100fach höherer Salzgehalt als bei normaler Muttermilch festgestellt. Es wurden bis zu 22 g Salz pro Liter Milch nachgewiesen, wobei es sich nur um Kochsalz handeln kann.

66 Ingo Wirth u. Remo Kroll: Morduntersuchung in der DDR. Berlin 2014, S. 161.

Nach Aussage medizinischer Sachverständiger ist eine so hohe Konzentration nur durch eine Beibringung von Kochsalz zu erreichen. Bereits am 1. April und 7. April wurde salzige Muttermilch festgestellt. Eine Untersuchung war nicht mehr möglich. Die salzige Muttermilch kann zwar Übelkeit, Erbrechen bzw. Nahrungsverweigerung bei Neugeborenen hervorrufen, ist aber nicht ursächlich für die auftretenden Krankheitssymptome der akuten Herzbeschwerden. Da in keiner anderen medizinischen Einrichtung der Stadt Leipzig salzige Muttermilch festgestellt wurde, ist zu schlußfolgern, daß die Beibringung des Salzes nur in der Städtischen Frauenklinik erfolgt sein kann.

Bei einem Kind, das am 10. April 1986 von der Städtischen Frauenklinik in die Intensiv-Therapie-Station der Kinderklinik der Karl-Marx-Universität (KMU) wegen akuter Herzrhythmußtörungen verlegt wurde, konnte im Zusammenhang mit der laufenden Überprüfung und aufgrund gehäuft auftretender ähnlicher Fälle eine Blutprobe entnommen und radiochemisch untersucht werden. Dabei wies man im Blut das Medikament »Digitoxin« in einer Konzentration von höher als 100 ng/ml nach. »Digitoxin« ist ein toxisch wirkendes, stark haftendes Herzglykosid. Glykoside können die Schlagkraft des Herzens steigern und die Herzfrequenz senken. Die letale (tödliche) Dosis liegt bei etwa 70–80 ng/ml, die obere therapeutische Grenze bei etwa 35 ng/ml. Durch dieses Medikament waren die vorliegenden Krankheitssymptome zweifelsfrei erklärbar. Der Chefarzt der Kinderabteilung der Städtischen Frauenklinik (behandelnder Arzt des Kindes) gab an, das Medikament mit Sicherheit nicht verabreicht zu haben, da dafür aus medizinischer Sicht keine Veranlassung bestand. Ein Nachweis im Krankenblatt, der notwendig wäre, ist nicht vorhanden. Aus der Untersuchung muß geschlußfolgert werden, daß das Medikament unzuverlässigerweise in der Städtischen Frauenklinik verabreicht wurde.

In Blutproben von fünf Kindern wurde eine bisher nicht identifizierte Substanz nachgewiesen. Diese Substanz wurde sowohl in bereits verabreichten Lösungen als auch in noch nicht benutzten Flaschen mit Infusionslösungen festgestellt; in Vergleichsproben der KMU war diese Substanz nicht enthalten. Die Städtische Frauenklinik erhält diese Lösung aus den Apotheken der Stadt Leipzig, die KMU aus eigenen Einrichtungen.

Im Rahmen der Untersuchungen wurde bekannt, daß seit Mitte Dezember 1985 an dieser Einrichtung in sechs Fällen der Tod des Kindes eintrat, wobei zuvor kardiale (»sich auf das Herz beziehende«) Symptome festgestellt wurden. Durch medizinische Sachverständige erfolgte eine Beurteilung und Überprüfung der dazu erfolgten klinischen Diagnosen.

Die SK der Bezirksverwaltung für Staatssicherheit Leipzig ermittelte zum Tod der Säuglinge ein ganzes Jahr. Bei den Untersuchungshandlungen ab dem 12. April 1986 kristallisierte sich nach und nach immer mehr heraus, daß der oder die Täter direkt aus der Frauenklinik kommen mußten. Der Kreis der Verdächtigten zog sich immer enger und nach und nach kam Simone K. (Klarname verfremdet) in den unmittelbaren Verdacht, mit dem Tod der Säuglinge etwas zu tun zu haben. Sie arbeitete als Kinderkrankenschwester in der Städtischen Frauenklinik Leipzig. Immer wenn sie Dienst hatte, kam es in den tatrelevanten Zeiträumen zu Unregelmäßigkeiten bei den Säuglingen im Intensivzimmer, die in der Folge verstorben waren.

Am 18. April 1986, gegen 18.15 Uhr, machte sie die entscheidende Aussage: »Ich wollte das Kind nicht umbringen. Ich habe Digitoxin gespritzt.« Das Versalzen der Muttermilch stritt sie anfangs ab. Da der dringende Tatverdacht bei Simone K. jetzt begründet vorlag, wurde gegen sie am 19. April 1986 ein

Ermittlungsverfahren wegen Verdachts des Mordes eingeleitet und Haftbefehl erlassen.

Simone K. wurde in der Untersuchungshaftanstalt des MfS Leipzig inhaftiert und zu den einzelnen Todesfällen der Säuglinge als Beschuldigte vernommen. Am 16. April 1987 wurden dem Bezirksstaatsanwalt Leipzig die Akten in der Serienmordsache zwecks Anklageerhebung übergeben. Die Anklage vertrat Staatsanwalt Troch, Leiter der Abteilung III bei der Staatsanwaltschaft des Bezirkes Leipzig. Die Verteidigung der Angeklagten übernahm der Vorsitzende des Kollegiums der Rechtsanwälte des Bezirkes Leipzig. Nach intensivem Aktenstudium durch den Bezirksstaatsanwalt Leipzig wurde am 22., 23. und 28. März 1988 diese Mordserie beim 2. Strafsenat des Bezirksgerichtes Leipzig unter Vorsitz des Richters Hebestreit verhandelt.

Im Schlußbericht der Spezialkommission des MfS Leipzig, auf dem dieser Beitrag beruht, wurde die Mordserie der Simone K. ausführlich dokumentiert.

Die damals 20jährige Simone K. wohnte in Leipzig. Sie hatte den Beruf als Kinderkrankenschwester erlernt und arbeitete bis zu ihrer Inhaftierung als Kinderkrankenschwester in der Städtischen Frauenklinik Leipzig. Sie war nicht vorbestraft. Die geführten Ermittlungen ergaben, daß sie hinreichend verdächtig war, unter verminderter Zurechnungsfähigkeit handelnd tatmehrheitlich in vier Fällen die vorsätzliche Tötung eines Menschen begangen und in einem Fall die vorsätzliche Tötung eines Menschen versucht zu haben.

Ein Mordversuch und vier Morde

Der Mordversuch

Am 6. Oktober 1985 spritzte Simone K. während ihres Dienstes als Kinderkrankenschwester in der Abteilung für Neonatologie der Frauenklinik Leipzig in bedingter Tötungsabsicht vorsätzlich einem am 6. Oktober 1985 geborenen Kind den Inhalt einer Ampulle Digitoxin (0,25 mg). Das Kind überlebte.

Der erste Mord

Am 2. Februar 1986, gegen 19.30 Uhr, spritzte die Mörderin während ihres Dienstes als Krankenschwester in der Abteilung für Neonatologie der Städtischen Frauenklinik Leipzig bedingt vorsätzlich in Tötungsabsicht einem Säugling, der am 29. Januar 1986 geboren war, ohne ärztliche Verordnung den Inhalt einer Ampulle des Herzmedikamentes Digitoxin (0,25 mg) und möglicherweise zwei Ampullen des Herzmedikamentes Aminophyllin in den laufenden venösen Dauertropf, was um 23.00 Uhr zum Tod des Kindes führte.

Der zweite Mord

Am 17. März 1986, gegen 19.15 Uhr, spritzte sie während ihres Dienstes als Kinderkrankenschwester in der Abteilung Neonatologie den am selben Tag geborenen Säugling den Inhalt einer Ampulle Digitoxin (0,25 mg) ohne ärztliche Verordnung vorsätzlich in Tötungsabsicht in den laufenden venösen Dauertropf. Das Kind starb um 20.30 Uhr am gleichen Tag.

Der dritte Mord

Am 2. April 1986, wahrscheinlich gegen 19.00 Uhr, spritzte sie während ihres Dienstes in derselben Abteilung der Frauenklinik Leipzig ohne ärztliche Verordnung einem Säugling, der am 30. März 1986 geboren wurden war, denselben Inhalt von

Digitoxin (0,25 mg) in den laufenden venösen Dauertropf. Das Kind verstarb infolge dessen am 3. April 1986.

Der vierte Mord

Am 10. April 1986, gegen 04.00 Uhr, spritzte sie während ihres Dienstes in derselben Abteilung der Frauenklinik Leipzig ohne ärztliche Verordnung vorsätzlich in Tötungsabsicht einem Baby, geboren am 8. April 1986, eine Ampulle Digitoxin (0,25 mg) in den laufenden venösen Dauertropf. Das Kind verstarb am 15. April 1986.

Zur Person von Simone K.

Simone K. wuchs in recht geordneten Familienverhältnissen auf. Ihre Kindheit verlief anfangs ohne größere Auffälligkeiten. Arbeitsbedingt zogen die Eltern mehrere Male innerhalb der DDR um. Für die beiden Kinder der Familie war dies nicht immer fördernd, weil sie einen Freundeskreis verlassen und sich andernorts einen neuen aufbauen mußten. Doch Kontakt zu knüpfen war oftmals schwer. Im September 1972 wurde Simone in Gera eingeschult. Sie zeigte in den ersten Schuljahren gute bis sehr gute schulische Leistungen. Nach weiteren Wohnungswechseln zogen die Eltern mit ihren Kindern 1980 nach Leipzig. Bis dahin verlief die Kindheit konfliktarm. Hinzu kamen nun aber Erziehungsprobleme, wie sie sich auch bei anderen Kindern zeigten. In Leipzig fiel es Simone jedoch schwerer, sich ins Klassenkollektiv einzugliedern und sich in der gesamten neuen Umwelt zurechtzufinden. Sie fühlte sich nach ihren eigenen Aussagen »von den Eltern gegenüber der jüngeren Schwester zunehmend in vielfältiger Weise benachteiligt.« Ihren Eltern gegenüber verhielt sie sich kühl und ignorant, denn sie verstanden ihre Probleme nicht. Simone verschloß sich zunehmend und kapselte sich ab. In der Schule spitzten sich die Konflikte mit ihren Mitschülern zu. Man warf ihr vor, bei einer Schülerausfahrt Geld gestohlen zu haben, woraufhin sie sich immer weiter in sich zurückzog. Um den ungerechtfertigten Vorwürfen zu begegnen, schrieb sie an sich gerichtete anonyme Briefe, die sie mit Hakenkreuzen versah und ihren Lehrkräften zeigte. Als der Nachweis erbracht wurde, daß sie selbst die Papierchen verfaßt hatte, kam es zur Aussprache. Nach ihren Aussagen befielen sie damals erstmals »Suicidabsichten«.

In der Folgezeit versuchte sie, die Selbsttötungsabsichten zu verdrängen, und riß ziellos aus, was wegen wiederholten »Weglaufens« eine Vermißtenanzeige durch ihre Eltern bei der Polizei nach sich zog. Wegen ihres auffälligen Verhaltens verordnete die Schulleitung 1982 das Aufsuchen einer psychologischen Beratungsstelle. Da Simone K. zur Psychologin kein Vertrauensverhältnis aufbauen konnte, beendete sie eigenwillig diese Konsultationen. Trotz ihrer psychologischen Probleme bestand sie 1982 den Abschluß der 10. Klasse mit »sehr gut«.

Im September 1982 nahm sie an der Medizinischen Fachschule an der Karl-Marx-Universität Leipzig ein dreijähriges Studium zur Ausbildung als Kinderkrankenschwester auf. Zu diesem Studium, welches ihrem damaligen Wunsch entsprach, wurde sie von der Städtischen Frauenklinik Leipzig delegiert. In dieser Einrichtung sowie im Bezirkskrankenhaus St. Georg Leipzig absolvierte sie zahlreiche Praktika. Im Rahmen ihres Studiums erwarb sie sich neben ihren Fertigkeiten der Kinderkrankenpflege und Arzneimittellehre auch Grundkenntnisse in den medizinischen Fachgebieten Innere Krankheiten, Chirurgie, Gynäkologie, Neonatologie, Geburtshilfe, Pädagogik und Medizintechnik. Sie lernte fleißig die theoretischen Grundlagen und besaß alle Voraussetzungen, eine gute Kinderkrankenschwester zu werden. Problematisch waren allerdings ihre Schwierigkeiten, sich in das Schwesternkollektiv zu integrieren. Sie hatte dagegen mit den Neugeborenen und kranken Kindern keinerlei Berührungsängste und kam mit dieser ihr übertragenden Aufgabe sehr gut zurecht. Die gesamten erworbenen Kenntnisse konnte sie ab Anfang 1985 in ihrer praktischen Ausbildung in der Städtischen Frauenklinik Leipzig vertiefen und unter Beweis stellen.

In einem Pflegebericht vom 16. Januar 1985 wurden ihr bereits fundamentierte Kenntnisse als zukünftige Kinderkrankenschwester attestiert. Bereits zu diesem Zeitpunkt war sie auf die spätere Betreuung von Neugeborenen orientiert. Mit der Beendigung des Fachschulstudiums am 31. Juni 1985 hatte sie sich den Abschluß als Kinderkrankenschwester erworben. Sie schloß ihr Studium mit der Note »gut« ab und wurde als ausgebildete Fachkraft von der Kinderstation des SFK übernommen.

Während der Studienzeit wurde die Fehlentwicklung ihrer Persönlichkeit teils deutlich. Sie war nicht in der Lage, ihre Probleme und Konflikte zu bewältigen. Sie zog sich immer mehr in sich zurück, lebte praktisch in sich gekehrt und hatte zunehmend Schwierigkeiten bei Kontaktanbahnungen und Kontaktunterhaltung. Simone war über die Maßen schweigsam. Dabei fühlte sie sich selbst immer mehr in eine Außenseiterrolle gedrängt. Als ihre Gefühle kein Ventil fanden und zu einer furchtbaren Last wurden, suchte sie Zuflucht im Alkohol und nahm allerlei Medikamentencocktails zu sich.

Im forensischen psychiatrischen Gutachten vom 17. September 1986 »wird der Beschuldigten eine durchschnittliche Intelligenz bescheinigt und festgestellt, daß sie all die ihr zur Verfügung stehenden Kräfte zur Aneignung von Lernstoff nutzte, um im Sinne eines kompensatorischen Bemühens wenigstens in einem Teilbereich sozialen Erfolg verzeichnen zu können.«

Auch die Wahl ihres Berufes muß in diesem Zusammenhang gesehen werden, da Simone K. im Umgang mit Säuglingen eben keine Probleme hatte – im Gegensatz zum Umgang mit Erwachsenen. Daraus erwuchs nach ihren Aussagen auch der Wunsch, im Intensivzimmer Dienst zu versehen, da sich aus dieser Tätigkeit wenige Berührungspunkte mit den Arbeitskollegen ergaben.

Im Rahmen der nervenfachärztlichen Begutachtung der Beschuldigten »wurden hirnelektronische Funktionsstörungen in den Bereichen, die für die Persönlichkeitsentwicklung, besonders der Emotionalität, von Bedeutung sind, festgestellt. Im Ergebnis spezieller Untersuchungsmethoden wird gutachterlich die Aussage getroffen, daß das gesamte physische Bild der Beschuldigten mit einer nicht mehr aufklärbaren hirnorganischen Vorschädigung im Zusammenhang steht, auch wenn kein nennenswertes Krankheitsereignis aus der Vergangenheit diesbezüglich festgestellt bzw. ermittelt werden konnte«.

Das Motiv

Warum entschloß sich Simone K., wehrlose Kinder – Säuglinge, die sich nicht wehren konnten und die den Schutz und der Fürsorge von Ärzten und Kinderkrankenschwestern bedurften – zu töten?[67] Im Schlußbericht des MfS wird auf diesen Umstand des Motivs von Simone K. ausführlich eingegangen. »Entsprechend der insgesamt bezüglich des Lebensalters der Beschuldigten vorhandenen Entwicklungsretardierung[68], ins-

67 Das Motiv einer Straftat ist wahrscheinlich der wichtigste Tatbestand einer strafbaren Handlung, will man den oder die Täter verstehen. Es muß unter anderem geklärt werden, ob der Täter strafrechtlich voll verantwortlich, bedingt verantwortlich oder zurechnungsunfähig ist. Das Motiv und die Ermittlung der subjektiven Seite spielen in all seinen kriminalistischen Ermittlungshandlungen eine nicht zu unterschätzende Rolle.

68 Spätentwicklung

besondere der Unterentwicklung des Gefühlslebens, wird gutachterlicherseits auch von der Infantilität (Kindlichkeit) gesprochen. Diese, die Gesamtpersönlichkeit der Beschuldigten betreffende Charakterisierung, trifft gleichermaßen auf den Bereich der sexuellen Entwicklung zu und hat insofern besondere Bedeutung, da in diesem Komplex die Wurzeln der Motivation der Straftaten der Beschuldigten liegen. Wohl war bei ihr der Wunsch, eigene sexuelle Erfahrungen zu machen, vorhanden, aber wegen ihrer infantilen und introvertierten Persönlichkeitsstruktur war sie nicht fähig, diese zu realisieren. Der erste intime Kontakt mit einem Mann fand nach ihren Aussagen im September 1984 im Zusammenhang mit einem Gaststättenbesuch anläßlich eines Geburtstages ihrer Freundin statt. Simone K. sagte dazu aus, daß es nach dieser Tanzveranstaltung im Zuge des Nachhauseweges in der Wohnung des Mannes unter Gewaltanwendung gegen ihren Willen zum Geschlechtsverkehr gekommen sei. Diese von ihr als Vergewaltigung geschilderte Handlung des Mannes empfand sie als abnormal und demütigend. Diese männliche Person konnte nicht mehr ermittelt werden.

Dieses Geschehen konnte Simone K. aufgrund ihrer Persönlichkeitsstruktur nicht vergessen, vielmehr bewirkte das bei ihr eine abnorme, übernachhaltige Erlebnisverarbeitung. Bei ihr entwickelte sich aus diesem Erlebnis ein tiefer Haß auf Männer. Durch ihre berufliche Tätigkeit habe sich dieser zunehmend entwickelt, da sie die von ihr betreuten Kinder als Ergebnis der Vereinigung von Mann und Frau sah und dadurch immer wieder an das als Demütigung erlebte Ereignis erinnert wurde. Ihre Unfähigkeit, diesen Konflikt zu bewältigen, wurde durch eine umfangreiche Eintragung zu diesem Problem in ihrem Tagebuch vom 30. Mai 1985 dokumentiert. Ihrer Psychologin konnte sie sich nicht anvertrauen. Zwei weitere Kontaktversuche 1985 kommentiert sie in ihrem Tagebuch am 28. Juli

1985 mit den Worten: ›Ich habe Angst, lähmende Angst, was soll ich nur tun??? Ich kann nicht mehr!!!‹«

Bedingt durch die schwerwiegend neurotische Fehlentwicklung übertrug sich der Haß auf Männer in dieser Phase zunehmend auf die von ihr betreuten Kinder, da sie ihre Haßgefühle gegenüber Männern nicht abreagieren konnte. Im vorliegenden forensisch-psychiatrischen Gutachten wurde dazu festgestellt, »daß es sich hierbei um eine Aggressionsumkehr nach außen handelt, deren Ursache eine neurotische Fehlentwicklung war. Aus dieser Aggressionsumkehr entstand bei der Beschuldigten im September 1985 der Entschluß, ihren anvertrauten Kindern Schaden zuzufügen. Dabei überwog zunächst das Motiv, Mädchen vor dem gleichen Schicksal der Demütigung zu bewahren und Jungen nicht zu derartigen ›Tätern‹ werden zu lassen. Hierbei spielte auch der Aspekt eine Rolle, Rache an allen Männern nehmen zu wollen. Eine derartige Motivstruktur wird aus der Sicht des Psychiaters im Sinn einer überwertigen Idee angesehen.«

Dieses Motiv war vorherrschend bei der Straftat im Oktober 1985. Bedeutsam für ihre 1986 begangenen Straftaten war, daß das hierfür dominierende Motiv anders strukturiert war. Aufgrund ihrer Persönlichkeitsstruktur war die Tätigkeit im Intensivzimmer ihr einziges soziales Betätigungsfeld, in dem sie sich bestätigt fühlte; ihren Aussagen zufolge »die einzige Zufluchtsstätte«. Im Zeitraum Ende 1985 kam es im Bereich der Kinderstation zu kadermäßigen Konflikten, die daraus resultierten, daß nicht die seit Jahren dort tätige und vom Schwesternkollektiv geachtete Oberärztin als Abteilungsleiterin eingesetzt wurde, sondern ein Oberarzt, der aus einer anderen medizinischen Einrichtung kam. Die Konflikte, die sich daraus ergaben – sie werden in den Aussagen des Ärztlichen Direktors der SFK dokumentiert –, berührten auch das Schwesternkollektiv, dem die Beschuldigte angehörte. Durch diese Auseinandersetzungen sensibilisiert, fühlte sie sich durch die verschiedensten Anweisungen des Oberarztes persönlich immer mehr diskriminiert und sah sich ihrer einzigen Zufluchtsstätte beraubt. Aus dieser unerträglichen Situation erwuchs ihr Haß auf den Oberarzt. Im Rahmen der psychiatrischen Begutachtung brachte sie in diesem Zusammenhang zum Ausdruck: »Ich habe den Dr. unendlich gehaßt. Das steigerte sich von Tag zu Tag.« Aus diesem Haß heraus entschloß sich Simone K. bei den Straftaten 1986, durch das Geben des Medikaments Digitoxin Komplikationen bei den zu betreuenden Kindern zu bewirken, wobei sie sich bewußt mit dem Eintritt möglicher Todesfolgen abfand. Ihr Ziel war es, mit den auftretenden Komplikationen die Unfähigkeit des Oberarztes zu dokumentieren und ihn dadurch zum Verlassen der Klinik zu bewegen.

Die Straftaten: ein Mordversuch, vier vollendete Morde

Versuchter vorsätzlicher Mord eines Säuglings am 6. Oktober 1985

In Ausprägung ihres Hasses auf Männer entschloß sich Simone K. Anfang September 1985 durch den täglichen Umgang mit Neugeborenen, diesen kleinen Geschöpfen Schaden zuzufügen, um auf diese Weise Rache zu nehmen infolge der von ihr empfundenen Demütigung. Die Verabreichung von kochsalzhaltiger Nahrung schien ihr zunächst ein probates Mittel. Ihr war durch die im Studium erworbenen Kenntnisse bekannt, daß erhöhte Salzgaben bei Neugeborenen Störungen im Wasser- und Elektrolythaushalt verursachen können. Dem im Aufenthaltsraum der Krankenschwestern befindlichen Salzstreuer, der sichergestellt und fotografisch dokumentiert wurde, entnahm sie Kochsalz und schüttete dies wahllos in Milchflaschen, die im Kühlschrank der sogenannten »Milchküche« der Kinderstation zur Verfütterung bereitgestellt waren. Nach Darstellung der Mörderin hat sie bis Anfang Oktober 1985 in ein bis zwei Fällen wöchentlich derartige Salzgaben in die Frauenmilch vorgenommen. Entgegen ihren Erwartungen konnte sie bei den Kindern jedoch keine nachhaltigen Reaktionen erkennen, weshalb sie den Entschluß faßte, das Vorgehen zu verschärfen.

Das Kind wurde am 6. Oktober 1985, 01.18 Uhr in der SFK geboren, hatte ein normales Körpergewicht von 3830 Gramm und eine Länge von 54 Zentimetern. Das Kind wurde im Intensivzimmer wegen eines Hinweises auf Sauerstoffmangel vor der Geburt intubiert und beatmet. Da eine Infektion nicht auszuschließen war, wurde es ab 10.15 Uhr mit einer intravenösen Dauerinfusion versorgt.

Nach Wertung des als Beweismittel vorliegenden medizinischen Gutachtens einer Expertenkommission unter Leitung des Direktors des Instituts für gerichtliche Medizin und Kriminalistik der KMU Prof. Dr. sc. Dürwald handelte es sich um ein gesundes und kräftiges Kind. Dieses Kind übernahm Simone K. mit Antritt ihres Spätdienstes um 13.30 Uhr im Intensivzimmer der Abteilung für Neonatologie zur Pflege und Betreuung. Aus den als Beweismittel vorliegenden Krankenunterlagen und der Epikrise vom 3. Juni 1986 ist zu entnehmen, daß bei dem Kind bis 21.00 Uhr keine therapeutischen Maßnahmen erforderlich waren. Ohne einen konkreten Anlaß angeben zu können, faßte Simone K. am 6. Oktober 1985 den Entschluß, dem Kind den Inhalt einer Ampulle Digitoxin (0,25 mg) zu spritzen. Zu den Gründen, weshalb sie dieses Medikament wählte, machte sie keine schlüssigen Aussagen.

Durch ihre Ausbildung als Kinderkrankenschwester und den Umgang mit diesem Medikament im Rahmen ärztlich verordneter Therapiemaßnahmen war ihr die toxische Wirkung bei einer Überdosierung bekannt. Dennoch spritzte sie dem Säugling am 6. Oktober 1985 zwischen 20.20 Uhr und 21.00 Uhr eine Ampulle Digitoxin in den laufenden venösen Dauertropf und nahm dessen Tod damit bewußt in Kauf. Damit handelte die Beschuldigte in Tötungsabsicht bedingt vorsätzlich im Sinne des § 6 Abs. 2 StGB.

Zur Begehungsweise

Simone K. entnahm dem Medikamentenschrank im Intensivzimmer eine 1-Milliliter-Ampulle Digitoxin und zog den Inhalt in eine 10-Milliliter-Spritze auf. Anschließend mischte sie das Digitoxin mit Glukose, die in einer Infusionsflasche für die Tropfbehandlung bereitstand, indem sie die Spritze ohne Kanüle in die Flasche einführte und füllte. Danach begab sie sich zu dem Kind, welches in einem Inkubator lag, stellte die Infusionsmaschine ab und unterbrach den Infusionsschlauch. Wie in regelrechter Verabreichung eines Medikamentes, spritzte sie das Digitoxin-Glukose-Gemisch in den Infusionsschlauch, wodurch dieses in den Körper des Kindes gelangte. Anschließend verband sie das Schlauchsystem wieder und schaltete die Infusionsmaschine an. Als Folge der nichtverordneten Digitoxingabe trat 21.00 Uhr eine Arhythmie der Herztätigkeit auf, die die Beschuldigte auch im vorliegenden Medikamentenprotokoll notierte. 21.30 Uhr beendete sie den Dienst und fuhr nach Hause. Da diese Handlung nicht bekannt wurde, erfolgte zum Ausgleich der Arhythmie eine therapeutische Digitalisierung des Kindes. Die weitere Verschlechterung des Zustandes des Kindes konnte nicht mit der Gabe weiterer Medikamente durch den behandelnden Arzt aufgehalten werden, weshalb es noch am 6. Oktober 1985 in die Klinik für Kindermedizin der KMU verlegt werden mußte.

Als Simone K. am Abend nach der ersten Digitoxin-Verabreichung nach Hause kam, nahm sie in ihrem Tagebuch folgende Eintragungen vor: »Ich bin der schlechteste Mensch der Welt, wird man mich aufhängen? Köpfen? Vielleicht verbrennen? Ich muß krank sein, allgemeingefährlich! Oh Gott, ich glaub, ich kann mir selbst nicht mehr helfen – ich rutsche immer tiefer herab und es ist noch lange kein Grund in Sicht. Ich – ein Mörder???«

Die Herzrhythmusstörungen hielten bei diesem Kind noch bis zum 10. Lebenstag an. Anschließend besserte sich dessen Zustand und es konnte am 29. Oktober 1985 ohne sichtbare Schädigungen entlassen werden. Dieses Kind überstand die Vergiftung, weil es gesund und kräftig war.

Die festgestellten objektiven und subjektiven Umstände der strafbaren Handlung der Serienmörderin erfüllen den Straftatbestand der versuchten vorsätzlichen Tötung im Sinne des § 112 Abs. 1 und 3 StGB.

Erster vollendeter vorsätzlicher Mord eines Säuglings – 2. Februar 1986

Im Verlaufe des Monats Januar 1986 drang an Simone K. in der Klinik heran, daß die Oberärztin beabsichtigte, das Arbeitsverhältnis zu kündigen und die SFK zu verlassen. In ihrer unrealistischen neurotischen Vorstellungswelt sah Simone K. damit immer mehr die Gefahr der Zerstörung ihres einzigen sozialen Betätigungsfeldes. In dieser Situation prägte sich bei ihr die Absicht aus, durch Handlungen gegen das Leben und die Gesundheit von Kindern das Ansehen des neuen Oberarztes zu schädigen, um den Platz der Oberärztin zu sichern. In dieser Phase war am 1. und 2. Februar 1986 ein unmittelbarer Arbeitskontakt zwischen K. und dem Oberarzt bei der Betreuung der medizinischen Versorgung des neugeborenen Kindes unerläßlich. Am 29. Januar 1986, 20.45 Uhr, wurde der Säugling in der SFK mit einem Körpergewicht von 2220 Gramm und einer Körperlänge von 45 Zentimetern geboren. Die Geburt verlief komplikationslos. Wegen Trinkschwäche wurde am 30. Januar 1986, 13.20 Uhr, die Nahrung abgesetzt und ein venöser Dauertropf gelegt. Am folgenden Tag wurde wegen des Verdachts der Aspiration nach Gabe von Frauenmilch erneut intravenöse Ernährung angeordnet, wobei Simone K. während des Spätdienstes als für das Intensivzimmer verantwortliche Krankenschwester die Tropfversorgung des Kindes durchzuführen hatte. Auch am 2. Februar 1986 bestanden bei dem Kind Probleme in der oralen Nahrungszufuhr, was Simone K. während ihres Spätdienstes im Dienstbuch des Intensivzimmers vermerkte. Hierbei ragte nach Angaben der Mörderin ein Ereignis besonders heraus. Da das Kind am 2. Februar 1986 auch zur festgelegten 17-Uhr-Mahlzeit oral keine Nahrung aufnahm, informierte sie pflichtgemäß den diensthabenden Arzt – Oberarzt – telefonisch zu Hause. Ihr sei hierbei vorgeworfen worden, nicht exakt sondiert zu haben, was zum neuerlichen Erbrechen bei dem Kind geführt habe. Dieser Umstand wurde von dem Zeugen, dem Oberarzt, nicht bestätigt, doch bei Simone K. entstand daraus tiefer Haß auf ihren Vorgesetzten.

Nachdem der Oberarzt 18.10 Uhr nach intensiver Untersuchung des Kindes die weitere Versorgung durch Legen eines Nabelvenenkatheters gesichert und die Klinik wieder verlassen hatte, entschloß sich Simone K., dem Kind ohne ärztliche Verordnung Digitoxin zu spritzen. Auch hier war ihr durch die fachliche Ausbildung und durch die praktischen Erfahrungen und Kenntnisse bei der Arbeit im Intensivzimmer bekannt und bewußt, daß eine nicht verordnete Verabreichung dieses Herzmedikamentes zum Tod des Kindes führen konnte. Sie nahm ihn bewußt in Kauf. Bei der Entschlußfassung zur bedingt vorsätzlichen Tötung des Kindes spielten weitere Aspekte eine Rolle. Zum einem hatte sie am Vortag den Kindesvater zur Besuchsstunde kennengelernt, der ihr, ohne es näher begründen zu können, unsympathisch war und an dem sich ihre Haßgedanken manifestierten. Zum anderen hatte sie in einer Pause ein Gespräch anderer Schwestern verfolgt, in welchem sich diese über ihre diversen Männerbekanntschaften unterhielten. Das alles habe ihre heftige Abneigung gegen das männliche Geschlecht nur noch verstärkt und den Gedanken an Rache erneut aufleben lassen. Die zeugenschaftlich vernommenen Krankenschwestern bestätigten so eine Unterhaltung nicht.

Zur Realisierung des Tatentschlusses ging die Beschuldigte gegen 19.30 Uhr skrupellos dazu über, dem Kind Digitoxin zu spritzen. Sie entnahm dem Medikamentenschrank eine Ampulle des Mittels, feilte diese am Hals auf und zog den Inhalt in eine 10-Milliliter-Spritze auf. Zur Verdünnung des Digitoxins entnahm sie einer bereitstehenden Infusionsflasche Glukose und zog diese ebenfalls in die Spritze auf. Danach begab sie sich zum Inkubator, in dem das Kind zur Behandlung lag, stellte die Infusionsmaschine ab und löste das Infusionsschlauchsystem. Damit in diese keine Luft gelangte, füllte sie den Schlauch und spritzte das Digitoxin-Glukose-Gemisch in den am Kind anliegenden Nabelvenenkatheter. Im Anschluß daran führte sie das Schlauchsystem wieder zusammen und stellte die Infusionsmaschine wieder an. Gegen 20.45 Uhr registrierte die Beschuldigte erste auffällige Symptome der von ihr verursachten Vergiftung im sogenannten Tropfplan zum Krankenblatt und informierte telefonisch den Oberarzt über die getroffenen Feststellungen. Aus Unkenntnis bezüglich der Ursachen des Geschehens ordnete dieser das Legen einer Entlastungssonde an, was die zunehmende Verschlechterung des Zustandes des Kindes nicht aufhalten konnte. Mit Eintreffen des Arztes gegen 21.45 Uhr wurden lebenserhaltene Maßnahmen unter Mitwirkung von Simone K. und der Nachtschwester durchgeführt. Da Simone K. ihr Handeln nicht offenbarte und sich bewußt mit dem Sterben des Kindes abfand, trat 23.20 Uhr der Tod ein.

In ihrem Tagebuch notierte sie unter dem Datum des 3. Februar 1986, daß sie neben dem Spritzen von Digitoxin dem Säugling auch noch zwei Ampullen Aminophyllin (Arzneistoff zur Asthmabehandlung) verabreicht hatte.

Im medizinischen Gutachten vom 22. Januar 1987 wird eindeutig ausgesagt, »daß der 23.20 Uhr eingetretene Tod des Kindes auf von der Beschuldigten vorgenommene Digitoxinbeibringung zurückzuführen ist. Die Möglichkeit der weiteren Verabreichung von zwei Ampullen Aminophyllin wird wegen der festgestellten Symptomatik nicht ausgeschlossen.«

Die vorliegenden Beweismittel zum Verhalten von Simone K. begründeten in objektiver und subjektiver Hinsicht den hinreichenden Verdacht der bedingt vorsätzlichen Tötung des Kindes gemäß § 112 Abs. 1 i.V. m. § 6 Abs. 2 StGB.

Zweiter vorsätzlicher Mord eines weiteren Säuglings – 17. März 1986

Während des Spätdienstes von Simone K. am 17. März 1986 wurde 16.05 Uhr in der SFK ein untergewichtiger Säugling geboren. Mit einem Körpergewicht von nur 1630 Gramm und einer Körperlänge von 41 Zentimetern handelte es sich um ein stark unterentwickeltes Neugeborenes. Das Kind wurde sofort nach der Geburt durch den anwesenden Kinderarzt untersucht und unter Mitwirkung von Simone K. und einer weiteren Krankenschwester betreut. Aufgrund der extremen Mangelernährung wurde das Kind sofort ab 16.35 Uhr mit einer intravenösen Dauerinfusion von Glukoselösung versorgt und zur Überwachung an den Biomonitor angeschlossen. Nachdem die medizinische Versorgung des Kindes abgeschlossen war, kam es zwischen Simone K. und zwei Zeugen noch zu einer kurzen Unterhaltung. Hierbei äußerte der anwesende Doktor auf das Kind bezogen, scherzhaft sinngemäß, daß er das Mädchen später heiraten würde, wenn aus ihr mal etwas Anständiges werde. Beide Krankenschwestern fragten den Arzt daraufhin, was er unter »etwas Anständiges« verstehe. Die im Scherz gemeinte Antwort »Bordelldame« löste bei Simone K. Unverständnis und Aggression aus und ließ erneut sofort ihre Wut auf Männer aufkochen, ohne daß es dem Arzt offenbar wurde. In seiner Abnormität übertrug sich ihr Haß unmittelbar auf das Kind, und Simone K. faßte den Entschluß, das Kind zu töten. In ihrer Vorstellung sei mit dieser Äußerung des Arztes der Lebensweg des Kindes vorgegeben gewesen. Mit dessen Tötung wollte sie dies verhindern. Simone K. nutzte die Pause zum Abendessen der anderen Krankenschwestern, ging gegen 19.00 Uhr ins Intensivzimmer und spritzte dem Säugling eine Ampulle Digitoxin in den venösen Dauertropf. Sie handelte genauso wie bei den bereits von ihr getöteten Säuglingen.

Ihr verbrecherisches Handeln verbarg die Mörderin, indem sie den weiteren Arbeitsaufgaben pflichtgemäß nachging. Gegen 19.30 Uhr stellte sie über den Biomonitor und durch Benutzung eines Stethoskops erste Unregelmäßigkeiten der Herzfrequenz bei dem Kind fest, worauf sie den Schreiber des Biomonitors einschaltete. Wie aus dem vorliegenden Diagramm hervorgeht, stellte sie um 19.59 Uhr den Schreiber ab, und erst zu diesem Zeitpunkt informierte sie telefonisch den Arzt zu Hause über den akuten Zustandes des Kindes. Nach dessen Eintreffen in der Klinik hatte sich die Herzfrequenz des Kindes weiter verlangsamt und es trat mehrfach Herzstillstand ein. Der Säugling starb um 20.30 Uhr. Die Vergiftung durch Digitoxin wurde bei der Autopsie am 19. März 1986 nicht festgestellt, da die dafür erforderliche spezielle Blutuntersuchung nicht durchgeführt wurde, wofür zum damaligen Zeitpunkt aus klinischer Sicht keine Veranlassung bestand.

Am 19. März 1986 ergänzte die Mörderin ihr Tagebuch mit der ausführlichen Schilderung des Falles. In Selbstleugnung ihres verbrecherischen Handelns war sie um Detaildarstellungen bemüht, die Schuld für den eingetretenen Tod des Kindes dem angeblich langsamen Reagieren des Arztes anzulasten. Anschließend schrieb sie die Worte »Digitoxin« und »Aminophyllin«, was auf ihr Wissen und ihr Zutun hinwies. Simone K. räumte ein, diese beiden Medikamente dem Kind in Tötungsabsicht gespritzt zu haben. Der behandelnde Arzt hatte davon keine Kenntnis, so daß er nicht die entsprechenden Medikamente einsetzten konnte, die die Vergiftung hätten stoppen können.

Im medizinischen Gutachten wird festgestellt, »daß es sich bei dem Kind zweifellos um ein schwer vorgeschädigtes und unterentwickeltes Kind handelte, bei dem eine Virusinfektion die Ursache für die Mangelernährung war. Trotz dieser Tatsache wird zweifelsfrei bewiesen, daß die unmittelbare Ursache die Digitoxinvergiftung war.« Aus den objektiven und subjektiven Ermittlungen in diesem Fall konnte nachgewiesen werden, daß Simone K. vorsätzlich in Tötungsabsicht gemäß § 112 Abs. 1 StGB handelte.

Dritter vorsätzlicher Mord eines Säuglings
3. April 1986

Am 30. März 1986 wurde der später getötete Säugling wegen Zeichen der Mangelernährung bei gestörter Funktion des Mutterkuchens nach Überschreitung des Geburtstermins durch Kaiserschnitt in der Städtischen Frauenklinik Leipzig geboren. Er hatte ein Geburtsgewicht von 2560 Gramm und eine Körperlänge von 49 Zentimetern. Die kinderärztliche Untersuchung am ersten und zweiten Lebenstag ergab keinen krankhaften Befund der inneren Organe.

Am 1. April 1986, die Beschuldigte hatte an diesem Tag Spätdienst, waren Besonderheiten festzustellen. Das Kind lag am Abend des 1. April 1986 noch im sogenannten normalen Kinderzimmer, wobei Simone K. auffiel, daß die Fontanelle eingesunken war und die Bauchhautfalte nur zögernd verstrich. Daraufhin wurde das Kind dem Arzt vorgestellt, der es 21.00 Uhr untersuchte und veranlaßte, es in das Intensivzimmer zu verlegen und eine Kurzinfusion durchzuführen. Dem war vorausgegangen, daß Simone K. – ihren Aussagen zur Folge – seit Ende März 1986 wieder verstärkt Kochsalz in Sammelmilchflaschen gegeben hatte, um Auffälligkeiten bei Kindern in breitem Umfang zu bewirken. Nach Aussagen der Mörderin wurde dem Kind dabei gleichfalls kochsalzhaltige Milch verfüttert, was auch nach Feststellung der medizinischen Gutachter zu den genannten Symptomen geführt haben kann. Das Kind verblieb im weiteren Verlauf zur Beobachtung und zur Behandlung im Intensivzimmer der Kinderstation, wo es die Beschuldigte am 2. April 1986, 13.30 Uhr, als Verantwortliche für das Intensivzimmer übernahm. In dem zum Krankenblatt gehörenden Tropfplan vermerkte sie um 18.30 Uhr, daß das Kind gallig gebrochen hat, daraufhin von ihr abgesaugt wurde und die Herzfrequenz bei 200 Schlägen pro Minute lag. Danach verlangsamte sich die Atemfrequenz und der Puls ging bis 19.45 Uhr auf 54 Schläge pro Minute zurück. Im Verlauf der Nacht verlangsamte sich die Herzfrequenz weiter. Um 08.15 Uhr setzte für fünf Minuten Herzkammerflattern ein, bevor das Kleine 08.32 Uhr verstarb.

In der Folge räumte die Mörderin ein, wiederum ohne ärztliche Verordnung, gehandelt zu haben. Mit der Tötung des Kindes wollte sie vor allem die fachliche Kompetenz des Oberarztes in Frage stellen und erreichen, daß er kündigt. Mit der Tötung des dritten Säuglings erfüllte sie die Tatbestandsmerkmale des § 112 Abs. 1 StGB Mord.

Vorsätzlicher Mord eines Säuglings 10. April 1986

Zum Nachtdienst am 9. April 1986, 21.30 Uhr, übernahm Simone K., die wieder für die Betreuung der Kinder im Intensivzimmer verantwortlich war, das Kind, welches am 8. April 1986, 20.52 Uhr in der SFK geboren wurde. Dieser Säugling hatte ein Geburtsgewicht von 3370 Gramm und eine Körperlänge von 50 Zentimetern. Die kinderärztliche Untersuchung durch die anwesende Kinderärztin wies bei dem Säugling keine krankhaften Befunde auf. Der Säugling war in einem befriedigenden Allgemeinzustand.

Am 9. April 1986 erhielt das Kind Fencheltee und fiel um 14.00 Uhr durch Spucken von hellem Schleim auf, was auf eine Übersäuerung des Blutes zurückzuführen war und durch eine Infusion ausgeglichen wurde. In diesem insgesamt stabilen Allgemeinzustand übernahm Simone K. das Kind zur weiteren Betreuung bis 02.45 Uhr (ausschließlich Tropfversorgung), wobei der anwesende Bereitschaftsarzt die entsprechenden Maßnahmen und Verordnungen ärztlicherseits traf. In der Zeit von 02.30 Uhr bis 03.30 Uhr verbrachte Simone K. mit einer weiteren Schwester und der Nachtschwester der Wochenstation im Schwesternaufenthaltsraum eine Pause. Die Frauen unterhielten sich über Erlebnisse und Begebenheiten mit Männern, was Simone K. erneut innerlich aggressiv machte. Der

Inhalt des Gesprächs gab ihr erneut Anlaß, einem Kind gezielt Schaden zuzufügen. Noch immer verfolgte sie angestrengt das Ziel, den Oberarzt nach Komplikationen und Todesfällen von Kindern im Ansehen zu schädigen und ihn somit zur Kündigung zu zwingen.

Durch eine extreme Zuspitzung ihrer verbrecherischen Handlungen glaubte sie, dieses Ziel bald zu erreichen, wobei sie bereits an die Vernichtung ihrer eigenen Existenz dachte. Da nun das Kind in der Nacht vom 9. zum 10. April 1986 einen Tropf hatte, stand für sie sofort fest, diesem Kind Schaden durch Spritzen von Digitoxin zuzufügen. Sie wußte, das Kind könne sterben. Obwohl sie angeblich den Tod des Kindes nicht anstrebte, nahm sie die Möglichkeit der Tötung bewußt in Kauf. Während sich die anderen beiden Schwestern um ihre Kinder auf der Station kümmerten, war Simone K. gegen 04.00 Uhr allein im Intensivzimmer, so daß keiner der anwesenden Kinderkrankenschwestern ihr verbrecherisches Handeln ahnte. Wie immer begab sie sich zum Medikamentenschrank und entnahm eine 1-Milliliter-Ampulle Digitoxin. Genau wie bei den anderen getöteten drei Säuglingen setzte sie ihre verbrecherische Tat um. Ruhig und überlegt erhielt auch dieser Säugling die tödliche Dosis. Die leere Ampulle warf sie in den dafür vorgesehen Glaseimer, die Spritze in den Mülleimer. Bedingt durch die Entsorgung des Inhalts der Behältnisse konnten diese nicht mehr gesichert werden. Der Säugling war nun seinem Schicksal überlassen. Die Täterin kümmerte sich sodann mit den anderen Schwestern um die weitere Versorgung der Kinder.

Bei dem Säugling stellten sich nach der Verabreichung von Digitoxin ähnliche Symptome wie bei den bereits getöteten Kindern ein. Simone K. stellte eine niedrige Herzfrequenz fest und informierte die diensthabende Ärztin. Bevor der Arzt im Intensivzimmer erschien, hatte sie ihren Dienst an die Frühschwester übergeben und ging nach Hause. Auf Veranlassung der Kinderärztin, die das Kleine ab 07.30 Uhr behandelte, erfolgte gegen 09.00 Uhr die Verlegung des Kindes in die Kinderklinik der Karl-Marx-Universität. Da die in der Kinderklinik festgestellten Symptome den Verdacht auf das Vorhandensein einer Fremdsubstanz im Körper des Kindes lenkten, nahm man dem Kind am 10. April 1986 vor Beginn weiterer therapeutischer Maßnahmen Blut ab. Da zunächst eine Obsidan-Vergiftung angenommen wurde, erhielt das Kind nach der Blutentnahme eine therapeutische Dosis Digitoxin. Trotz intensiver medizinischer Behandlung verschlechterte sich der Zustand des Kindes. Am 15. April 1986, um 11.45 Uhr, trat der Tod ein.

Im Ergebnis der untersuchten Blutprobe vom 10. April 1986 wurde eine Digitoxinkonzentration von zirka 100 ng/ml festgestellt. Damit war der toxische Grenzwert von zirka 30 ng/ml um mehr als das Dreifache überschritten. Im Ergebnis der am 15. April 1986 am Institut für gerichtliche Medizin der KMU Leipzig durchgeführten gerichtlichen Leichenöffnung fanden sich keine Hinweise auf vorbestehende Erkrankungen oder Mißbildungen. Im Leichenblut wurde ein Digitoxinwert von 100 ng/ml festgestellt. Der Eintritt des Todes war zweifelsfrei auf eine Digitoxinvergiftung zurückzuführen. Im medizinischen Gutachten vom 22. Januar 1987 wurde ausführlich dazu Stellung genommen und geklärt, »daß die von der Beschuldigten dem Kind verabreichte Menge Digitoxin kausal den Todeseintritt bewirkt hat, und die zunächst in Unkenntnis der wahren Ursachen verordneten therapeutischen Mengen Digitoxin lediglich den Abbau des enorm hohen Digitoxinwertes verzögert haben, so daß auch nach zwei Tagen noch ein etwa gleichhoher Digitoxin-Blutspiegel bestand.«

Aufgrund der Ermittlungsergebnisse wurde daher als bewiesen angesehen, daß Simone K. bei diesem Kind in bedingt vorsätzlicher Tötungsabsicht gemäß § 112 Abs. 1 i.V. mit § 6 Abs. 2 StGB handelte.

Nach der Digitoxingabe am Morgen des 10. April 1986 bei dem 4. Säugling durch Simone K., hatte sie in der folgenden Nacht erneut im Intensivzimmer Dienst. Dabei wurde ihr bekannt, daß dieses Kind in die Klinik der Kinderstation der KMU verlegt worden war, was sie als Folge ihres Handelns wertete. Dennoch entschloß sie sich, am gleichen Tag, gegen 22.30 Uhr, Säuglingsnahrung mit Digitoxin-Tropfen zu versetzen, obwohl ihr bekannt war, daß zu diesem Zeitpunkt wegen der Vorkommnisse mit den Kindern Mitarbeiter des Untersuchungsorgans (Kriminalisten des MfS) in der Einrichtung anwesend waren. Im Wissen der bestehenden Weisung, daß aufgrund der in der Vergangenheit festgestellten salzigen Milch jede Nahrung vor der Verabreichung von den Schwestern zu verkosten war, entnahm Simone K., als sich die diensthabende Ärztin und die zweite Nachtschwester im Aufenthaltsraum befanden, aus dem im Flur der Kinderstation befindlichen Medizinschrank eine Flasche (20 ml) Digitoxin-Tropfen. Den Inhalt dieser Flasche schüttete sie im Intensivzimmer in eine Nierenschale und zog diese Flüssigkeit in eine 20-Milliliter-Plastespritze auf. Anschließend begab sie sich in die sogenannte Milchküche, wo die bereits portionierten Milchflaschen für die zwei folgenden Mahlzeiten bereitstanden. Sie spritzte wahllos in mindestens fünf Milchflaschen das Digitoxin und reinigte anschließend die Spritze und die Nierenschale. Eine Schwester stellte beim Verkosten der Nahrung einen Bittergeschmack fest. Daraufhin wurden die diensthabende Ärztin und der Oberarzt verständigt, die in der Folge den Inhalt weiterer Nahrungsflaschen kosteten und insgesamt drei Flaschen mit Milch des bitteren Geschmacks aussortierten. Die andere nichtauffällige Nahrung wurde verfüttert. Dennoch erbrachen in der Folgezeit fünf Kinder.

Die durch das Untersuchungsorgan sichergestellten Nahrungsproben wurden mittels RIA-Test untersucht. Laut Untersuchungsbericht der Radiologischen Klinik der KMU Leipzig vom 26. Mai 1986 wurde im Inhalt der drei Milchflaschen und einer weiteren, zur Verfütterung nicht vorgesehenen Testprobe eine Digitoxin-Konzentration zwischen 30 ng/ml bis 60 ng/ml nachgewiesen.

Zum Motiv ihres Handelns sagte Simone K. aus, daß sie unter dem Eindruck der begangenen Straftaten in einer Verfassung war, wo sie keinen Ausweg mehr sah. Weil sie wußte, daß bereits Mitarbeiter des Untersuchungsorgans im Hause waren, wollte sie im Sinne der Selbstaufgabe auf sich aufmerksam machen, um ihrem strafbaren Handeln eine Ende zu bereiten. Deshalb gab sie Digitoxin-Tropfen in die Mich, deren bitterer Geschmack ihr bekannt war, weil sie bereits früher in suizidaler Absicht diese zu sich genommen hatte. Ihr Ziel war nicht, den Kindern damit Schaden zuzufügen. Es sollten vielmehr bei der vorgeschriebenen Verkostung Feststellungen bezüglich des bitteren Geschmacks getroffen und daraufhin zielgerichtete Untersuchungen eingeleitet werden.

Das forensisch-psychiatrische Gutachten

Simone K. wurde zur Prüfung der strafrechtlichen Verantwortlichkeit durch Dr. med. Dr. jur. Böttger, Facharzt für Neurologie und Psychiatrie, einer forensisch-psychiatrischen Begutachtung unterzogen (Gutachten vom 17. September 1987). Im Ergebnis der Begutachtung wurde »eine erhebliche primärneurotische Fehlentwicklung mit ausgeprägter Kontakt- und Bindungsschwäche, Neigungen zu anhaltenden depressiven Verstimmungen, erhebliche Verschiebung in der Wahrnehmung psychischer und sozialer Sachverhalte, daraus resultierende permanente Suicidwünsche und eine sexuelle Fehlentwicklung konstatiert. Die bereits vor den Straftaten beobachtete Dekompensation des innerpsychischen Gleichgewichtes korreliert tatbezogen mit der Umkehr von autoaggressivem zu fremdaggressivem Verhalten, wobei der vermeidliche Entzug des einzigen sozialen Betätigungsfeldes die hauptsächliche Rolle spielte. Aus diesen Gründen wird vom Gutachter vorgeschlagen, verminderte strafrechtliche Verantwortlichkeit gemäß § 16 (1) in Anwendung zu bringen.«

Krankenblätter, weitere medizinische Behandlungsunterlagen der geschädigten bzw. getöteten Kinder, Dienstbücher des medizinischen Personals der SFK, Totenscheine, Sektionsprotokolle, weitere medizinische Sachverständigengutachten, Zeugenvernehmungen und Dienstablaufpläne wurden als Beweismittel sichergestellt und waren unter anderem Gegenstand der Beweismittelakte bzw. entscheidende Beweismittel für die Gerichtsverhandlung.

Das Urteil

Am 22., 23. und 28. März 1987 verhandelte der 2. Strafsenat des Bezirksgerichtes Leipzig diesen Serienmordfall. Die Verhandlung erfolgte unter Ausschluß der Öffentlichkeit. Man wollte damit keine Unruhe unter der Bevölkerung auslösen. Die Beschuldigte wurde wegen der mehrfachen Morde und eines versuchten Mordes für schuldig befunden und zu einer lebenslänglichen Freiheitsstrafe sowie Aberkennung der staatsbürgerlichen Rechte auf Dauer verurteilt. Simone K. legte gegen das Urteil keine Berufung ein und nahm das Urteil in der ausgesprochen Höhe an. Nach bisherigen Erkenntnissen wurde sie im Jahr 2009 aus dem Vollzug entlassen, da sie zum Tatzeitpunkt nach bürgerlichem Recht unter 21 Jahre alt war.

Somit wurde die Straftat als Jugendstraftat neu bewertet, obwohl sie nach DDR-Recht als juristische volljährige Person verurteilt worden war.

Die Hauptabteilung IX des Ministeriums für Staatssicherheit Berlin informierte unter anderem Minister Erich Mielke und andere politisch Verantwortliche über den Verlauf und Abschluß dieser Gerichtsverhandlung.

In der am 3. Juli 2017 und am 7. Januar 2018 wiederholten Sendung »Die geheime Mordermittlung der DDR« (ZDF-History) wurde zum Fall Simone K. festgestellt, daß sie im Jahre 2009 aus dem Strafvollzug entlassen wurde und ein Jahr später Suizid begangen haben soll. Die Eltern der getöteten Kinder wurden seitens des MfS zum Stillschweigen verpflichtet. Weitere Informationen liegen leider nicht vor.

10

VOLKER ECKERT
DER PROSTITUIERTENMÖRDER

(DDR, Mord in Plauen: 1987/Haft: 1988–1994/
Mordserie in Europa 1994–2006/Selbsttötung 2007)

Eckert, der als Prostituiertenmörder in die deutsche Kriminalgeschichte einging und sich am 2. Juli 2007 in Bayreuth in der Haftzelle erhängte, schaffte es relativ schnell, in »Die große Enzyklopädie der Serienmörder« (7. aktualisierte Auflage) aufgenommen zu werden: »Auch Volker Eckert zählt zu den Serienkillern, die schon als Jugendliche ihren ersten Mord begangen haben. 1974 tötete er, gerade 15 Jahre alt, eine 14jährige Plauener Mitschülerin, konnte die Tat jedoch erfolgreich als Selbstmord tarnen.«

Kindheit, Jugend, erste Straftaten

Volker Eckert wurde am 1. Juli 1959 in Oelsnitz im Vogtland (Sachsen) geboren. Er schloß erfolgreich die 10. Klasse ab und erlernte im Betrieb seines Vaters den Beruf des Malers. Aber bereits während seiner Lehre wurde er erstmalig straffällig. Im Jahre 1977 verfolgte er eine 16jährige Jugendliche nach einem Diskobesuch, um mit ihr den Geschlechtsverkehr durchzuführen. Als sich das Mädchen weigerte, würgte er es bis zur Bewußtlosigkeit, entkleidete es und nahm an ihm sexuelle Handlungen vor. Die Jugendliche ließ er – unbekleidet und bewußtlos – einfach am Tatort liegen.

Eckert wurde ermittelt und wegen Nötigung und Mißbrauchs zu sexuellen Handlungen gemäß § 122 Absatz 1 StGB zu zwei

Jahren und acht Monaten Freiheitsentzug verurteilt. Im August 1979 wurde er vorzeitig aus dem Strafvollzug entlassen – mit einer Bewährungszeit von zwei Jahren, die er ohne erneut straffällig zu werden schaffte. Nach der Haftentlassung schloß er seine Lehre ab. Seine Eltern verstarben frühzeitig, so daß er sich um seine Geschwister kümmern mußte. Eckert ging in dieser Zeit mehrere Verbindungen mit Frauen ein und lebte teilweise mit ihnen in Lebensgemeinschaften. Seinen Partnerinnen gegenüber verhielt er sich angeblich normgerecht und sexuell nicht auffällig.

Nach anfänglichem Leugnen seiner Straftaten zeigte sich Eckert in der Folge kooperativ, aussagebereit, höflich, diszipliniert, aber auch teilweise sehr zurückhaltend. Seine Erstbefragung und seine gesamten Beschuldigtenvernehmungen wurden lückenlos per Tonbandaufzeichnung dokumentiert. Dadurch konnten der Staatsanwalt und das Gericht genau nachvollziehen, wie es zum Geständnis und den weiteren Beschuldigtenaussagen von Eckert gekommen war.

Eckert schloß nicht aus, daß er unter ähnlichen Bedingungen wieder straffällig werden könnte. Damit räumte er ein, situationsabhängig rückfällig zu werden und schwere Körperverletzung in Kauf zu nehmen. Diese Warnzeichen nahm zu diesem Zeitpunkt niemand ernsthaft zur Kenntnis. Eckert, der sich nach der Wende zu einem der gefährlichsten Serienmörder Deutschlands entwickeln würde, lebte zurückgezogen, war charakterlich nicht einfach einzuschätzen, trank aber sehr oft viel Alkohol.

Eckerts erste Taten
Würgen bis zur Bewußtlosigkeit (1987)

Am Abend des 1. August 1987 hielt sich Eckert bis gegen Mitternacht bei Andrea B. auf, die er wahrscheinlich kannte. Den Heimweg nahm er über Knielohstraße und entlang des August-Bebel-Haines. Gegen 0.30 Uhr am 2. August sah er am Trefferknotenpunkt sein späteres Opfer. Tina S., eine 25jährige junge Frau, lief ebenso wie er in landwärtiger Richtung in die Alte Reichenbacher Straße. Durch schnelles Gehen verringerte Eckert den Abstand zu ihr, wobei er während der Annäherung den Entschluß faßte, die Frau bis zur Bewußtlosigkeit zu würgen.[69]

In Höhe der Garageneinfahrt eines Grundstücks in der Alten Reichenbacher Straße erreichte er Tina S. Eckert griff ihr mit beiden Händen von hinten sofort an den Hals. Da sich die junge Frau daraufhin umdrehte, hatte er sie jetzt im beidhändigen Würgegriff von vorn, wobei beide Daumen über dem Kehlkopf lagen. Tina S. versuchte, Hilfe zu rufen und Gegenwehr zu leisten. Während des Kampfes schlug sie auf den Würger ein. Dabei kamen beide zu Fall; Eckert auf seinem Opfer, welches er mit unverminderter Kraft weiterwürgte.

Eckert bemerkte, daß das Gesicht von Tina S. schwoll und sie mit den Beinen stoßartige Bewegungen ausführte. Dann wurde die Frau bewußtlos. Als er Schritte hörte, löste der Täter den kräftigen Würgegriff. Um nicht entdeckt zu werden, öffnete er das Zufahrtstor zur Garage des Hausgrundstückes Alte Reichenbacher Straße, um sein Opfer vom Fußweg auf das Grundstück zu ziehen. Er faßte die auf dem Rücken liegende Tina S. an beiden Handgelenken und zog sie auf den Rasen, der nur

---

69 Der Beitrag fußt im Wesentlichen auf dem Schlußbericht der MUK Karl-Marx-Stadt. Leider wurde eine Akteneinsicht für die Recherche zu den jüngeren Serienmorden Eckerts durch die zuständige Staatsanwaltschaft Hof abgelehnt.

wenige Meter hinter dem Tor begann. Dann schloß er das Tor. Wieder neben dem Opfer kniend, bemerkte Eckert im Erdgeschoß des wenige Meter entfernten Mehrfamilienhauses Alte Reichenbacher Straße Personen am Fenster.

Die junge Frau begann erneut zu schreien, worauf Eckert sie weiter massiv würgte. Sie sollte wieder bewußtlos werden, damit er nicht entdeckt würde. Während des Würgens kniete er rechts neben Tina S. auf dem Erdboden und beobachtete die Umgebung. Plötzlich bemerkte er, daß ein Mann aus genanntem Wohnhaus in seine Richtung kam. Sein Opfer war mittlerweile völlig regungslos und die Zungenspitze schaute zwischen den Schneidezähnen hervor. Eckert schätzte die Zeit der beiden Würgehandlungen auf eine Dauer von drei bis vier Minuten. Da er gestellt zu werden fürchtete, flüchtete er vom Tatort und begab sich über Umwege nach Hause.

Als die junge Frau zu sich kam, fehlte ihr eine klare Vorstellung über den Ablauf des Geschehens nach dem ersten Würgen. Sie verließ das Grundstück in Richtung Reusaer Straße und wurde kurz darauf, 01.08 Uhr, von einem Funkstreifenwagen am Trefferknotenpunkt aufgenommen. Bei der Tatortuntersuchung wurden massive Schleifspuren in das Grundstück, das unverschlossene Zufahrtstor zum Grundstück und 3,5 Meter vom Tor entfernt eine frische Liegestelle im Gras festgestellt. Hier konnten auch Gegenstände des Opfers gesichert werden.

Der eingesetzte Fährtenhund arbeitete eine Fährte aus, die der Annäherung Eckerts an den Tatort entsprach. Die Personenbewegung im Erdgeschoß des Wohnhauses wurde durch Zeugen bestätigt. Sie hatten gegen 00.30 Uhr des 2. August 1987 Hilferufe gehört und um 0.50 Uhr die Volkspolizei verständigt.

Die junge Frau wurde am 2. August 1987 um 01.10 Uhr in der Frauenklinik des Bezirkskrankenhauses Plauen vorgestellt. Es fanden sich frische Würgemale am mittleren Anteil des Halses, blutunterlaufene Streifen an beiden Oberarmen und am linken Schulterblatt. An beiden Waden wurden massive Schleifspuren festgestellt. Es gab keine Hinweise auf durchgeführten Geschlechtsverkehr. Der behandelnde Arzt diagnostizierte am 3. August 1987 starke psychische Beeinträchtigung, die noch am 11. Dezember 1987 auftraten, in verminderter Form.

Das Gutachten des Bezirksinstitutes für gerichtliche Medizin Karl-Marx-Stadt vom 1. Februar 1988 bestätigte, daß als Folge des massiven Würgens eine tiefe Bewußtlosigkeit von mindestens 15 Minuten Dauer vorgeherrscht haben mußte. Es handelte sich bereits um ein fortgeschrittenes Stadium eines Erstickungsvorganges, in dem akute Lebensgefahr drohte.

Eckert handelte gem. § 6 Absatz 1 StGB vorsätzlich. Er sagte aus, daß er sich seit mehreren Jahren und zuletzt verstärkt mit dem Gedanken beschäftigt hatte, eine Frau zu würgen. Dabei sah er als Folgen schwere innere Verletzungen und einen möglichen Todeseintritt voraus. In der Nacht vom 1. zum 2. August 1987 entschloß er sich, seine Phantasien zu verwirklichen.

Als Motiv gab er an, daß er innere Befriedigung beim Gedanken »Ich bin der Stärkere«, »Ich habe die Macht« und »Ich habe es ihr gezeigt« erlangen wollte – und erlangte. Zunächst hatte Eckert ein sexuelles Motiv vorgeschoben. Allerdings verneinte er dieses später mit der Begründung, sich für das alleinige Handlungsziel »Würgen bis zur Bewußtlosigkeit« geschämt zu haben.

Nachdem Eckert sein Ziel »Bewußtlosigkeit« bereits im ersten Handlungsabschnitt erreicht hatte, beendete er seine Handlung, da sich eine Person in Hörweite bewegte. Eckert entschloß sich nach dem Verbringen des Opfers in ein sichtgeschütztes Gebiet, dieses erneut bis zur Bewußtlosigkeit zu würgen. Als für ihn sichtbare Personenbewegung entstand, nahm er an, daß durch Rufe die Geschädigte das Bewußtsein wiedererlangen würde. In diesem Augenblick setzte er alles daran, die Geschädigte an Lautäußerungen und an Bewegungen zu hindern, die ihn verraten könnten.

Eckert befand sich während der Tatausführung unter Alkoholeinfluß, den er selbst nicht als erheblich bezeichnete. Alkohol hätte lediglich Bedeutung für seine Entschlußfassung gehabt, da Hemmungen abgebaut würden. Er entschied sich demnach bewußt zur Begehung der Straftaten.

Das Handlungsziel umfaßte nur »Würgen bis zur Bewußtlosigkeit«, eine Tötungsabsicht verneinte Eckert konsequent.

Eckert fuhr in seinem mörderischen Treiben fort. Am Abend des 7. November 1987 hielt er sich bis gegen 23.10 Uhr bei seinem Freund Lutz B. auf. Seinen Heimweg nahm er über die Alte Reichenbacher Straße stadteinwärts. Gegen 23.15 Uhr sah er auf Höhe des Sportplatzes Lindentempel die 16jährige Mandy L. Sie lief auf der anderen Straßenseite entgegengesetzt zu ihm in landwärtiger Richtung. Eckert wechselte die Straßenseite und folgte dem Mädchen im Dauerlauf, worauf er den Abstand zu ihr verringerte. Bereits zu Beginn der Verfolgung faßte Eckert den Entschluß, das Mädchen bis zur Bewußtlosigkeit zu würgen. An der Einmündung Kurze Straße in die Alte Reichenbacher Straße erreichte er die ihm unbekannte Mandy L. Sie bog in die Kurze Straße ein und rutschte mit einem Fuß weg. Im gleichen Moment erhielt sie von Eckert einen Stoß in den Rücken und beide kamen zu Fall. Eckert lag seitlich hinter seinem Opfer und begann sofort, es mit der rechten Hand und – nach eigenen Angaben mit voller Kraft – von vorn zu würgen. Dabei lag sein Daumen an der linken und die Finger der rechten Hand an der rechten Halsseite und dem Kehlkopfbereich des Mädchens.

Eckert gab später an, während des zirka 30 Sekunden andauernden kräftigen Würgens Mandys Gesicht und ihre Atmung beobachtet zu haben. Er ließ von ihr ab, als sie verändert atmete. Ihren Zustand bezeichnete er als »weggetreten«. Des weiteren stellte der Täter stoßartige Beinbewegungen fest.

Eckert ließ das Mädchen liegen und flüchtete vom Tatort. Nach einer Strecke von zirka 50 Metern kehrte er um und lief zum Tatort zurück. Er wollte sich, so seine Angaben, über die herbeigeführten Folgen informieren und näherte sich dazu bis auf fünf Meter dem Opfer. Mandy L. erlangte zu diesem Zeitpunkt das Bewußtsein wieder und begann sich aufzurichten. Ihr Blick fiel auf ihre Armbanduhr. Es war 23.31 Uhr. Sie sah den in der Nähe wartenden Täter und rannte nach Hause.

Eckert fand am Tatort eine Plastedose, die das Opfer verloren hatte. Er nahm diese an sich und lief über Umwege nach Hause. Im Treppenhaus öffnete er die Dose, wobei sich ein Pulver auf der Treppe und der Kleidung des Täters verteilte.

Bei der Tatortuntersuchung durch die Kriminalpolizei wurden eine Rutschspur sowie eine frische Liegestelle im Gras am Fahrbahnrand der Einmündung Kurze Straße in die Alte Reichenbacher sichergestellt. Hier fanden die Kriminaltechniker auch eine während der Tathandlung verlorene Rosenknospe des Opfers. Eckert wurde nach der Flucht vom Tatort auf der Alten Reichenbacher Straße in Richtung Stadt laufend gesehen. Im Treppenhaus, in der Wohnung und an seiner Kleidung konnte der Doseninhalt, Wundpuder »Alugramin«, gesichert und nachgewiesen werden.

Nachdem der Vater des Opfers um 23.34 Uhr die Volkspolizei verständigt hatte, wurde Mandy L. am 8. November 1987, 00.10 Uhr in der Rettungsstelle des Bezirkskrankenhauses Plauen vorgestellt. Am 12. November 1987 wurde die Geschädigte einer Lebendbegutachtung durch das Bezirksinstitut für gerichtliche Medizin Karl-Marx-Stadt unterzogen. Die zahlreichen Befunde bewiesen ein massives Würgen. Es dominierte ein einhändiger Würgegriff, der eine Bewußtlosigkeit von mindestens fünf Minuten verursacht hatte. Für Mandy L. bestand akute Lebensgefahr.

Eckert handelte gemäß § 6 Absatz 1 StGB vorsätzlich. Aus der Straftat vom 2. August 1987 trafen die dazu vorgebrachten Motive und Ziele der Handlung auch auf die Straftat gegen Mandy L. zu. Während der Tatausführung stand Eckert unter Alkoholeinfluß, den er wiederum als nicht erheblich bezeichnete und der erneut zum Abbau von Hemmungen vor der Tatbegehung beigetragen habe. Er wollte durch das »Würgen bis zur Bewußtlosigkeit« innere Befriedigung erlangen und entschied sich bewußt zur Begehung der Straftat. Eine Tötungsabsicht verneinte Eckert damals. Ein bedingter Tötungsvorsatz konnte nicht zweifelsfrei nachgewiesen werden.[70]

Des weiteren gab Eckert in seinen Vernehmungen an, 1985 eine weitere Straftat der vorsätzlichen Körperverletzung gemäß § 115 Absatz 1 StGB begangen zu haben. Im Februar 1985 griff er eine Frau im August-Bebel-Hain, dem Verbindungsweg zwischen dem Bezirkskrankenhaus Plauen und dem VEB Brauerei Plauen, an und würgte sie sofort. Beide kamen zu Fall. Aufgrund der Gegenwehr der Frau gelang es Eckert nicht, sie bis zur Bewußtlosigkeit zu würgen. Er beendete seinen Angriff, versteckte sich in der Nähe des Tatortes und beobachtete, wie das Opfer diesen verließ. Eckert konnte diese Straftat nicht nachgewiesen werden. Es gelang weder die Geschädigte noch Zeugen zu dieser Handlung zu ermitteln.

Im Rahmen der geführten Untersuchungen durch die Kriminalpolizei gestand Eckert, daß er 1986 in zwei Fällen versucht hatte, die DDR über die ČSSR ungesetzlich zu verlassen. Er nahm aber doch davon Abstand.

70 Eckert erfüllte mit seiner Handlungsweise in objektiver und subjektiver Hinsicht den Tatbestand der schweren Körperverletzung gemäß §§ 115 Absatz 1, 116 Absatz 1 und 2 StGB. Er handelte tatmehrheitlich gemäß § 63 Absatz 1 und 2 StGB.

Darüber hinaus entwendete Eckert im Oktober 1987 während seiner Arbeitszeit im Konsument Warenhaus Plauen Reinigungsmittel im Wert von 62,35 Mark. Bei der Durchsuchung seiner Wohnung wurde dieses Diebesgut in seinem Keller sichergestellt. Somit hatte er den Tatbestand des Diebstahls sozialistischen Eigentums erfüllt.

Der Vorgang Eckert wurde an den Staatsanwalt des Bezirkes Karl-Marx-Stadt zur weiteren Entscheidung und Anklageerhebung übergeben. Der damalige Staatsanwalt ging davon aus, daß Eckert den Tatbestand des versuchten Mordes gemäß § 112 Absatz 1 und 3 StGB erfüllt hatte. Er vernahm ihn nochmals vor der Anklageerhebung. In der Folge der Gerichtsverhandlung wurde Eckert am 29. Juli 1988 am Bezirksgericht Karl-Marx-Stadt, 3. Strafsenat, angeklagt. Das Gericht folgte der Anklageerhebung des Staatsanwalts. Eckert wurde zu zwölf Jahren Haft rechtskräftig verurteilt.

Auszüge aus der staatsanwaltschaftlichen Vernehmung und dem Urteil zeigen, warum Eckert wegen versuchten Mordes in zwei Fällen verurteilt wurde.

In der Verfügung des Staatsanwalts des Bezirkes Karl-Marx-Stadt vom 15. Juni 1988 wurde das am 10. November 1987 gegen Volker Eckert eingeleitete und am 27. November 1987 erweiterte Ermittlungsverfahren hinsichtlich der Handlungen gegenüber der Geschädigten Tina S. vom 2. August 1987 und Mandy L. vom 7. November 1987 auf den Tatbestand des mehrfachen versuchten Mordes – Verbrechen gemäß §§ 112 (1), (3); 63 (2) StGB umklassifiziert: »Ausweislich der vorliegenden gerichtsmedizinischen und neurologisch-psychiatrischen Gutachten, den Aussagen der Geschädigten und der eigenen Einlassungen des Beschuldigten ergibt sich hinsichtlich beider Handlungen, daß der Beschuldigte die Geschädigten massiv bis zur Bewußtlosigkeit würgte, wodurch akute Lebensgefahr eintrat, um sich sexuell abzureagieren (abortiver Sexualangriff). Sein intensives Vorgehen läßt erkennen, daß er sich bei der Tat auch mit dem Eintritt des Todes beider Geschädigten als naheliegende Folge bewußt abfand. Das Ermittlungsverfahren wegen Verdachts des Diebstahls Sozialistischen Eigentums wird gemäß § 148 (1), Ziffer 2 StPO endgültig eingestellt.«

Aus der Beschuldigtenvernehmung des Gebäudereinigers Volker Eckert v. 29. Juli 1988, UHA Karl-Marx-Stadt

In der Untersuchungshaftanstalt Karl-Marx-Stadt aufgesucht wurde der Gebäudereiniger Eckert, Volker, geboren am 01.07. 1959 (weitere Personalien bekannt).

»Ich habe zur Kenntnis genommen, daß das am 10.11.1987 gegen mich eingeleitete und am 27.11.1987 erweiterte Ermittlungsverfahren hinsichtlich der Handlungen gegenüber der Geschädigten S., Tina, vom 2.7.87 und L., Mandy, vom 7.11.87 auf den Tatbestand des mehrfachen versuchten Mordes – Verbrechen gemäß §§ 112 Abs. 1 und 3, 63 Abs. 2 StGB umklassifiziert wurde. Außerdem habe ich zur Kenntnis genommen, daß das Ermittlungsverfahren wegen des Verdachts des Diebstahl von sozialistischen Eigentums (Reinigungsmittel) gemäß § 148 Absatz 1, Ziffer 2 StPO endgültig eingestellt wurde.«

Warum haben Sie am 2. 8. 87 die Tina S. zweimal und am 07.11.87 die Mandy L. einmal bis zur Bewußtlosigkeit gewürgt?

Ich habe seit vielen Jahren so einen zwingenden Gedanken, würgen zu müssen. Anfangs war er geringfügig. Im Laufe der Jahre ist es schlimmer geworden. Bis Anfang 87 zur ersten Straftat. Ich habe keine Erklärung dafür.

Was wollten Sie durch das Würgen bei den Geschädigten erreichen?

Es ging mir ums Würgen. Erreichen wollte ich eigentlich nichts.

Konnte durch das Würgen auch der Tod der Geschädigten S. und L. eintreten?

Durch Würgen kann immer der Tod eintreten, das ist jedem Kind bewußt. Das wollte ich aber nicht.

Wollten Sie im Herbst 1986 über die ČSSR in die BRD illegal einreisen?

Ja, das wollte ich. Ich verstehe nicht, warum die Sachen auf Mordversuch erhöht werden, da ich nie einen Mord angestrebt hatte.

Die Anklageschrift des Staatsanwaltes ging am 29. Juli 1988 beim Bezirksgericht Karl-Marx-Stadt ein. Der Staatsanwalt ging davon aus, daß aus seiner Sicht die Voraussetzungen des Mordversuches gemäß § 112 Abs. 1 und 3 StGB aufgrund der objektiven Tatbegehung, der Aussagen der beiden Geschädigten, weiterer Zeugenvernehmungen, der Spuren an den Tatorten, der Gutachten der Gerichtsmedizin, seiner eigenen Einlassungen und des forensisch-psychiatrischen Gutachtens gegeben waren. Aus diesen Gründen wurde Eckert vom Staatsanwalt Karl-Marx-Stadt angeklagt.

Zur zweifelsfreien Klärung der Frage, ob bei Eckert Voraussetzungen für die Anwendung der §§ 15 und 16 StGB vorliegen, wurde durch die Arbeitsgruppe für forensische-psychiatrische Begutachtung im Organ Strafvollzug Waldheim ein psychiatrisches Gutachten über den Geisteszustand des Beschuldigten erstattet. Die Untersuchungen ergaben, daß Eckert strafrechtlich voll verantwortlich war.

In der Anklageschrift des Staatsanwaltes fanden sich die wesentlichen kriminalistischen Ergebnisse der MUK Karl-Marx-Stadt wieder. Nur in der strafrechtlichen Auffassung, ob es versuchter Mord oder schwere Körperverletzung war, wertete der Staatsanwalt die objektiven und subjektiven Ermittlungsergebnisse als versuchten Mord. So baute er auch seine Anklageerhebung auf.

Das Gericht folgte im wesentlichen der Anklageerhebung des Staatsanwaltes. Eckerts Opfer litten noch lange an ihren traumatischen Erlebnissen.

Eckerts Freilassung
Der Beginn seiner Mordserie

Obwohl Eckert am 5. September 1988 zu 12 Jahren Haft verurteilt wurde, verbüßte er diese Strafe nur bis zum Jahre 1994. Nach sechs Jahren wurde er aus dem Vollzug entlassen. Die Reststrafe wurde auf fünf Jahre Bewährung ausgesetzt.

Doch warum entließ man ihn? Man ging offensichtlich davon aus, Eckert sei resozialisiert, er habe aus seinen Straftaten die richtigen Lehren gezogen. Ein fataler Irrtum. Nach seiner Haftentlassung und dem Ablauf seiner Bewährungszeit am 30. September 1999 begann er eine intensive Mordserie. Ob er bereits während seiner Bewährungszeit Straftaten begangen hat, ist bisher nicht bekannt.

Eckert hat in der DDR bis 1988 vier schwere Straftaten begangen:

1. Ermordung einer 14jährigen Mitschülerin 1974 in Plauen. Der als Suizid getarnte Mord wurde nicht als Mord erkannt. Eckert gab nach seiner Festnahme im November 2006 diesen Mord zu.

2. Vergewaltigung einer 16jährigen Jugendlichen 1975 nach einer Diskoveranstaltung. Tatbegehung: massives Würgen bis zur Bewußtlosigkeit, anschließend Vornahme sexueller Handlungen. Urteil: Zwei Jahre und acht Monate Haft.
3. 2. August 1987 erster versuchter Mord an Tina S.
4. 7. November 1987 zweiter versuchter Mord an Mandy L.

Mit großer Wahrscheinlichkeit gingen noch eine Vielzahl von versuchten Vergewaltigungen und Angriffen gegen Frauen (Würgen) in Plauen auf Eckerts Konto. Dieser unbekannte Status ist jetzt nicht mehr objektiv zu recherchieren. Eckerts Serie von schweren Straftaten in der DDR sollte sich in der BRD fortsetzen.

In der Münchner Abendzeitung (AZ enthüllt) erschien am 20. Juli 2017 von Helmut Reister der Artikel: »Aus dem Tagebuch eines Serienmörders«.

Als Eckert nach seiner Haftentlassung 1994 nach Hof umzog, nahm er die Arbeit als Kraftfahrer auf und nutzte seine Fernfahrertätigkeit dazu, Prostituierte zu quälen, zu vergewaltigen und zu töten. Sein Tagebuch spiegelt die gesamte Tragweite wider: den Haß auf Frauen und vor allem sein brutales, perverses und sadistisches Handeln.

Aus dem Tagebuch des Serienmörders Volker Eckert

»Ich fing an, schöne, langhaarige Frauen zu hassen. In meiner Phantasie legte ich meine Hände um diese Frauenhälse und drückte ihnen die Kehle zu [...]. Als ich 14 war, beschloß ich, eine von ihnen mit bloßen Händen zu erwürgen und in ihrem Haar zu wühlen. Ich mußte mich endlich wehren gegen diese Huren, die mich ständig geil machten. [...] Ich begann die

Geeignete auszusuchen. Sylvia sollte es sein. Sie hatte schulterlange, dunkelblonde, weiche Haare und schöne Brüste. [...] Sie wich zwei Meter zurück, bis ich sie an den Kachelofen drückte. Unsere Gesichter waren nur wenige Zentimeter voneinander entfernt. Sie starrte mich ungläubig an und ich fühlte zum ersten Mal diese geile Macht über Leben und Tod. Ich ließ ihren Hals los, meine Hände schmerzten. Würgen ist harte Arbeit. Aber sie atmete noch. Ich suchte nach einem Mordinstrument, denn meine Hände taten mir so weh. Würgen ging nicht mehr. Hinter einem Vorhang entdeckte ich eine Wäscheleine. Sofort knotete ich eine Schlinge und legte sie Sylvia um den Hals. Dann zog ich fest zu und hob ihren Körper so hoch wie möglich. Es dauerte fast 15 Minuten, bis ich keinen Herzschlag mehr hörte. Sie war tot. Ich verließ die Wohnung [...]. Wieder zu Hause hatte ich ein unglaubliches Glücksgefühl. [...] Das bestärkte mich, mein nächstes Opfer zu suchen. [...] Unter Brücken oder in einsamen Parks lauerte ich ihnen auf. Es waren etwa 30 Frauen und Mädchen, die ich in dieser Zeit bewußtlos gewürgt habe. [...] Nach sieben Jahren wieder in der Freiheit schwor ich mir, daß keines meiner nächsten Opfer mehr weiterleben würde. Mein Haß wurde größer.«

Eckerts Morde, die er gestand:

1. 7. Mai 1974: eine 14jährige Mitschülerin in Plauen (DDR)
Der Tod der Mitschülerin wurde in der damaligen DDR als Selbstmord angesehen. Unterlagen der polizeilichen Ermittlungen sind nicht mehr vorhanden. Die räumlichen Gegebenheiten des Tatortes, die Auffindesituation von Sylvia Unterdörfel wie auch deren Verletzungen nach der schriftlichen Todesanzeige vom 10.05.1974 deckten sich mit den Schilde-

rungen Eckerts. Zudem wird das Opfer in den persönlichen Aufzeichnungen des Täters erwähnt.

2. 25. Juni 2001: Ermordung von Sandra Osifo, einer kenianischen Prostituierten nahe Chermignac bei Bordeaux (Frankreich)
Sandra Osifo wurde am 25. Juni 2001 gegen 08.30 Uhr von einem Verkehrspolizisten tot aufgefunden. Der von dem Angeschuldigten genannte Ablageort entsprach dem Auffinden der Toten. Das Opfer wurde stranguliert. Nach dem erstellten Bewegungsbild befand sich der Angeschuldigte in der Nähe von Tat- und Auffindeort. Auch Sandra wurde in den persönlichen Aufzeichnungen des Täters erwähnt.

3. Anfang November 2001: Ermordung von Isabel Beatrix Díaz Muñoz, einer 24jährigen Prostituierten in Maçanet de la Selva (Spanien)
Der Leichnam der Getöteten wurde am 9. November 2001 im Zustand fortgeschrittener Verwesung aufgefunden. Aufgrund des Zustandes der Leichenreste (Tierfraß) konnten keine Verletzungen durch äußere Gewalt mehr festgestellt werden. Der von Eckert genannte Ablageort entsprach dem Auffindeort der Toten. Nach dem erstellten Bewegungsbild befand sich Eckert in der Nähe von Tat- und Auffindeort. Eckert schilderte die Tat auch in seinen persönlichen Aufzeichnungen. Die mitgenommen Haare und Kleidungsstücke will Eckert später weggeworfen haben.

4. Eine namentlich noch nicht bekannte Tote. Das Opfer wurde am 1. März 2005 gegen 16.50 Uhr tot aufgefunden. Der von Eckert genannte Ablageort entsprach dem Auffindeort der Toten. Das Opfer wurde nach dem Obduktionsbericht des Hospital Clinic Barcelona stranguliert.

Im Führerhaus des von ihm geführten Lkw wurden Polaroidfotos von der Getöteten und in Eckerts Wohnung ein Kleidungsstück und die Perücke der Getöteten aufgefunden. Auch dieses Opfer wurde in den persönlichen Aufzeichnungen Eckerts erwähnt.

5. Ermordung von Agnieszka Bos
Agnieszka Bos wurde am 10. November 2006 aufgefunden. Französische Rechtsmediziner stellten Tod an Asphyxie (Atemstillstand) als Folge von Strangulation fest. Nach dem erstellten Bewegungsbild befand sich Eckert in der Nähe von Tat- und Auffindeort. Im Führerhaus des von ihm geführten Lkw wurden Polaroids der Getöteten aufgefunden, die sie zusammen mit ihrem Mörder zeigen, versehen mit Kommentaren Eckerts. Von diesen Fotos hat Eckert zudem Ablichtungen mittels seines Mobiltelefons gemacht, die dort noch gespeichert waren. Zudem fand sich im Führerhaus ein Haarbüschel der Getöteten. Kleidungsstücke und ein Wohnungsschlüssel der Getöteten wurden in Eckerts Wohnung sichergestellt. Die Angaben Eckerts zum Ablageort stimmten mit den tatsächlichen Örtlichkeiten überein.

6. Ermordung von Migiena Petrova Rahim
Der Körper von Migiena Petrova Rahim wurde am 3. November 2006 aufgefunden. Nach der Feststellung der spanischen Rechtsmedizin verstarb sie an Hypoxie (Mangelversorgung des Gewebes mit Sauerstoff) in Folge von Gewalt gegen den Hals, in diesem Fall mechanisches Ersticken durch Strangulation mit einem Seil. In unmittelbarer Nähe des Auffindeortes befand sich das Betriebsgelände der Firma FR Logistic. Dort wurde Eckerts Sattelzug von einer Überwachungskamera fotografiert. Im Fahrerhaus wurden sowohl die Strangulations- und Fesselwerkzeuge Eckerts als auch Polaroids der Getöteten,

die sie zusammen mit Eckert zeigen, mit Kommentaren des Mörders aufgefunden. Die Bilder wurden am 2. November 2006 zwischen 11.36 Uhr und 12.14 Uhr gefertigt. Zudem fand man zwei Haarbüschel der Getöteten im Lkw. Die Angaben Eckerts zum Ablageort stimmten mit tatsächlichen Örtlichkeiten überein.

Zur Schuldfähigkeit und Prognose Eckerts

Nach dem Gutachten eines Sachverständigen vom 7. März 2007 lag bei Eckert aus klinisch-psychiatrischer Sicht eine Persönlichkeitsstörung mit vorwiegend schizoiden Persönlichkeitsanteilen vor. Darüber hinaus bestand sexuelle Paraphilie im Sinne eines Fetischismus und eines Sadismus, die so ausgeprägt waren, daß sie aus psychiatrischer Sicht einer schweren anderen seelischen Abartigkeit zuzuordnen seien. Diese Störung habe in Bezug auf die sexuellen Übergriffe mit Würgen und Wühlen in den Haaren zur Erlangung des Fetisch nach forensisch-psychiatrischen Konventionen zu einer erheblichen verminderten Steuerungsfähigkeit geführt, so daß aus dieser Sicht die Voraussetzung für die Anwendung des § 21 StGB vorliegen würden. In Bezug auf die Tötungshandlungen seien diese Voraussetzungen nicht erfüllt. Insbesondere sei die Tötung der Opfer in das Ritual, das der Angeschuldigte für sich zur Befriedigung seiner fetischistischen/sadistischen Triebe aufgebaut hatte, noch nicht integriert. Aus diesem Grund würde eine verminderte Schuldfähigkeit hinsichtlich der Tötungshandlungen, insbesondere da diese derzeit überwiegend als Verdeckung der vorhergehenden Taten anzusehen seien, nicht vorliegen.

Zur Prognose des Angeschuldigten hat der Sachverständige ausgeführt, daß das Rückfallrisiko zum jetzigen Zeitpunkt deutlich höher angesehen werden müsse, als es sonst bei Mördern und Totschlägern bestehe, selbst wenn es sich um Wiederholungstäter handle. Insbesondere sexueller Sadismus zählt zu den größten Risikofaktoren in Bezug auf eine Rückfalldelinquenz. Aus psychiatrischer Sicht lagen daher bei Eckert die Voraussetzungen für eine Unterbringung im sicheren Maßregelvollzug vor.«

Da sich Eckert in der Zelle strangulierte, konnte kein Prozeß gegen ihn geführt werden. Somit bleiben seine weiteren, wohl zahlreichen Morde an Frauen ungeklärt.

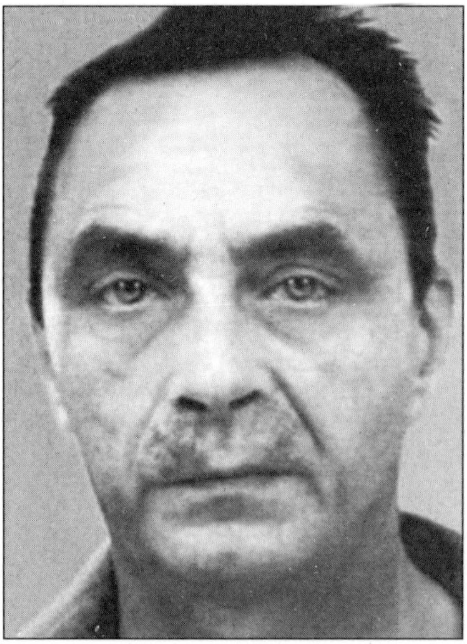

Serienmörder Volker Eckert.

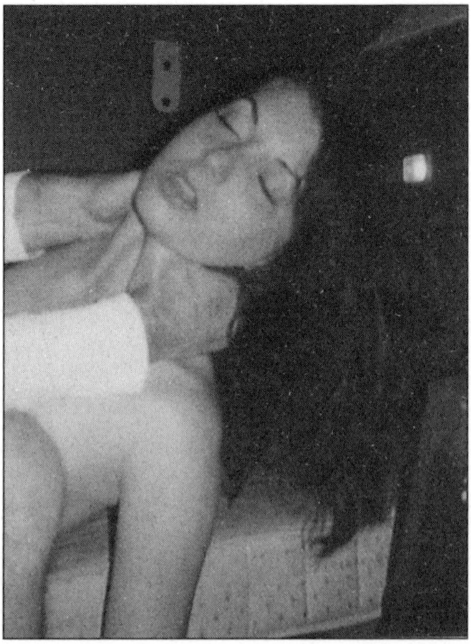

Würgevorgang von Eckert festgehalten.

Eckerts Lastzug.

Weibliche Leiche in Spanien.

Fesselstricke, gesichert in Eckerts Lkw.

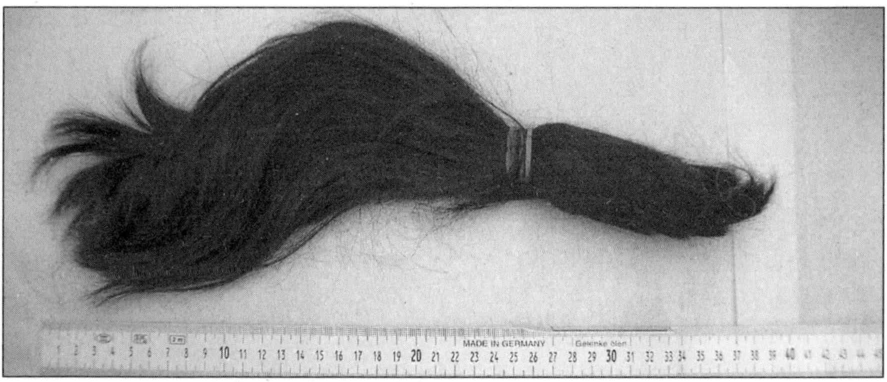

Abgeschnittener Zopf eines weiblichen Opfers.

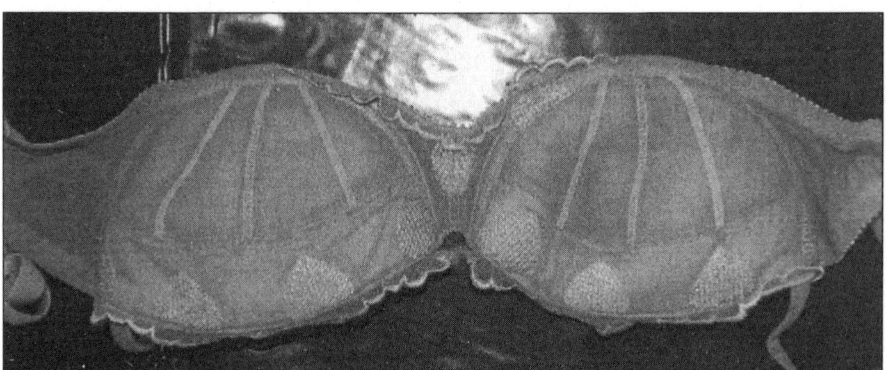

Oberbekleidung, BH von einem weiblichen Opfer.

11

SABINE HILSCHENZ
DIE NEUNFACHE BABYMÖRDERIN VON FRANKFURT/ODER

(DDR, 1988/BRD, Mordserie 1992–1998/ Verurteilung 2005/Haft bis 2015)

Sabine Hilschenz begann ihre Tötungsverbrechen bereits 1988 in der DDR und wurde wendeübergreifend zur Serienmörderin.

Ein schockierender Fund: neun Babyköpfe

Am 31. Juli 2005 wurde der Kriminalpolizei Frankfurt/Oder der Fund eines toten Säuglings auf einem Grundstück in Finkenheerd, wenige Kilometer von Frankfurt/Oder entfernt, gemeldet. Im Rahmen der Tatortarbeit wurde zunächst eine unbekannte Anzahl Überreste toter Säuglinge aufgefunden. Die Anzeigenerstatter erklärten, daß das Gefäß, in dem sich die Überreste menschlicher Knochen befanden, einer Sabine Hilschenz aus Frankfurt/Oder gehöre. Die Erstmeldung beinhaltete den Fund von Überresten eines Säuglings. Der Bereitschaftsdienst der MUK und der spezielle Tatortdienst, zuständig für die Tatortarbeit bei schwerer Kriminalität, kamen zum Einsatz.

Im Rahmen der Tatortarbeit wurden weitere Überreste von Säuglingen aufgefunden. Die MUK Frankfurt/Oder kam unter Leitung des Ersten Kriminalhauptkommissars Jürgen Sommer zum Einsatz. Er leitete und koordinierte die weiteren Untersuchungen. Jürgen Sommer meldete nach umfangreicher

Tatortuntersuchung, daß es sich wahrscheinlich um neun getötete Säuglinge handle, denn gefunden wurden neun kleine Köpfe.[71]

Auszüge aus dem operativen Einsatzprotokoll vom 31. Juli 2005

Meldung: Einsatzort: Bahnhofstraße, Brieskow-Finkenheerd, Meldezeit: 31. Juli 2005, 13.41 Uhr, Anrufer Herr K.

Bemerkungen: Sabine H. (Tante des Anrufers) hat vor zwei Jahren ein Aquarium mit Sand in einer noch nicht fertiggestellten Garage abgestellt, sie wurde mehrfach aufgefordert, es wegzuräumen, da sie es bis heute immer noch nicht tat, wollte der Anrufer das Aquarium selbst entsorgen. Es befinden sich menschliche Überreste darin, die aller Wahrscheinlichkeit von einem Kind stammen könnten.

13.51 Uhr Aquarium 45 x 30 x 20 hoch, vollständig mit Sand gefüllt, darin zwei Tüten, in der die Überreste gefunden wurden. Anrufer hat alles so belassen, sofort die Polizei informiert. Die H. ist ca. 40 Jahre alt. Anrufer bittet, NICHT mit Blaulicht auf dem Hof zu erscheinen.
14.07 Uhr K-Dienst wurde telefonisch vorinformiert.
14.18 Uhr SV [Sachverhalt] hat sich bestätigt – handelt sich um menschliche Überreste – können von einem Neugeborenen stammen – es sind einzelne Teile vom Schädel (Weichmasse) und Gesichtsteile mit Augapfel vorhanden. Auffindeort wurde abgesperrt.

---

71 Mit toten Babys auf Balkon gesessen. In: Der Oderland Spiegel v. 6./7. August 2005, S. 3.

14.20 Uhr K-Dienst telefonisch verständigt. Befindet sich derzeitig mit KT [Kriminaltechnik] noch im Bereich Beeskow, fährt zum Einsatzort.
14.25 Uhr über Draht vor Ort mit Schwester gesprochen – die H. war vor 15 Jahren schwanger – sie ging mit Babybauch weg und kam nächsten Tag gertenschlank wieder – in dem Aquarium befand sich Blumenerde – die H. hat ausdrücklich darauf bestanden, daß diese Blumenerde nicht ausgekippt wird – denn sie soll später mal in den Garten gebracht werden.
14.39 Uhr am Schädel befinden sich noch Haare.
14.49 Uhr Personalien der TV [Tatverdächtigten] H. Sabine geb. K. 26.08.1965 in FFO [Frankfurt/Oder], letzte bekannte Anschrift: FFO, Lennestraße.
15.10 Uhr Frau H. an ihrer Wohnanschrift angetroffen und wird zur PW [Polizeiwache] Frankfurt verbracht.
15.15 Uhr Fustk trifft mit Frau H. in der PW FF ein,
Herr Sommer, 1. KHK [1. Kriminalhauptkommissar], fährt zum EO/TO [Einsatzort/Tatort].
16.09 Uhr Hr. Sommer: nach erster Inaugenscheinnahme SV [Strafverdacht] bestätigt; Info an den StA [Staatsanwalt] zum SV.
16.12 Uhr Maßnahme Verständigung StA durchgeführt.
16.52 Uhr RM [Rechtsmedizin] ist beauftragt zur Beschlagnahme.
17.04 Uhr Frau H. wurde zu den Leichenteilen befragt, dazu verweigerte sie die Aussage. Frau H. wurde vorläufig festgenommen, wegen Verdachts eines Tötungsdeliktes.
17.04 Uhr Festnahmeanzeige wird durch K-Dienst gefertigt.
17.52 Uhr mit der Frau H. zur Rettungsstelle zwecks Gewahrsamstauglichkeit.
18.08 Uhr Herr Sommer vom 1. K meldet sich (telefonisch) – SV hat sich bestätigt, es werden zwei oder sogar drei Reste von

Neugeborenen vermutet mit unterschiedl. Liegezeit, Dr. Voß als Rechtsmediziner ist am TO, StA ist informiert
18.20 Uhr Gewahrsamstauglichkeit von Sabine H. gegeben
19.12 Uhr Verdacht, es könnte sich ggf. um 9 Neugeborenen-Reste handeln

In der Folge der kriminalpolizeilichen und rechtsmedizinischen Untersuchungen bestätigte sich, daß Leichenteile von neun Säuglingen gefunden worden. Erst als man sich nach dem Ersten Angriff sicher war, daß es sich um eine Straftat ungeheuerlichen Ausmaßes handelte, wurden die Medien informiert. Um das Haus der Täterin scharten sich die Medienvertreter. Der Verdacht eines Tötungsverbrechens hatte sich erhärtet, doch ein solches war einmalig in der deutschen Kriminalgeschichte.

Zur Person der Mörderin

Glaubt man dem »Spiegel«, war Sabine Hilschenz ein Wunschkind, ein Nesthäkchen, wie eine Nachbarin aus Brieskow-Finkenheerd berichtet. Ihre Eltern hatten schon zwei ältere Töchter. Die Mutter war Hausfrau, der Vater ein Eisenbahner, er starb 2003. Sabine war klug, hübsch, schüchtern. Jungs und Diskos mied sie. Ihre schulischen Leistungen waren sehr gut. Mit 17 Jahren zog sie nach Eisenhüttenstadt und begann eine Ausbildung als Zahnarzthelferin. Ein Jahr später verliebte sie sich in Oliver Hilschenz, von dem sie schwanger wurde. Im Juni 1984 kam ein Mädchen zur Welt. Ihr Mann wollte in der Folgezeit keine weiteren Kinder mehr.

In der Familie häuften sich die Streitigkeiten, hauptsächlich zum Thema Verhütung. Die junge Frau nahm die Pille, vergaß sie aber auch. Zwei weitere Kinder folgten. Beim dritten Kind eröffnete sie ihrem Mann die Schwangerschaft erst mit dem 6. Monat. Für eine Abtreibung war es längst zu spät.[72]

Paare hätten in der DDR problemlos verhüten und Frauen die Schwangerschaft unterbrechen können. Die Antibabypille gab es kostenfrei und Kondomautomaten waren weit verbreitet. In der DDR gab es mehrere Möglichkeiten einer Schwangerschaftsverhütung. Am 9. März 1972 beschloß die Volkskammer der DDR das Gesetz »über die Unterbrechung der Schwangerschaft«. Nach diesem neuen Gesetz erhielten Frauen das Recht, innerhalb von zwölf Wochen nach dem Beginn der Schwangerschaft über den Abbruch eigenverantwortlich zu entscheiden. Für den beteiligten Arzt bestand gemäß Gesetz die Pflicht zur Beratung der Schwangeren über die medizinische Bedeutung des Eingriffs und über die zukünftige Anwendung schwangerschaftsverhütender Methoden und Mittel. Die mit dem Gesetz geschaffene Rechtsgrundlage in der DDR, mit der erstmals in der deutschen Rechtsgeschichte für den Schwangerschaftsabbruch eine Fristenregelung in Kraft trat, beeinflußte in der Folgezeit auch die Debatte über die Novellierung des § 218 StGB und die daraus resultierenden Gesetzesinitiativen in der Bundesrepublik Deutschland sowie die Neuregulierung des § 218 StGB nach der deutschen Wiedervereinigung.

Psychogramm einer Mörderin

Der Anblick des ersten toten Kindes habe Sabine Hilschenz »nicht aufgerüttelt«. Sie vertuschte ihre acht weiteren Schwangerschaften strategisch und raffiniert und entwickelte dabei »beinahe Routine«. Die Säuglinge mußten sterben, weil sie glaubte, nur so ihre erste Tat aus dem Jahr 1988 verdecken zu

72 Das Schweigen der Mutter. In: Spiegel v. 2006.

können – ein Mordmerkmal. Der Vorwurf der Anklage lautete demnach einmal Totschlag, achtmal Mord. Das Landgericht Frankfurt/Oder ließ die Anklage zu, mit zwei gravierenden Änderungen: Die erste Kindestötung, für die der damalige DDR-Strafrahmen eine Strafe bis zu zehn Jahren vorsah, war inzwischen verjährt. Für die acht folgenden Taten war das Mordmotiv nicht erkennbar. Vielmehr hatte Sabine Hilschenz Angst, durch die Geburt weiterer Kinder ihren Ehemann zu verlieren und der zunehmenden Verantwortung nicht gewachsen zu sein. Daraus begründete sich nur der Verdacht des achtfachen Totschlages.

Sabine Hilschenz wollte sich nur an die ersten beiden heimlichen Entbindungen erinnern. Die erste Entbindung, im Spätsommer 1988, sei eine Sturzgeburt im Bad gewesen. Sie gab gegenüber den Vernehmern an, sie sei auf der Toilette bewußtlos zusammengebrochen. Als sie wieder aufgewacht sei, habe das Baby in der Kloschüssel gesteckt, mit blau angelaufenem Kopf und Schaum vor dem Mund.

Im Mai 1992 starb das zweite Baby. Sabine Hilschenz absolvierte ein Fortbildungsseminar in Goslar und gebar das Kind unbemerkt in einer Pension. Sie deckte den wimmernden Säugling in Tötungsabsicht mit einer Steppdecke ab, was Sabine Hilschenz bestritt. Am nächsten Tag fuhr sie mit einer Kollegin zurück. Im Kofferraum lag ihre Tasche, darin die Leiche des toten Babys.

Die Tötung dieses Neugeborenen durch die Kindesmutter zeigt auf, wie geplant sie bei der Geburt, der Tötung und des Verbringens der Kinderleiche vorging. Sie mußte ihre Kinder immer in ihrer Nähe haben, auch wenn sie tot waren. Deshalb nahm sie es mit nach Hause.[73] Auf dem Balkon war sie ihren Kindern, die sie neun Monate ausgetragen, geboren und getötet hatte, nah, denn sie begrub die Säuglinge hauptsächlich in Blumenkästen, die nunmehr ihren Balkon zierten.

Von Anfang 1993 bis Ende 1998, in nur sechs Jahren, entband sie weitere sieben Male. Der Polizei gegenüber sagte sie aus, sich überhaupt nicht entsinnen zu können, sie sei jedes Mal stark betrunken gewesen. Die Anzahl der Entbindungen bestritt sie nicht. Die Ermittler gingen davon aus, daß diese sieben Babys unversorgt verdurstet oder in Plastiktüten erstickt sind.

Doch warum bemerkte das mittelbare und unmittelbare Umfeld nichts von diesen Schwangerschaften? Erfahrungsgemäß schöpft das familiäre und kollegiale Umfeld Verdacht. Aber die Ausreden der Täterin werden so plausibel dargestellt, daß involvierte Personen in der konkreten Situation glauben, daß alles rechtens sei. Männer ergeben sich in solchen Situationen leichter dem Glauben, die Frau sei nicht schwanger: Als ihr Ehemann einmal verwundert war, da ihm seine Frau etwas »füllig« erschien, verneinte sie die Schwangerschaft vehement. Als Schutzbehauptung gab sie an, ihre Mutter sei auch so veranlagt. Ihr schwankendes Gewicht erklärte sie mit unterschiedlichen Gesundheitsproblemen, wie Wassereinlagen oder Zysten. Zudem kaschierte sie die Gewichtszunahmen mit weiten Kleidungsstücken.

---

73 So befremdlich und unerklärbar das erscheint: Babymörderinnen verbringen ihre Opfer – ihre Kinder, ihre Neugeborenen – meist in der unmittelbaren Nähe ihres Wohn- oder Tatortbereiches. Sie fühlen sich nach wie vor emotional mit ihren Neugeborenen verbunden. Der Fall Hilschenz zeigt das besonders deutlich.

Stephan Harbort zum Fall Hilschenz

»Von den äußeren Umständen wesentlich mitbestimmt und begünstigt werden auch Serienverbrechen, die uns nicht nur besonders verwerflich, sondern überdies vollkommen unverständlich erscheinen – die Tötung von Neugeborenen. Diese Vorstellung, daß auch Mütter hochgefährlich sein können, widerspricht unserem Lebensinteresse, unserer Lebenserfahrung.«[74]

Der Neonatizid (Neugeborenentötung) wird meist von Frauen begangen, bei denen eine erhebliche Persönlichkeitsproblematik besteht, etwa fehlende Reife oder mangelnde Bewältigungsmechanismen. Die Schwangerschaft wird geheim gehalten, aber auch vor sich selbst geleugnet. Die Mütter kommen aus allen sozialen Schichten, haben aber eins gemein: sie fühlen sich mit der Schwangerschaft alleingelassen. Die spätere Tötungshandlung ist eingebettet in eine extreme Streßsituation, denn die meisten Täterinnen werden infolge der vollkommen verdrängten Schwangerschaft nach der Geburt regelrecht überrascht. »Und weil es keine Schwangerschaft geben darf, können sich keine Muttergefühle entwickeln, der Säugling wird konsequent abgelehnt – mit tödlichen Folgen. Die Ursachen für derart schauderhafte Verbrechen sind nicht nur in einer Pathologie der Täterinnen zu suchen. Erst das Zusammentreffen mehrerer Faktoren kann ein solches Drama in Gang setzen. Beachtlich erscheinen insbesondere die sozialen Bezüge, in denen die werdenden Mütter leben und töten. Schließlich muß der Krisenfall Schwangerschaft gerade vor dem sozialen Umfeld verheimlicht werden. Auch hier wird eine Rahmenbedingung gesetzt, ohne die solche Verbrechen gar nicht passieren können.«

74 Stephan Harbort: Aufdeckungsbarrieren bei Serienmorden, 2007, S. 10.

Die Entdeckung des ersten toten Babys

Am 31. Juli 2005, nachmittags, kippte der Neffe von Sabine Hilschenz das Aquarium aus. Im Aquarium lag ein blauer Müllsack mit einer mehr als merkwürdigen Masse darin. Der Rechtsmediziner erkannte sofort, daß es sich bei dem Haufen um menschliche Reste handelte. 40 Ermittler waren im Einsatz zur Suche und Sicherung weiterer Spuren am Fundort und in der Umgebung des Grundstücks der Familie. Kriminaltechniker leerten eine Plastewanne, einen Kochtopf, mehrere Eimer, die Kübel standen übereinander, in manchen war nur Sand. In den Eimern fand man kleine, verformte Knochen, weil die Schädelplatten noch nicht zusammengewachsen waren, als die Erde auf sie fiel. Des weiteren wurden Puppenteller, Klopapier, Handtücher, eine leere Packung für WC-Einhänge, Damenbinden, eine Schraube, acht Kronkorken und wahllose Grabbeigaben gefunden.

Bei einem Baby fanden sich noch Nabelschnur und Nachgeburt, konserviert durch das Fettwachs. Bedingt durch die Folientüten verwandelte sich das Körperfett in eine laugenähnliche Substanz, die den Leichnam umgab. Nachdem die Polizisten die Überreste zurück in die Gefäße gefüllt hatten, wurden die Leichen nach dem Brandenburgischen Bestattungsgesetz »in Fahrzeugen befördert, [...] die ausschließlich für den Transport von Särgen und Urnen bestimmt sind«. Die Behälter kamen in die Rechtsmedizin und wurden am 1. August untersucht und durchnummeriert. DNA-Proben zur Geschlechtsbestimmung und für den Vaterschaftstest ergaben als Opfer zwei Jungen und sieben Mädchen. Vater in allen Fällen war Oliver H. Alle Kinder waren voll ausgetragen worden.

Prozeß und Urteil

Sabine Hilschenz schwieg auf Anraten ihres Anwaltes während des Verfahrens. Das Urteil vom Landgericht Frankfurt/Oder erging in Juni 2006: 15 Jahre Haft wegen Totschlags in acht Fällen. Der Fall von 1988 ist nach DDR-Recht verjährt. Sabine Hilschenz ging in Revision. Der Bundesgerichtshof bestätigte das Urteil im April 2007, verlangte aber eine erneute Überprüfung der Schuldfähigkeit der Mutter. Das erste Urteil habe ihre Alkoholsucht und Persönlichkeitsstörungen nicht ausreichend berücksichtigt.

Im zweiten Prozeß, 2006, belastete Sabine Hilschenz ihren Ex-Mann. Sie gab an, er habe um das Jahr 2000 im Streit gesagt: »Glaub nicht, daß ich nicht gewußt habe, daß du schwanger warst.«

Der Staatsanwalt nahm daraufhin Ermittlungen gegen den Ex-Mann auf, stellte sie aber Ende Mai ergebnislos ein. Vor Gericht berief er sich, gleich den drei großen Kindern des Paares, auf sein Zeugenverweigerungsrecht. Das zweite Verfahren bestätigte das Strafmaß. Ein Gutachten bescheinigte Sabine Hilschenz volle Schuldfähigkeit, weil sie in der Geburtsphase und nach der Tat, »stets sinnvoll und situationsgerecht« handeln konnte. Im Vollrausch wäre das nicht möglich gewesen, jedenfalls nicht allein.[75]

Sabine Hilschenz soll im September 2015 nach zehn Jahren Haftverbüßung aus der Haft entlassen worden sein. Die restlichen fünf Jahre wurden auf Bewährung ausgesetzt. Sie möchte das während der Haft begonnene Psychologiestudium in Freiheit beenden.

---

75 Meike Dinklage: Kindestötung: Die Geschichte eines Verbrechens. In: Brigitte 16/2006. www.brigitte.de

Der Fall schlug hohe Wellen

»Als im Sommer 2005 der wahrscheinlich extreme Fall einer neunfachen Kindestötung im brandenburgischen Brieskow-Finkenheerd bekannt wird, geht ein verständlicher Aufschrei des Entsetzens durch Deutschlands Medienlandschaft.

Flugs sind der brandenburgische Innenminister Schönbohm und Niedersachsens Starkriminologe Pfeiffer mit kriminologischen Deutungsversuchen zur Stelle, um das Klischee der höheren Gewaltbereitschaft der Ostdeutschen gegenüber von Kindern zu bedienen und zu unterstellen, daß dieses Verbrechen letztlich Ergebnis und Symptom der ›erzwungenen Proletarisierung der Menschen im Osten durch das SED-Regime‹ und ›der Verarmung, dieser geistigen Verelendung unter Hochhausexistenzen‹ sei. Schnell läßt sich aus einem angeblich wachsenden Gewaltpotential der Ostdeutschen auch die These vom Anstieg der Kindestötungen in den neuen Bundesländern ableiten. Verdrängt und vergessen bleiben dabei die jüngsten Fälle aus dem Westen der Bundesrepublik (z. B. in Bremen, Hamburg, Kaiserswert). Indes soll der brave Bürger glauben, die DDR-Verhältnisse hätten Verwahrlosung und Gewalt gegen Kinder in besonderer Weise hervorgebracht. Doch derartige Thesen sind so absurd, als würde man behaupten, der Ausnahmefall des Kannibalen von Rotenburg a. d. Fulda (2001) wäre ein Indiz für die wachsende Neigung der westdeutschen Bevölkerung zum Kannibalismus.«[76]

Am 12. November 2015 entdeckte die Polizei im Haus der Familie G. in Wallenfels im Landkreis Kronach acht tote Babys. Bei vier Babyleichen konnte nicht geklärt werden, ob die Kinder tatsächlich gelebt hatten oder lebensfähig gewesen waren.

---

76 Hans Girod: Geboren und vernichtet. In: Der Polizistenmord von Gera. Berlin 2008, S. 39.

Andrea G., die Mutter der acht Kinder, hatte diese zwischen 2003 und 2013 geboren und jene getötet, die gelebt hatten. Sie wickelte die Neugeborenen in Handtücher und versteckte sie, egal ob die Babys Lebenszeichen zeigten oder nicht. Der Vater sagte zu den Vorwürfen gegen ihn nichts aus. Die Verteidigung ging bei den Taten von Totschlag aus. Andrea G. habe die Schwangerschaften jedes Mal so sehr verdrängt, daß sie von den Geburten völlig überrascht gewesen sei – auch weil ihr Mann keine Kinder mehr habe bekommen wollen. Das Gericht verurteilte Andrea G. zu 14 Jahren Haft wegen Totschlags in vier Fällen. Der Ehemann wurde freigesprochen.[77]

---

77 Peter Groscurth: Babyleichen von Wallenfels: Urteil ist gefallen. www.infranken.de v. 20. Juli 2016.

Sabine Hilschenz, neunfache Babymörderin von Frankfurt/Oder während der Verhandlung.

Gesicherte Behältnisse und Spuren von den aufgefunden Babyleichen durch die Kriminaltechnik.

Einsatz der Polizei und der Rechtsmediziner am Fundort.

12

WOLFGANG SCHMIDT
DER »ROSA RIESE«
ODER DIE »BESTIE VON BEELITZ«

(Mordserie: DDR und BRD 1989–1991,
seit 1992 Nervenklinik)

Wegen seiner Körpergröße von 1,90 Meter und seiner Vorliebe für rosa Damenwäsche bekam Wolfgang Schmidt von der Boulevardpresse den Namen »Rosa Riese«. Am 1. August 1991 um 19.30 Uhr wurde Wolfgang Schmidt, der »Rosa Riese« oder auch die »Bestie von Beelitz« genannt, in einem Waldstück nahe der Ortschaft Schmerzke im Kreis Brandenburg festgenommen. Am 2. August 1991 erließ das Kreisgericht Potsdam-Land gegen ihn Haftbefehl. Mit Beschluß des Kreisgerichtes Potsdam-Land vom 3. Januar 1992 wurde seine einstweilige Unterbringung in der Landesnervenklinik Brandenburg angeordnet.

Schmidts Entwicklung

Wolfgang Schmidt wurde bis zu seinem 3. Lebensjahr im Elternhaus betreut und erzogen. Danach besuchte er den Kindergarten und wurde am 1. September 1972 altersgerecht eingeschult. Als mittelmäßiger Schüler beendete er 1982 mit dem Abschluß der 10. Klasse die Schulzeit. Er erlernte anschließend im Stahlwerk Brandenburg den Beruf eines Facharbeiters für Transportmittel und Hebezeuge. Im Oktober 1985 verpflichtete er sich als »Soldat auf Zeit« für den Dienst bei der Bereitschaftspolizei. Da er sich im April 1989 an einer »Feier zum 100. Geburtstag« von Adolf Hitler beteiligte, wurde er entlassen.

Vom 2. Mai 1989 bis zum 31. Dezember 1989 arbeitete er im Schichtdienst im Stahlwerk Brandenburg als Kranfahrer. Später nahm er in der LPG Pflanzenproduktion in Beelitz eine Tätigkeit als Traktorist auf. Hier entwendete er ein Faß mit Dieselkraftstoff und wurde daraufhin am 29. Juni 1990 fristlos entlassen. Von einer Anzeige wurde Abstand genommen, da er den Schaden regulierte. Schmidt fand kein festes Arbeitsverhältnis mehr und blieb bis zu seiner Inhaftierung arbeitslos.

Bereits im Juli 1985 lernte er seine Verlobte kennen. Dieses Verhältnis dauerte bis zum Tag seiner Verurteilung an. Nach den Aussagen seiner Eltern und seiner Verlobten verhielt er sich im Hinblick auf die ihm zur Last gelegten Straftaten unauffällig.[78]

Der erste Frauenmord in Deetz

Schmidts erstes Opfer, Adelheid B. (Klarname verfremdet), eine 51jährige Frau, war Miteigentümer eines Bungalowgrundstückes in Deetz. Am 24. Oktober 1989 hielt sich Adelheid B. ab 11 Uhr in ihrer Wohnung auf dem Bungalowgrundstück auf. Gegen 12.00 Uhr stellte ein Zeuge seinen Pkw an der Rückseite seines Bungalows ab. Personen oder andere Fahrzeuge nahm er zunächst nicht wahr. Erst nach etwa 15 Minuten hörte er das Klappern von Glasflaschen. Dieses Geräusch kam aus einem nahe gelegenen Bungalow. Er bemerkte eine männliche Person, die sich auf dem Grundstück bewegte und die er wie folgt beschrieb: zirka 25 bis 30 Jahre alt, zirka 180 Zentimeter groß,

78 Der Beitrag fußt auf kriminalistischem Aktenmaterial

schlanke, sportliche Figur, schmale Gesichtsform, strohblondes, dichtes und glattes Haar (Schüttelfrisur), Bekleidung: blauer Schlosseranzug oder Kombi. Er beobachtete, wie dieser Unbekannte eine gelbe Plane vom Grundstück trug und sie in der Nähe eines roten Damenfahrrades außerhalb des Grundstückes – wasserseitig – ablegte. Der Zeuge nahm an, daß hier ein Einbrecher am Werke ist. Zur Selbstverteidigung holte er sich einen Spaten von seinem Grundstück. Als er sich diesem Grundstück bis auf etwa 25 Meter genähert hatte, sah er, daß diese männliche Person ein großes helles Paket vom Grundstück zog und es parallel zur Hecke ablegte. Daraufhin rief er: »Was machen Sie denn da«?

Der Angesprochene flüchtete über das Nachbargrundstück in Richtung Erdelöcher. Der Zeuge näherte sich dem Paket und sah zwei Beine an einer Seite herausragen. Er entschloß sich, Hilfe zu holen, und traf dabei am Ziegeleiweg auf einen weiteren Zeugen.

Zu diesem Zeitpunkt war es etwa 12.50 Uhr. Bereits um 13.03 Uhr lief bei der Schnellen Medizinischen Hilfe in Potsdam diesbezüglich ein Notruf ein. Umfangreiche Suchmaßnahmen nach dem vermeintlichen Täter blieben erfolglos. Anhand der objektiven Spurenlage war Folgendes feststellbar:

Adelheid B. wurde am Geräteraum des Bungalows vom Täter angegriffen, wo die Kriminaltechniker Opferblut auf dem Rasen vor den Stufen zum Geräteraum fanden. Die Frau selbst wurde im Wohnraumbereich getötet, worauf die massiven Opferblutspuren auf dem Fußboden, an den Wänden und auf dem Tisch hinwiesen. Todesursache war eine Kompression der Halsweichteile, hervorgerufen durch kombiniertes Würgen und Drosseln in ganz massiver Form. Das Drosseln erfolgte mit dem im Halsbereich noch vorgefundenen 0,7 Zentimeter starken Strick. Am linken Handgelenk fand sich ein gleichartiger Strick, der auf Fesselung der Handgelenke hindeutete.

Hinzu kam eine offene Schädelhirnverletzung, verursacht mit einem stumpfkantigen Gegenstand, eventuell einem Hammer. Die Verabreichung der Schläge erfolgte nach Einschätzung der Gerichtsmediziner mit erheblicher Massivität und brutaler Gewalt.

Die vorgefundene Situation der Bekleidung wies auf sexuelle Handlungen des Täters am Opfer hin, dessen Brüste und Unterleib weitgehend entblößt lagen. Verletzungen des Genitalbereiches wurden nicht festgestellt. Untersuchungen auf Vorhandensein von Sperma verliefen ergebnislos. Eine mit Kot behaftete Kerze, die bei der Suche gefunden wurde und zweifelsfrei aus dem Bungalow stammte, ließ den Schluß zu, daß der Täter damit im After der Frau manipuliert hatte.

Die gelbe Steppdecke, mit der die Leiche eingewickelt war, stammte ebenfalls aus dem Bungalow. Das »Verpacken« der Leiche erfolgte offensichtlich auf dem Tisch im Wohnraum, der keine Tischdecke mehr, wohl aber Blutspuren aufwies. Verschnürt wurde das »Paket« mit Draht und dem Gürtel eines Bademantels. Wie aus den Schleifspuren ersichtlich, hatte der Täter das eingewickelte Opfer vom Grundstück gezogen, bis er dabei vom Zeugen gesehen und verschreckt wurde.

Die schwarze Cordhose, die das Opfer zum Tatzeitpunkt getragen hatte, wurde aus dem Wasser in der Nähe des Ereignisortes geborgen.

Die Suche nach dem Schlagwerkzeug verlief ergebnislos. Bei Beginn der Ereignisortuntersuchung durch die Kriminalpolizei wurde festgestellt, daß die Bungaloweingangstür verschlossen war. Da der Schlüssel nicht auffindbar war, nahm man an, daß der Täter den Schlüssel mitgenommen hatte. Die Tür wurde sodann mit dem Schlüssel des Ehemannes geöffnet.

Weiterhin fehlte eine braune Ledertasche, in der sich neben Zigaretten und Lebensmitteln auch eine braune Geldbörse befand. Zudem wurden Schuheindruckspuren von einem Herrenschnürhalbschuh mit schwarzem Lederoberbau und Rhombus-Profil der Sohle (Schuhgröße 33 Zentimeter) gesichert. Derartige Schuhe waren für damalige Sonderbedarfsträger wie MdI (Ministerium des Innern), NVA usw. hergestellt worden. Gleichartige Schuheindruckspuren fanden sich auch im Bungalow Deetz. An der Leiche und am Ereignisort wurden indigoblaue und graublaue Baumwollfasern gesichert, so daß nicht auszuschließen war, daß der Täter blaue Jeans oder graublaue Arbeitsbekleidung trug.

Werner Schmidt gestand in seinen Vernehmungen vom 5. August 1991 und 7. August 1991, die Frau getötet und auch den Einbruchsdiebstahl in den Bungalow begangen zu haben.

Schmidts Aussage zu diesem Mord

In den Vormittagsstunden des 24. Oktober 1989 fuhr Schmidt, dessen Spätschicht im Walzwerk Brandenburg 14.00 Uhr begann, mit dem Moped seiner Freundin nach Götzer Berge und stellte es dort ab. Er begab sich zu Fuß zur Bungalowsiedlung – Deetz, Ziegeleiweg. Hier kam er auf die Idee, in Bungalows einzusteigen, um Damenunterwäsche zu stehlen. Er entwendete mehrere Damenschlüpfer und einen Hammer.

Dann wandte er sich dem Bungalow des Opfers zu. Er sah die Frau auf der Rückfront ihres Grundstückes Gartenarbeiten verrichten. Er schlich sich unbemerkt in den Bungalow und entwendete einen Bikini und Schlüpfer. Als er das Bungalowgrundstück verlassen wollte, wurde er von Adelheid B. bemerkt. Da er der Annahme war, daß sie losschreien wollte, würgte er sie und schlug mit einer Harke oder Hacke, die er der Frau entriß, auf sie ein. Die Frau sackte am Gartenzaun zusammen. Als Schmidt sich umsah, bemerkte er einen hellen Pkw, der vor einem anderen Bungalow stand und den er vorher noch nicht gesehen hatte. Aus diesem Grund schleppte er die Frau in den Bungalow. Er legte sie auf dem Fußboden ab. Da sie sich noch bewegte, holte er aus dem Bungalow Nr. 5 einen Hammer. Mit diesem schlug er auf ihren Kopf ein, bis sie ruhig liegen blieb und nach seiner Meinung tot war. Danach entkleidete er sie teilweise, um den Geschlechtsverkehr mit ihr durchzuführen. Aufgrund mangelnder Gliedsteife manipulierte er mit einer Haushaltskerze, die er im Bungalow fand, im After der Geschädigten. Zum Geschlechtsverkehr kam es nicht.

Anschließend entschied er sich dazu, die Leiche zu verbringen. Aus dem Schlafraum holte er sich eine Steppdecke, breitete sie auf dem Wohnzimmertisch aus, legte die Leiche darauf und wickelte sie ein. Mit Draht und dem Gürtel eines Bademantels verschnürt, zog er das Bündel hinaus ins Freie, weil er die Leiche ins Wasser werfen wollte. Als er die Leiche vom Grundstück zog, wurde er von Zeugen angesprochen. Daraufhin ergriff er die Flucht. Er fuhr eiligst mit dem Moped nach Brandenburg und nahm hier mit Verspätung seine Arbeit auf.

Den als Tatwerkzeug benutzten Hammer warf er weg. Wohin, war ihm nicht mehr in Erinnerung. Er warf auch den Schlüsselbund seines Opfers weg, nachdem er die Bungaloweingangstür abgeschlossen hatte. Hammer und Schlüsselbund konnten von der Polizei trotz intensiver Suche nicht gefunden werden.

Schmidt gab an, eine braune Ledereinkaufstasche aus dem Bungalow der ermordeten Frau entwendet zu haben, in der sich unter anderem Zigaretten und Bargeld in Höhe von etwa 10 Mark befunden haben. Die Zigaretten habe er geraucht, das Geld ausgegeben. Zum Verbleib der Tasche konnte er keine Angaben mehr machen.

Er will bei der Tat Halbschuhe getragen haben, die er von der Bereitschaftspolizei erhalten hatte. Diese Schuhe trug er bei seiner Festnahme nicht mehr.

In seinen Vernehmungen verschwieg er, die Frau gefesselt und gedrosselt zu haben. Außerdem sagte er nichts über das Verbringen der schwarzen Cordhose des Opfers.

Ansonsten standen seine Aussagen nicht im Widerspruch zu den objektiven Feststellungen und beinhalteten umfangreiches Täterwissen.

Mord an einer 54jährigen Frau in Ferch

Schmidts zweites Opfer, Marika M. (Klarname verfremdet), lebte seit etwa Mitte November 1989 in einem Bauwagen auf der Mülldeponie der Gemeinde Ferch. Sie war Alkoholikerin, lebte von der Hand in den Mund und dem, was ihr Ex-Mann ihr zukommen ließ. Er war der Platzwart der Deponie, und Marika seine Aushilfe.

Beide hatten zuletzt am 24. Mai 1990 vormittags auf dem Deponiegelände miteinander gesprochen. Als der Ex-Mann am 25. Mai gegen 10.00 Uhr die Deponie aufsuchte, stellte er fest, daß der Wohnwagen demoliert worden war. Marika war nicht anwesend. Er fand sie gegen 15.00 Uhr tot, abgedeckt mit Bekleidungsstücken in der Nähe der Deponie auf.

Marika M. war offenbar erdrosselt worden. Als Drosselwerkzeug diente ein fest um den Hals geschlungenes und fixiertes Elektrokabel. Die Bekleidungs- und Auffindesituation der Leiche sprach für ein Tötungsverbrechen aus sexuellen Motiven. Sperma wurde in den Abstrichen von Scheide und Cervixkanal festgestellt. Eine Aussage über die Blutgruppe des Spermaverursachers konnte nicht getroffen werden. Im Ergebnis einer DNA-Untersuchung durch das Institut für Gerichtliche Medizin der Humboldt-Universität zeigten sich bei der Mischspur aus dem Cervixkanal (Gebärmutter) des Opfers Eigenschaften, die nur vom Spurenverursacher stammen konnten, da sie beim Opfer nicht nachweisbaren waren.

Folgender Handlungsablauf wurde rekonstruiert: Der Angriff auf Marika M. erfolgte im oder am Wohnwagen. Darauf deutete eine Schleifspur hin, die außerhalb des Wohnwagens gesichert wurde, und die in der Schleifspur liegenden Schuhe des Opfers. Eine weitere Schleifspur war am nördlichen Böschungsrand der Deponie erkennbar, die sich bis zum Fundort der Leiche hinzog und an unterschiedlichen Stellen mit Blut behaftet war. Hier fand man auch eine blutbefleckte Herrensocke.

Auf der Bespannung einer in der Nähe der Leiche gesicherten Campingliege ließ sich großflächig Blut der ermordeten Frau nachweisen. Die Zerreißungen der Bespannung der Liege erfolgten erst nach Verursachung der Blutspuren. Gleichartige Stücke des zweiadrigen Elektrokabels, wie vom Hals der Leiche gesichert, fanden sich in der Nähe des Kopfes des Opfers. Sie mußten ursprünglich ein Ganzes gebildet haben, denn die Kabelenden wiesen frische Schnitt- und Durchtrennungsstellen, vermutlich von einem Messer, auf. Die gesicherten Schuheindruck- und Papillarleistenspuren (Fingerabdrücke) waren für kriminaltechnische Untersuchungen nicht geeignet. Die gesicherten Faserspuren stammten vom Textilmantel des Netzkabels bzw. vom Hemd des Opfers.

Die gerichtsmedizinische Sektion ergab als Todesursache Erdrosseln. Das bei der Sektion um den Hals liegende Elektrokabel war nach der Lage und Umschlingungsstärke geeignet, als Drosselwerkzeug den Tod herbeizuführen. Im Gesicht des Opfers fanden sich mehrere Platzwunden, die vor Eintritt des Todes verursacht wurden, entweder durch Aufschlagen des Kopfes auf eine harte Unterlage oder durch Faustschläge. Die Unterblutungen an den Oberarminnenseiten deuteten auf

Griffspuren hin, die Verletzungen im Rückenbereich und an den Beinregionen eher auf Effekte infolge des Schleifens.

Marika M. stand zum Zeitpunkt des Todeseintrittes unter hochgradiger alkoholischer Beeinflussung. Die Ermittlungen ergaben, daß sie letztmalig am 24. Mai 1990 gegen 14.30 Uhr von mehreren Zeugen auf der Mülldeponie gesehen worden war. Gegen 14.00 Uhr demolierten drei Jugendliche ihren Wohnwagen und schlugen unter anderem mit einer Axt auf die Behausung ein. Als sie etwa gegen 14.30 Uhr die Mülldeponie verließen, lebte das spätere Opfer noch. Gegen 17.45 Uhr kehrten die Jugendlichen noch einmal zur Mülldeponie zurück, fanden Frau M. aber nicht vor. Sie verwüsteten nun das Innere des Wohnwagens, woraufhin sie von mehreren russischen Bürgern vertrieben wurden. Auch die Russen, die die Deponie gegen 16.00 Uhr betraten und gegen 18.00 Uhr verließen, hatten die alte Bekannte an diesem Tag nicht gesehen. Folglich ging man von einer Tatzeit ab etwa 14.30 Uhr aus.

Schmidts Version des Mordes

Schmidt gestand bereits in seiner Erstvernehmung vom 2. August 1991, Marika M. am Himmelfahrtstag des Jahres 1990 auf der Mülldeponie in Ferch getötet zu haben. Er traf dort allein mit seinem Fahrrad um die Mittagszeit ein, sah einen Bauwagen und davor unter einem Sonnenschirm eine Frau sitzen. Da er nach Damenunterwäsche suchen wollte, fühlte er sich von der Frau, die er dem Wachpersonal zuordnete, gestört und verließ das Gelände wieder. Auf einem illegalen Weg an der Nordseite näherte er sich erneut dem Gelände. Von hier aus vernahm er aus Richtung des Wohnwagens laute Geräusche. Er hörte Marika M. schreien und sah eine Axt im Bauwagen stecken. Daraufhin näherte er sich der Behausung, um sich zu erkundigen, was passiert sei.

Marika M. befand sich im Bauwagen. Schmidt öffnete die Tür, wobei sie ihn sofort anschrie und verdächtigte, ihr Haus demoliert zu haben. Er wollte sie beruhigen, legte seinen rechten Arm um ihren Hals und drückte zu. Frau M. riß sich los und rannte zum offiziellen Ausgang der Deponie. Schmidt habe ein Elektrokabel gegriffen und sei ihr hinterhergerannt. Von hinten habe er ihr das Kabel um den Hals geschlungen und zugezogen, bis die Frau leblos zu Boden sank. Nun zog er sie über die Schutthalde bis über die nördliche Böschung. Da sie ihm zu schwer wurde, legte er sie auf eine Campingliege und zog sie weiter bis zu den beginnenden Sträuchern. Hier legte er sie dann auf dem Erdboden ab. Danach suchte er auf der Deponie nach Damenwäsche. Als sich Personen näherten, eilte er zu seinem Opfer zurück und zog sich die erbeuteten Wäschestücke an. Anschließend entkleidete er die Tote, schob ihren Pullover über die Brust und zog ihr die Hose aus. Die nackte Brust und das entblößte Geschlechtsteil erregten ihn. Er führte den Geschlechtsverkehr bis zum Samenerguß in die Scheide durch. Anschließend zog er sich an und fuhr mit seinem Fahrrad zurück nach Busendorf. Er will an diesem Tag, da es der »Herrentag« war, mit einem weiß-roten Schlafanzug bekleidet gewesen sein.[79]

79 In seiner Vernehmung vom 7. August 1991 erhärtete er sein Geständnis, verschwieg aber, auf den Kopf der Geschädigten eingewirkt zu haben. Ansonsten standen seine Aussagen nicht im Widerspruch zu den objektiven Feststellungen und beinhalteten umfassendes Täterwissen.

Versuchter Mord auf einer Mülldeponie in Wust (Kreis Brandenburg)

Am 9. Juli 1990 gegen 13.15 Uhr fand ein Zeuge Frau Klara C. (geboren 1937, Klarname verfremdet) auf der Deponie in Wust. Sie lag im Müll, in der Nähe eines braunen Sofas. Ausgehend von der Auffindesituation – Blut an Kopf und Kleidung, entblößter Unterleib – ergab sich für die Kriminalisten der Verdacht eines Kapitalverbrechens. Anhand der Fundortdokumentation konnten eine Stichverletzung im Bereich des linken unteren Brustbogens, eine Stichverletzung im Bereich des Halses und jeweils eine Rißplatzwunde an der rechten und der linken Hinterkopfseite festgestellt werden.

Bei der Tatortuntersuchung sicherte man in der Nähe der vergewaltigten Frau einen 147 Zentimeter langen Pfahl, an dem sich Anhaftungen bluttypischer Substanzen befanden. Ein Tatmesser wurde nicht gefunden. Am Scheidenabstrich befand sich Sperma. Hinweise zur kriminalistischen Relevanz des Spermas lagen nicht vor.

Klara C. war nicht in der Lage, konkrete Hinweise auf den Täter zu geben. Sie sagte aus, daß dieser junge blonde Mann mit Jeanssachen bekleidet gewesen sei und ein Fahrrad mit Satteltaschen mit sich führte. Obwohl ein weiterer Zeuge eine Personenbeschreibung abgab (zirka 25 bis 30 Jahre alt, zirka 180 Zentimeter groß, rötliche Kurzhaarfrisur, schlank, vermutlich Oberlippenbart, Jeansbekleidung, Fahrrad mit Armeetasche am Lenker) wurde jedoch das Ermittlungsverfahren gegen Unbekannt wegen Verdachts der schweren Körperverletzung in Tateinheit mit Vergewaltigung am 24. September 1990 vorläufig eingestellt, da der Täter nicht ermittelt werden konnte.

Schmidt nahm in einem handschriftlichen Geständnis vom 2. August 1991 zu dieser Straftat Stellung. In seiner Vernehmung vom 13. August 1991 sagte er aus, daß er mit einem blauen 28er Herrenfahrrad auf der Mülldeponie in Wust gewesen sei. Am Fahrrad befand sich eine Armeetasche. Er fügte hinzu, an jenem Vormittag mehrere Personen auf der Deponie gesehen zu haben, unter anderem eine Frau mit Kind, einen älteren Mann mit einem Pkw Trabant, einen jungen Mann mit Eigenbautraktor und das Opfer. Als er später mit der Frau allein gewesen sei, habe er sie angegriffen, indem er ihr seinen rechten Arm um den Hals legte. Er würgte sie und riß sie zu Boden, um an ihr sexuelle Handlungen vorzunehmen. Er habe in der linken Hand ein aufgeklapptes Taschenmesser gehalten und damit auf die Frau eingestochen. Danach griff er einen Knüppel und schlug mehrmals auf den Kopf der Frau. Reglos habe sie auf dem Boden gelegen und er sei der Meinung gewesen, daß sie tot ist. Als sie sich später wieder regte, gestand er, erneut mit dem Knüppel auf sie eingeschlagen zu haben. Danach wollte er sie in die nahe gelegene Kiefernschonung ziehen, um dort mit ihr den Geschlechtsverkehr durchzuführen. Doch als er Motorengeräusche hörte, deckte er die Geschädigte mit Brettern ab und verschwand. Er will an diesem Tag Jeansbekleidung getragen haben. Die von ihm angegriffene Frau sei zirka 50 Jahre alt gewesen und trug eine Kittelschürze, ein Kleid oder einen Rock.[80]

80 Die von Schmidt gemachten Aussagen standen nicht im Widerspruch zu den objektiven Feststellungen und deckten sich mit den Zeugenaussagen. Vom Gerichtsmedizinischen Institut Potsdam wurde kein Gutachten über die festgestellten Verletzungen der Geschädigten erstellt. Es sei zum damaligen Zeitpunkt von der Staatsanwaltschaft nicht angefordert worden.

Mord in einem Waldgebiet zwischen Borkheide und Neuendorf

Das Opfer, Susanne B. (geboren 1956, Klarname verfremdet), verließ am 13. März 1991 gegen 16.00 Uhr die eheliche Wohnung und kehrte nicht wieder nach Hause zurück. Am 18. März erstattete der Ehemann beim Kreiskriminalamt Belzig eine Vermißtenanzeige.

Eine Zeugin gab zu Protokoll, daß sie am 13. März gegen 15.40 Uhr Besuch von Susanne B. erhalten hatte. Gegen 17.30 Uhr habe sie die Wohnung verlassen, um wieder nach Hause zu gehen. Susanne B. trug eine rote Jacke, einen weißen Pulli und eine dunkle lange Hose und führte einen bunt gemusterten Stoffbeutel mit sich (in dem sich ihre Geldbörse befunden haben könnte).

Am 21. März gegen 09.25 Uhr wurde die Leiche von Susanne B. im Rahmen einer Suchmaßnahme durch die Polizei gefunden. Sie lag mit Moos bedeckt in einer Kiefernschonung, zirka 1,2 Kilometer nordöstlich der Ortschaft Neuendorf. Ihre Bekleidungsgegenstände fanden sich zum Teil großräumig verteilt und verscharrt im Waldgebiet wieder. Auffällig war, daß die Geschädigte unter anderem ein blaues Bikini-Oberteil trug, das nicht zu ihren eigenen Kleidungsstücken zählte.

Die Gerichtsmedizinische Sektion ergab als Todesursache »Mehrfache Halsstichverletzung mit Schlagaderöffnung«. Anhand der Befunde an der Leiche rekonstruierten die Gerichtsmediziner folgenden Tathergang: Die ersten beiden Stiche könnten die gewesen sein, die sich im Rücken von Susanne B. fanden. Kräftige Faustschläge in den Gesichtsbereich (linksseitig, zentral sowie rechte Kinnpartie) könnten zum Sturz der Ermordeten und zur Einschränkung der Handlungsfähigkeit geführt haben. Die Hautunterblutungen im Bereich der rechten Brustpartie erlaubten den Schluß, daß sich der Täter auf ihren

Brustkorb gekniet hatte. Danach könnten die tödlichen Halsstichverletzungen gesetzt worden sein. Es ließen sich fünf Stichkanäle rekonstruieren. Bei drei Stichen wurde die Kopfschlagader bzw. Schilddrüsenschlagader durchtrennt, woraufhin der Tod relativ schnell eingetreten sein mußte. Es war davon auszugehen, daß das Tatwerkzeug eine einschneidige Klinge besaß, die mindestens 1,5 Zentimeter breit war. Die Leichenveränderungen lassen sich der angenommenen Liegezeit von sechs Tagen am Fundort gut zuordnen. Unter Würdigung aller Umstände waren sexuelle Manipulationen des Täters im Scheiden- und Afterbereich anzunehmen, aber nicht sicher nachweisbar.

Susanne B. stand zum Tatzeitpunkt nicht unter alkoholischer Beeinflussung. Toxikologisch relevante Stoffe fanden sich keine.

Im Rahmen der kriminaltechnischen Tatortarbeit wurde in der Kiefernschonung unweit des Auffindeortes der Leiche ein Papiersack gefunden. Dieser beherbergte unter anderem eine braune Umhängetasche, in der zwei weiße Damenschlüpfer lagen. An diesen Schlüpfern konnte ein Schamhaar festgestellt und gesichert werden. Wie aus dem Bericht der Sachverständigen für Gerichtsbiologie hervorging, wurde dieses Schamhaar untersucht, mit denen Schmidts verglichen und eine Übereinstimmung in allen untersuchten morphologischen Eigenschaften und Merkmalen gefunden.

Anhand des Spurenhaares ließ sich in der Folge ermitteln, daß der Täter Träger der Blutgruppeneigenschaften B war. Die ausgekämmten Schamhaare aus dem Schoß der Ermordeten waren ausschließlich Susanne B. zuzuordnen. Die bei der Sektion durchgeführten Ab- und Ausstriche des Scheidengewölbes, des Mastdarms, der Gebärmutter, der Portio (Scheidenteil der Gebärmutter) und der Mundhöhle wurden zur Durchführung einer DNA-Analyse der PTU (Polizeitechnische Untersuchungsanstalt) Berlin übergeben. Wolfgang Schmidt war der Verursacher der Spermaspuren.

Schmidts Version

Bereits in seiner Erstvernehmung am 2. August 1991 gestand Schmidt, die Frau getötet zu haben, und machte folgende Aussagen zu dem Fall: Er sei am Tattag, das genaue Datum sei ihm nicht mehr erinnerlich, mit seinem Fahrrad im Bereich der Ortschaft Neuendorf unterwegs gewesen und habe Müllkippen aufgesucht. In einer Schonung bei Neuendorf habe er sich Damenwäsche angezogen, die er in einem Papiersack mitgebracht habe.

So bekleidet, bewegte er sich in der Schonung, auf dem Waldweg und im angrenzenden Hochwald. Plötzlich sah er eine Frau aus Richtung Borkheide kommen. In seiner Erinnerung trug sie eine rote Jacke.

Als die Frau ihn sah, fing sie zu schreien an – nach der Polizei und um Hilfe. Er trat näher und versuchte, sie am Schreien zu hindern, indem er ihr mit der flachen Hand den Mund zuhielt. Da sie sich in ihrer Panik wehrte und außerdem recht kräftig gebaut war, sah er keine andere Möglichkeit, ihren Widerstand zu brechen, als ihr sein Fahrtenmesser mehrmals mit voller Wucht in den Körper zu stoßen. Nachdem das Opfer zusammengebrochen war und keine Lebenszeichen zeigte, packte er es an den Fußgelenken und zog es in die Kiefernschonung. Er zog die Leblose zehn bis 15 Meter tief in die Schonung hinein, entkleidete sie dort vollständig und vollzog den Geschlechts- und Analverkehr bis zum Samenerguß. Anschließend habe er die Leiche mit Gräsern und anderen Gewächsen abgedeckt. Seine Bekleidung und die des Opfers will er am Tatort zurückgelassen haben. Danach sei er mit seinem Fahrrad wieder nach Hause gefahren.

In seiner Vernehmung vom 7. August sagte er aus, daß er sich bereits zu dem Zeitpunkt, als er Susanne B. sah, zur Durchführung des Geschlechtsverkehrs gegen ihren Willen entschlossen hatte. Daß sie das nicht freiwillig mit sich geschehen ließe, habe er einkalkuliert. Aus diesem Grunde nahm er sein Fahrtenmesser mit.

In der Vernehmung vom 4. September ergänzte er seine Aussagen dahingehend, möglicherweise mit dem Moped dort gewesen zu sein. Er habe Susanne B. nicht nur umgezogen – hierbei erinnerte er sich speziell an ein blaues Bikinioberteil –, sondern ihr auch Bargeld in Höhe von 10 Mark aus dem Portemonnaie (im Beutel) entwendet.[81]

Wolfgang Schmidt tötet eine Mutter und ihr Baby

Am 22. März 1991 erstattete die Sowjetische Kommandantur eine Vermißtenanzeige. Eine Frau, Ludmilla S. (geboren 1946, Klarname verfremdet), sei am 22. März 1991 gegen 12.00 Uhr zu einem Spaziergang aufgebrochen und seitdem nicht mehr nach Hause zurückgekehrt. Ebenfalls vermißt wurde ihr Kleinkind Jelena (geboren 1990, Klarname verfremdet), das sie in einem roten Kinderwagen mit sich führte.

Am 23. März 1991 gegen 07.30 Uhr fanden zur Suche eingesetzte sowjetische Militärangehörige die Leichen der beiden Vermißten in einer Kiefernschonung, etwa 800 Meter süd-

81 Seine Aussagen standen nicht im Widerspruch zu den objektiven Feststellungen. Aussagen zum Verbleib des Tatwerkzeuges und zu möglichen Faustschlägen gegen das Gesicht des Opfers hatte er keine gemacht. Auch zur Problematik des Oralverkehrs hatte er sich nicht geäußert.

westlich der Ortschaft Beelitz-Heilstätten. Auf dem Waldweg, der diese Schonung am nordöstlichen Rand begrenzt, zeichneten sich in Höhe der 3. Baumreihe (von links beginnend) Radspuren eines Kinderwagens sowie ein Schuhsohlenabdruck mit einer Länge von 29 bis 30 Zentimetern ab. Der Kinderwagen wurde in der 4. Baumreihe, 30 Meter vom Waldweg entfernt, umgekippt aufgefunden. Etwa 2,70 Meter vom Kinderwagen in südwestlicher Richtung lag die bekleidete Leiche des Säuglings. In der 6. Baumreihe, 42,70 Meter vom Waldweg entfernt, lag – von Kiefernästen verdeckt – die Leiche der Mutter in Bauchlage mit lang ausgestreckten Beinen, wobei der Kopf in südwestliche Richtung zeigte. Das Opfer war mit einer hellgrauen Jacke und einem khakifarbenen Kleid bekleidet. Die Knopfleisten beider Bekleidungsstücke waren geöffnet worden, den BH hatte der Täter teilweise heruntergezogen und damit die linke Brust entblößt. Der Unterkörper war unbekleidet, Strumpfhose und Slip wurden bis zu den Knöcheln heruntergestreift. Im Mund befand sich ein Textilstück, welches mit einem stark verknoteten BH fixiert war.

Die Gerichtsmedizinische Sektion der Leiche der Mutter ergab als Todesursache »Kompression der Halsweichteile«. Die Verletzungen der Mundschleimhaut im Bereich der Lippen und die massiven Unterblutungen im Kinnbereich ließen sich Faustschlägen zuordnen. Das massive Unterblutungsgebiet an der rechten oberen Brustpartie mit Einschluß von Schulter- und Halsanteilen zeugten davon, daß der Täter auf seinem Opfer gekniet hatte. Anordnung und Stärke der ausgebildeten Weichteilverletzungen im vorderen Halsbereich ließen sich einem Würgen zuordnen.

Sexuelle Manipulationen im Scheiden- und Afterbereich waren wahrscheinlich und durch Nachweis von Spermaresten objektivierbar. Die Ermordete stand bei Todeseintritt nicht unter alkoholischer Beeinflussung.

Die Todesursache des Säuglings fanden die Gerichtsmediziner in einer massiven stumpfen Gewalteinwirkung auf den Schädel mit schwerem geschlossenem Schädelhirntrauma.

Da Widerlagerverletzungen der entsprechenden Intensität im Gesichtsbereich fehlten, ging die Kripo davon aus, daß der Säugling mit dem rechten Hinterkopf gegen einen festen Gegenstand geschleudert wurde. Daraus resultierte ein massiver Schädelbasisbruch mit nahezu vollständigem Abriß des Nachhirns. Das Kind starb auf der Stelle. Profilabdrücke auf dem Jäckchen, Hautunterblutungen in der Brustregion und innere Befunde an den oberen Lungenabschnitten ließen vermuten, daß der Säugling mehrfach getreten wurde, während er auf dem Boden lag. Sexuelle Manipulationen waren nicht nachweisbar.

Bei der kriminaltechnischen Tatortarbeit wurden Faserspuren und Spermaspuren gesichert. Die Schuheindruckspur war nicht auswertbar und für Vergleichszwecke ungeeignet. Am Kinderwagen konnten keine daktyloskopischen Spuren gesichert werden. Die gesicherten Spermaspuren der Mutter wurden in der PTU Berlin untersucht und unter anderem auch mit dem Blut Schmidts verglichen. Die DNA-Analyse ließ keinen Zweifel an seiner Täterschaft.

Schmidts Version des Doppelmordes

Bereits in seiner Erstvernehmung am 2. August 1991 gestand Schmidt, die Mutter und den Säugling in einer Kiefernschonung nahe der Ortschaft Beelitz-Heilstätten getötet zu haben.

Er will an diesem Tag gegen Mittag mit dem Fahrrad von Busendorf nach Beelitz gefahren sein. Auf einer dortigen Müllkippe habe er Damenwäsche gesammelt. Er habe sich diese Damenwäsche angezogen und sei damit durch die Schonung spaziert. Auf einem angrenzenden Waldweg sei er mit einer Frau zusammengetroffen, die einen Kinderwagen schob. Da die Frau zu schreien begann, habe er sie mit beiden Händen vorn am Hals gepackt und ihr die Luft abgedrückt. Er zog sie sodann in die Schonung, nahm einen mitgebrachten BH zur Hand, schlang ihn um ihren Hals und zog so lange zu, bis sie zu Boden sank. Als das Baby schrie, lief er zum Kinderwagen und zog diesen in die Schonung hinein. In der Nähe des Opfers nahm er das Baby aus dem Kinderwagen und warf es aus Schulterhöhe mit voller Wucht zu Boden. Er bemerkte, daß das Baby mit dem Kopf auf einem Baumstumpf aufschlug und sofort still war. Anschließend widmete er sich der Frau, entkleidete sie teilweise und übte den Geschlechtsverkehr aus. Zum Schluß deckte er das Opfer mit Kiefernzweigen ab und fuhr nach Hause.[82]

Verdacht des versuchten Mordes an zwei Schülerinnen

Am Freitag, 5. April 1991, hielten sich zwei Schülerinnen, Heike O. und Jana M. (beide 1978 geboren, Klarnamen verfremdet) gegen 17.30 Uhr an einem Waldstück, zirka 800 Meter südwestlich der Ortschaft Sputendorf auf. Auf dem Weg entlang der Kiefernschonung wurden sie unvermittelt von einer männlichen Person angegriffen und durch Messerstiche verletzt.

Einer Schülerin gelang die Flucht. Später ließ der Täter auch von der zweiten Schülerin ab und flüchtete in die Kiefernschonung. Die Schülerinnen beschrieben den Mann wie folgt: etwa

82 In seiner Vernehmung vom 7. August 1991 wiederholte er sein Geständnis. Seine Angaben standen nicht im Widerspruch zu den objektiven Feststellungen.

30 bis 35 Jahre alt, schlanke Gestalt, zirka 175 Zentimeter groß, blondes kurzes Haar, Oberlippenbart, blaue Kittelschürze (Blumenmuster), lilafarbener Jogginganzug. Das Tatmesser soll zirka 25 Zentimeter lang gewesen sein und besaß einen angenieteten Holzgriff. Beide Schülerinnen vertraten die Auffassung, den Täter wiedererkennen zu können. Durch Gerichtsmediziner wurde eine körperliche Untersuchung der Mädchen durchgeführt.[83]

Schmidts Version

Er sei am Tattag von Potsdam bis nach Sputendorf gelaufen. Unterwegs habe er an mehreren Mülldeponien angehalten und sich Damenwäsche, Kataloge und dergleichen zusammengesucht, die er mitnahm. In einer dortigen Kiefernschonung habe er sich ein »Lager« eingerichtet, wo er sich dann Damenunterwäsche, eine lilafarbene Jogginghose, einen Pullover und eine Kittelschürze anzog. In diesem Aufzug traf er an dieser Schonung mit zwei Mädchen zusammen. Mit einem großen Küchenmesser habe er auf beide eingestochen. Da es einem Mädchen gelang, wegzulaufen, habe er dann auch von dem zweiten abgelassen. Er lief in die Schonung zurück, zog sich um und verließ den Ereignisort. Das Tatmesser habe er in der Schonung beim Wegrennen weggeworfen. Es stammte von einer Müllkippe.

Er wiederholte sein Geständnis in der Vernehmung vom 7. August 1991 und gestand seinen Tötungsvorsatz. Wie oft er auf die Mädchen eingestochen habe, wußte er nicht mehr.

---

83 Bereits in seiner Erstvernehmung vom 2. August 1991 gestand Schmidt, die beiden Schülerinnen bei Sputendorf in Tötungsabsicht angegriffen zu haben.

In seiner Vernehmung vom 4. September 1991 ergänzte er seine Aussagen dahingehend, daß er am Tattag in Drewitz mit einer ihm bekannten Familie aus Potsdam zusammengetroffen sei. Nach der Tat lief er die Bahngleise bis nach Rehbrücke entlang. Um 21.45 Uhr stieg er in den Zug nach Beelitz-Heilstätten. Auf dem Weg nach Hause durchquerte er Fichtenwalde und tötete in einem Haus eine Frau.

Mord an einer Frau aus Fichtenwalde

Am 19. April 1991 gegen 18.15 Uhr wurde Frau Hannelore K. (geboren 1924, Klarname verfremdet) tot im Schlafzimmer ihres Wohnhauses von einem Verwandten aufgefunden. Sie lebte allein und zurückgezogen und war auch schon mehrere Tage nicht mehr im Ort gesehen worden.

Bei der Ereignisortuntersuchung stellte sich heraus, daß das Küchenfenster eingeschlagen wurde. Es fanden sich Anhaltspunkte dafür, daß Behältnisse im Wohnzimmer und anderen Bereichen des Hauses durchsucht wurden. Zwischen den Sesseln lagen Plastiktüten, Packpapier und Strumpfhosenverpackungen.

Eine Scheibe der Schlafzimmertür war ebenfalls eingeschlagen worden. Auf einem separat stehenden Bett lag die Leiche der alten Dame, lediglich bekleidet mit einem BH, der jedoch so hochgeschoben war, daß die rechte Brust vollständig und die linke Brust teilweise sichtbar war. Am gesamten Körper hatte die Fäulnis eingesetzt. Um den Hals befand sich textiles Gewebe. Die Leiche war abgedeckt mit einer gelben Decke. Vor dem Bett auf einem Rock lag eine mit Kot behaftete gedrechselte Haushaltskerze.

Die Sektion der Leiche ergab Tod durch Erdrosseln. Dazu wurde ein langärmeliges Unterhemd benutzt, um den Hals geschlungen und mit einem Doppelknoten etwa in Halsmitte straff gebunden. Im Genitalbereich war ein buntes Frotteetuch vorgelegt.

Die festgestellten Unterblutungen im vorderen Schulterbereich sind durch Knien auf dem Opfer erklärbar. Auffällig war, daß der Mastdarm bis in eine Höhe von etwa 17 Zentimeter nahezu leer war und sich Einblutungen in der Schleimhaut fanden. Dieser Befund deutete auf Analverkehr hin, wobei die Auffindesituation für ein Sexualverbrechen typisch war.

Der Tod war etwa bis zwölf Tage vor Auffinden eingetreten. Hannelore K. stand bei Todeseintritt nicht unter alkoholischer Beeinflussung. Toxikologisch relevante Stoffe, die zum Zeitpunkt des Todeseintrittes auf die Betroffene eingewirkt haben könnten, wurden nicht gefunden.

Bei der kriminaltechnischen Tatortarbeit wurden auf dem Laken der Liege neben dem Opfer Schamhaare gesichert. Bei der Sektion wurden fremde Schamhaare durch Auskämmen der Schambehaarung des Opfers gesichert. Wie aus dem Bericht der Sachverständigen für Gerichtsbiologie vom 4. 9. 91 zu ersehen, wurden Übereinstimmungen in allen untersuchten morphologischen Eigenschaften und Merkmalen zwischen den gesicherten roten Schamhaaren und den Vergleichsschamhaaren Schmidts festgestellt. An den Haaren wurden die Blutgruppeneigenschaften der Blutgruppe B nachgewiesen. Schmidt war Träger der Blutgruppe B und konnte als Verursacher der Haarspuren nicht ausgeschlossen werden.

In einer Kiefernschonung südwestlich des Wohnhauses von Hannelore K. wurde eine Papiertüte gefunden und gesichert, in der sich ein hellblauer Damenschlüpfer, ein weißer Damenschlüpfer, eine Schmuckkerze, eine leere Schachtel »Golden Amerika«, eine Filterzigarettenkippe, diverse Haare und Spermaspuren fanden.

Die an der leeren Zigarettenschachtel gesicherten Haare waren menschliche Kopfhaare, die in ihren morphologischen Eigenschaften mit den Vergleichskopfhaaren der Geschädigten übereinstimmen. Schmidt galt per DNA-Analyse zudem als Verursacher der Spermaspuren.

Schmidts Version

In seiner Vernehmung vom 2. August 1991 gestand Schmidt, eine ältere Frau in einem Einfamilienhaus in Fichtenwalde getötet zu haben. Es sei genau der Tag gewesen, als er die beiden Mädchen in Sputendorf angegriffen habe. Auf dem Nachhauseweg sei er in Fichtenwalde an einem Einfamilienhaus vorbeigekommen. Mit einem Stein habe er das rechte Fenster – straßenseitig – eingeschlagen und durch das geöffnete Fenster einsteigen können. Zuerst schaute er sich in der Küche um, kurz darauf betrat er die Räume der oberen Etage. Danach ging er zurück in die Küche und sah von dort aus eine verglaste Tür. Da diese verschlossen war, zerschlug er eine Glasscheibe und schloß mit dem innen im Schloß befindlichen Schlüssel auf.

In diesem Moment sei in dem Raum das Licht angegangen, und er sah, daß er sich in einem Schlafzimmer befand. Auf einer Liege lag eine Frau, die sich soeben aufrichtete. Ohne zu zögern ging er auf sie zu und würgte sie mit beiden Händen. Da seine Kraft in den Händen nicht ausreichte, legte er seinen rechten Arm um den Hals und drückte so lange zu, bis die Frau kein Lebenszeichen mehr von sich gab.

Die Frau habe ein helles Nachthemd getragen, welches er ihr dann bis über die Brust hochgeschoben habe. Nachdem er sich dann vollständig entkleidet hatte, vollzog er mit ihr den Geschlechts- und Analverkehr. Die Samenflüssigkeit gelangte dabei auf den Bauch des Opfers, da er sein Glied vorher herausgezogen habe. Mit einem Stoffrest, den er im Schlafzimmer fand, säuberte er sein Glied und warf den Fetzen beim Verlassen des Hauses außerhalb der Grundstücksgrenzen weg. Anschließend sei er nach Hause gegangen.[84]

Das forensisch-psychiatrische Gutachten

Aus der Familienvorgeschichte des Mörders fanden sich keine Hinweise auf psychische Erkrankungen. Selbst sein Lebensweg zeigte, nach Auffassung der Gutachter, keine besonderen Auffälligkeiten. Parallel zu dem »normalen« bürgerlichen Leben vollzog sich bei Schmidt eine sexualpathologische Entwicklung. Neben dem Bereich, in dem er sich um bürgerliche Einordnung und um Normalität bemühte, entstand eine spezifische Erlebniswelt ritualisierten abnormen Sexualverhaltens. Die sexualpathologische Entwicklung begann bei ihm bereits im frühen Jugendalter, angestoßen durch eine familiäre Konstellation, in der die Mutter den offenbar schwachen Vater dominierte.

Bereits im Alter von sechs bis acht Jahren fühlte sich Schmidt zu fetischistischen Praktiken mit der Wäsche seiner Mutter verführt. Von Anfang an bestanden dabei transvestitische Tendenzen. Er begann, die angezogene Wäsche mit Kot und Urin zu beschmutzen, was sein Wohlbefinden steigerte. Daß er schließlich Frauen tötete, stellte die äußerste Steigerung seines phantastischen Wunsches dar, eine Frau so zur Verfügung zu haben, daß er seine sexuellen Wünsche voll ausleben konnte. Dabei blieb für den Mörder subjektiv stets der Eindruck erhalten, eigentlich nicht das Ziel seiner Wünsche bzw. Vorstellun-

84 Sein Geständnis wiederholte er in seiner Vernehmung vom 7. August 1991. Seine Einlassungen standen nicht im Widerspruch zu den objektiven Feststellungen, wobei er eine möglich Manipulation mit einer Kerze im After der Geschädigten verschwiegen hatte.

gen erreicht zu haben. Hierin sahen die Gutachter ein wesentliches Motiv für die Wiederholung gleicher oder ähnlicher Tötungshandlungen.

Nach der Analyse seines Lebenslaufes, dem in der Exploration (Erhebung von soziologischen Daten) gewonnenen Eindruck und dem Ergebnis der Befunde aus den psychologischen Tests wurde der Mörder wie folgt eingeschätzt:

Durch spezielle Erziehungspraktiken wurde er schon früh sozial marginalisiert, das heißt, er erlebte sich als »anders«, abgelehnt, nicht zur Gruppe seiner Altersgenossen dazugehörig. Er war Außenseiter. Die Schwierigkeiten, soziale Kontakte aufzunehmen und aufrechtzuerhalten, blieben weiter bestimmend für sein Leben. Einerseits wich er in symbolische sexuell deviante Verhaltensweisen aus, zum anderen konzentrierte er sich auf die Festigung seiner Beziehung zu seiner Freundin Tina, die er jedoch nicht in seine speziellen sexuellen Praktiken einbeziehen konnte bzw. diese ihr gegenüber nicht einmal offenbarte.

Vom Querschnitt her konnte man ihn als eine emotional labile Persönlichkeit bezeichnen, die zu Depressivität und Minderwertigkeitsgefühlen neigte. Schmidt hatte Schwierigkeiten im sozialen Kontakt, fühlte sich negativ angesehen und abgelehnt, war mißtrauisch gegenüber anderen. Seine soziale Durchsetzungsfähigkeit war gering, es fiel ihm schwer, sich in sozialen Konflikten zu behaupten. Er war nicht selbstsicher und gehemmt. Infolge seiner niedrigen Frustrationstoleranz war er schnell entmutigt und nicht in der Lage, ferner liegende Interessen und Ziele zu verfolgen.

Die beschriebenen Persönlichkeitsauffälligkeiten waren – isoliert gesehen – nicht geeignet, die strafrechtliche Verantwortlichkeit des Täters zu beeinträchtigen. Bei der in ihrer Symptomatik ausführlich dargestellten sexualpathologischen

Entwicklung, in der sich fetischistische, koprophile[85], transvestitische und sadistische Elemente fanden, handelte es sich um eine schwere andere seelische Abartigkeit im gesetzlichen Sinn. Bei einigen der in Frage stehenden Vorfälle waren bislang nicht alle Einzelheiten klar, was die Möglichkeit einengte, Feststellungen über die psychische Verfassung »zur Zeit der Tat« zu treffen. Die Ermittlungsergebnisse sprachen aus psychiatrisch-psychologischer Sicht jedoch dafür, daß stets eine erhebliche Verminderung der Fähigkeit zu einsichtsgemäßem Handeln im Sinne § 21 StGB anzunehmen war.

Das nach den Angaben des Täters in vielfacher Hinsicht bedachtsame Vorgehen sprach gegen das Vorliegen einer völligen Aufhebung der Schuldfähigkeit gemäß § 20 StGB.

Die Schwere der psychischen Störung ließ annehmen, daß er mit großer Wahrscheinlichkeit gleiche oder ähnliche Straftaten erneut begehen würde – Taten, die symptomatisch für die vorliegende psychische Störung sind. Insofern waren aus psychiatrisch-psychologischer Sicht auch die Voraussetzungen für Maßnahmen der Besserung und Sicherung im Sinne von § 63 StGB gegeben.

Früher war Wolfgang Schmidt ein Mann und sechsfacher Mörder, heute ist er eine Frau und nennt sich Beate. In der Klinik beantragte er eine Geschlechtsumwandlung und eine Namensänderung.[86]

---

85 von Koprophilie: sexueller Lustgewinn durch menschlichen Kot

86 Jens Blankennagel: »Rosa Riese« hat Ausgang in der Klinik. www.berliner-zeitung.de v. 16. Juli 2013.

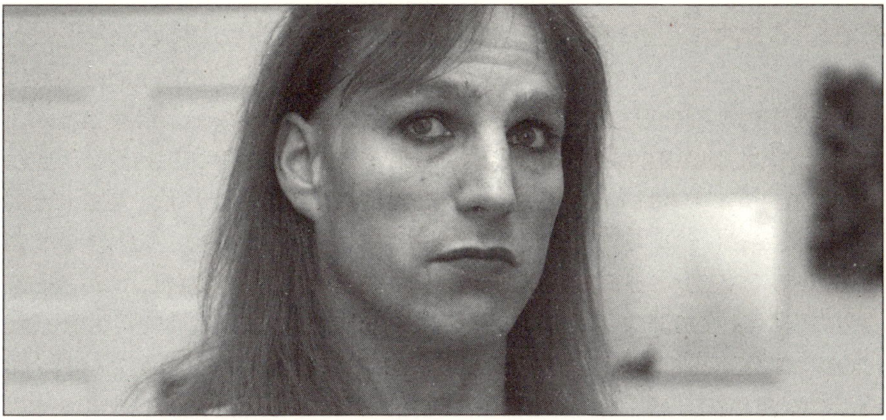

»Rosa-Riese« – nach der hormonellen Behandlung.

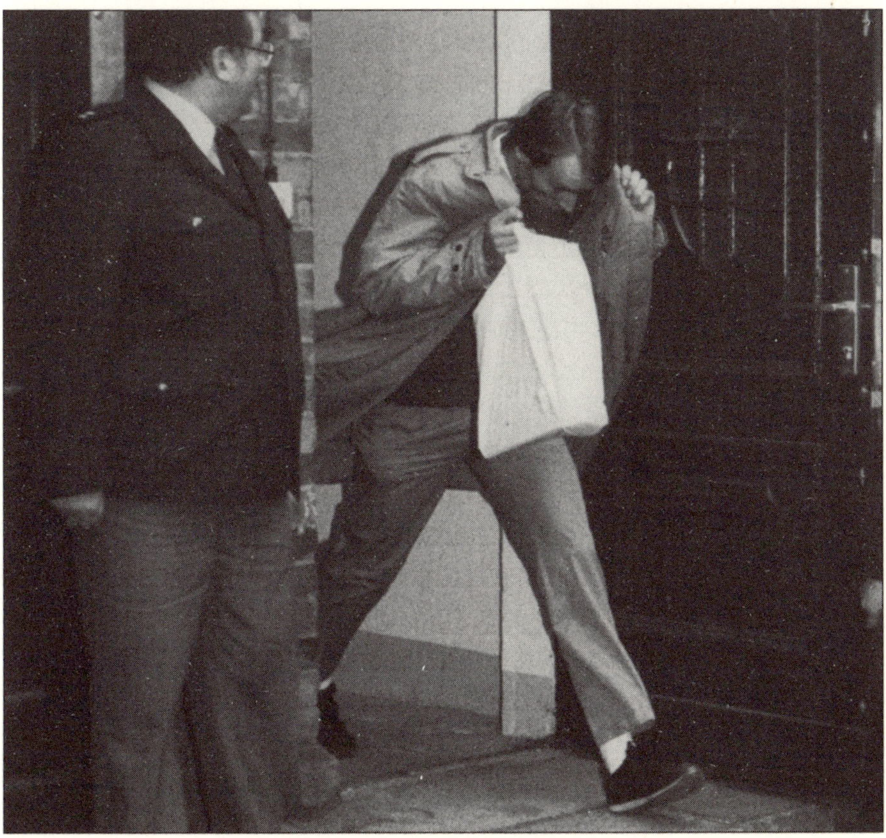

»Rosa-Riese« beim Verlassen des Gerichtsgebäudes, 1992.

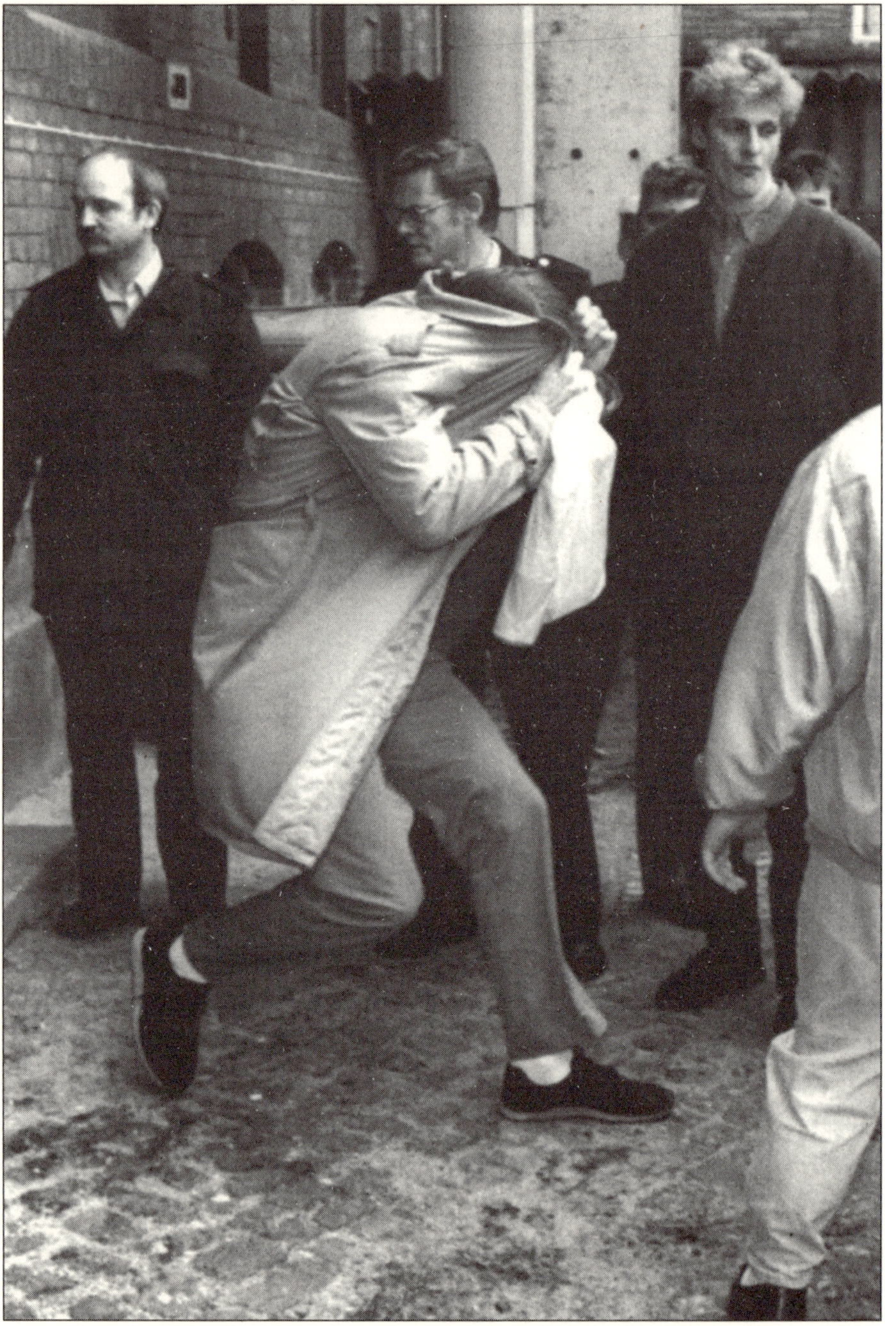

»Rosa-Riese« beim Verlassen des Gerichtsgebäudes, 1992.

NACHTRAG
SIND SERIENMÖRDER RESOZIALISIERBAR?

Prof. Dr. Hans Girod[87], der bedeutende Jurist, Kriminologe und Sachbuchautor führt zur Resozialisierung von Serientätern Folgendes aus:

»Die Frage, ob Serientäter resozialisiert werden können bzw. sollen, wird in der internationalen Fachwelt, aber auch in den Medien ebenso diskutiert wie die nach dem Sinn oder Unsinn der Todesstrafe. Konträre Meinungen prallen aufeinander [...].

Serientäter sind in der Regel schwere, asoziale Psychopathen[88], mitunter sogar Psychotiker[89]. Bei einem Teil dieser Täter hat die Persönlichkeitsstörung ein solches Maß erreicht, daß emotionale Kälte und fehlendes Mitgefühl vorherrschen. Derartige Defizite sind therapeutisch nicht auszumerzen. Der strafrechtliche Rückfall ist vorprogrammiert. Um so wichtiger ist die richtige therapeutische Zuwendung zu jener Tätergruppe, bei der die Fähigkeit zu echter Anteilnahme noch nicht erloschen ist. Unterbleibt sie aber, ist der Ansatz falsch, besteht das Risiko, vordergründig angepaßtes soziales Verhalten im Vollzug – das gerade dieser Tätergruppe in der Regel nicht schwerfällt – als eine Besserung, d. h. einen Therapieerfolg, zu mißdeuten. Auch dann bestünde die Rückfallgefahr. Für den Einzelfall ein erfolgreiches Therapiekonzept zu entwickeln, ist daher eine sehr anspruchsvolle Aufgabe, die beim Psychiater, Sozialpädagogen und Psychologen fundierte forensische Kenntnisse voraussetzt.

---

87 Hans Girod promovierte 1975 zum Dr. jur., 1983 habilitierte er sich. Bis 1994 war Girod Dozent für Spezielle Kriminalistik an der Humboldt-Universität in Berlin. Seine Arbeitsgebiete waren unter anderem Sexual- und Gewaltdelikte, Identifizierung unbekannter Toter, forensische Psychiatrie.

88 Personen mit einer extrem schweren Form der antisozialen Persönlichkeitsstörung.

89 Personen, die an einer Psychose (schwere psychische Störung, die mit einem zeitweiligen und weitgehenden Verlust des Realitätsbezugs einhergeht) leiden.

Überdies muß der gerichtliche Sachverständige bei der Erstattung des Gutachtens vermeiden, sich der Beurteilung durch die Öffentlichkeit zu unterwerfen, die allzu leicht von Rache geleitet wird. Es ist zu bedenken: Unter den rechtsstaatlichen Bedingungen eines liberalen, in der Regel zeitlich begrenzten Strafvollzugs und der strikten Ablehnung der Todesstrafe ist eine begleitende Therapie der beste Schutz vor Wiederholungsstraftaten. Da wissenschaftlichen Erkenntnissen zufolge bei den meisten Serientätern eine signifikante Erhöhung des Sexualhormonspiegels (Testosteron) vorliegen soll, verspricht man sich neben der psychotherapeutischen Betreuung eine zusätzlich präventive Wirkung durch Medikamente, die zu einer pharmakologischen Reduzierung des Hormonspiegels führen. Langfristige Psychotherapie und gleichzeitige Medikation sind die beste Gewähr, die Gefährlichkeit hinsichtlich sexueller Aggression dauerhaft zu minimieren.

Glücklicherweise bestehen in Deutschland keine amerikanischen Verhältnisse. Es klingt wie Resignation, wenn der renommierte Psychotherapeut Stanton A. Samenow vom Saint Elizabeth's Hospital in Washington auf die Frage, ob Serienmörder behandelt und wieder in die Gesellschaft integriert werden können, klar und deutlich antwort: ›Nein, das glaube ich nicht, sie sind zu gefährlich, man kann ihnen nicht trauen.‹

Sein Standpunkt widerspiegelt offensichtlich die amerikanische Auffassung, wonach das Ergebnis psychiatrischer Gutachten deshalb wenig Beachtung findet, weil es als Bestandteil der Verteidigungsstrategie und nicht als objektiver Tatbefund angesehen wird. Deshalb ist der Anteil der von den Gerichten berücksichtigten forensisch-psychiatrischen Gutachten extrem niedriger als in der deutschen Rechtsprechung. Die psychologisch-psychiatrischen Mühen, die das deutsche Rechtssystem dem Täter widmet, vermißt man in den USA. Denn, ob aus medizinischer Sicht therapiebedürftiger Psychopath oder Psychotiker – die meisten Serientäter enden sowieso in den Todeszellen. Vergeltung steht im Vordergrund. Aber neben dem verständlichen Mitgefühl für die Opfer und dem Wunsch nach gerechter Bestrafung muß sich eine Gesellschaft auch daran messen lassen, wie human sie ihre Täter behandelt.

In der DDR spielte die Frage des Rückfalls bei Triebtätern, wie überhaupt bei Gewalt- und Sexualdelikten, keine bedeutende Rolle. Das hatte zwei Gründe: Zum einen führten die hohen Freiheitsstrafen zu langer Isolation von der Gesellschaft. Freigang, Urlaub und andere Vergünstigungen kannte das Strafvollzugssystem der DDR für diese Täterkategorie nicht. Zum anderen unterlag der Haftentlassene den rigorosen Maßnahmen der Wiedereingliederung. Dazu gehörten vor allem: Arbeitsplatzbindung, Zuweisung von Wohnraum, Verbot des Aufenthalts an bestimmten Orten oder des Umgangs mit bestimmten Personen, Meldepflichten gegenüber der VP, Reiseeinschränkung, Duldung polizeilicher Durchsuchung des Wohnraums ohne richterliche Bestätigung. Auf diese Weise entstand ein so engmaschiges Netz staatlicher und gesellschaftlicher Kontrolle, Aufsicht und Betreuung, daß eine Wiederholungsgefahr praktisch ausgeschlossen war. Dies traf analog auch für jene Täter zu, die durch gerichtliche Anordnung in eine geschlossene psychiatrische Einrichtung eingewiesen wurden.«[90]

90 Hans Girod: Der Kannibale, a. a. O., S. 248–251.

NACHWORT VON HANS GIROD

Arthur Conan Doyle (1859–1930) ließ einst seine literarische Schöpfung, Sherlock Holmes, zu seinem Freund Watson sagen: »Wie Cuvier ein ganzes Tier korrekt zu beschreiben vermochte, indem er sich in die Betrachtung eines einzigen Knochens versenkte, so sollte ein Beobachter, der ein Glied einer Kette durch und durch begriffen hat, in der Lage sein, die vorausgegangenen wie die nachfolgenden erklären zu können... Fangen wir also bei der toten Miss Dunker an; sie wird uns zu dem unbekannten Besucher geleiten, der ihr Mörder war ...«

Verwundert könnte man einwenden, ein solches Zitat sei kaum geeignet für die angemessene Einleitung eines Nachworts zu einem ernsten Buch über reale Serienmörder und ihre grausamen Verbrechen. Allerdings belegt ein kurzer Blick auf die Biografie Conan Doyles, daß dies durchaus möglich ist. Denn nach seinem Medizinstudium assistierte Conan Doyle eine zeitlang bei Professor Joseph Bell, einem rennomierten Edinburgher Pathologen, der bei der Obduktion von Leichen zur Feststellung der Todesursache erstmals auch kriminaltechnische Methoden anwandte. Doyles ärztliche Kenntnisse und seine Fähigkeit, diagnostisch – analytisch präzise zu denken, bildeten späterhin das intellektuelle Kapital für seine spätere schriftstellerische Tätigkeit.

Das Zitat möge augenzwinkernd als kleine Hommage an den großen Logiker verstanden werden. Es beschreibt zwar nur die Tatsache eines Opferfundes, deutet aber in seiner gnoseologischen Tiefe[91] bereits an, daß der Erkenntnisweg zum unbekannten Täter spezifisches kriminalistisches Denken und Vorgehen voraussetzt, das wir heute längst mit den Begriffen »operative Fallanalyse, Täterhypothese oder Profiling« verbin-

91 Den Erkenntnisprozeß betreffend

den. Es sind Begriffe, die ein modernes geistig-technisches Instrumentarium benennen, das aus der heutigen kriminalistischen Praxis nicht mehr wegzudenken ist, insbesondere bei der Untersuchung von Tötungsdelikten mit unbekanntem Täter. Uns ist längst bekannt, daß in Serie tötende Sexualtäter sich in ihrer kriminogenen Entwicklung und in ihrem psychologischen Profil erheblich von den übrigen Tätern vorsätzlicher Tötung unterscheiden. Sie töten ja nicht nur einmal, sondern in mehr oder weniger großen Zeiträumen zwanghaft immer wieder und nach demselben Schema. Wir kennen auch ihr Charakteristikum, daß nämlich zwischen ihnen und ihren Opfern zumeist keine konfliktgeladene, praedeliktische Sozialbeziehung besteht, aus der sich – wie allenthalben bei den meisten Morden typisch – Tatmotive und Tatanlässe erkennbar herausbilden. Serientäter hinterlassen uns kaum diesbezügliche Spuren. Das macht sie für die Polizei lange unsichtbar. Sie verschwinden nach der Tat hinter der Maske des freundlichen und unauffälligen Mitmenschen wieder im Hintergrund – bis zur nächsten Untat. Unterdessen wird das Opfer vermißt, und alle Aufmerksamkeit gilt zunächst ihm. Doch der Vermißtenstatus unterliegt im Hinblick auf die polizeiliche Ermittlungsstrategie eigenen Regeln. Er kann mitunter lange Zeit überdauern und endet gewöhnlich erst mit dem Fund des Opfers. Dann erst kann der Verdacht eines Tötungsverbrechen verifiziert werden, so wie der Fall des Eberswalder Kindermörders Erwin Hagedorn exemplarisch zeigt. Der Leser hat erfahren, daß die spurenkundlichen Befunde an den Fundorten der getöteten Knaben und die Gewaltspuren an ihren Körpern zwar relativ schnell den Verdacht auf einen gefährlichen sexuellen Serientäter richteten, doch blieb der Mörder weiterhin unbekannt. Freilich führte die Analyse der Spurenlage zur sicheren Interpretation der Tatabläufe, hingegen fehlte es an Informationen zur Einengung eines Verdächtigenkreises oder gar für die Erarbeitung eines Täterprofils. Das machte den Platz frei für allerlei Spekulationen, was der Zielgerichtetheit der Ermittlungen schadete. Doch damit war klar: eine brauchbare, sachlich begründete Täterversion in einem solch diffizilen Fall setzte nicht nur ein spezielles, auf Sachkenntnis und Beherrschung logischer Operationen beruhendes Verfahren voraus, sondern auch umfassende Kenntnisse über solche psychischen Mechanismen und psychopathologischen Zusammenhänge, die auf die Dynamik des Verbrechens entscheidend einwirken. Selbst routinierte Morduntersucher wären allein mit dieser Aufgabe überfordert gewesen. Das aber war die große Stunde für den forensischen Psychiater Hans Szewszyk im Fall Hagedorn. Sein Auftrag: Erarbeitung eines hypothetischen Persönlichkeitsbildes des unbekannten Täters. Durch einen computergestützten Vergleich der tatrelevanten und spurenkundlichen Persönlichkeitsmerkmale aus dem phänomenologisch ähnlichen, aber aufgeklärten Fall des »Kirmesmörders« Jürgen Bartsch aus Wuppertal, mit denen aus dem Fall Hagedorn gelangte Szewszyk durch Analogieschlüsse zu einem präzisen hypothetischen Persönlichkeitsprofil des Täters, das schließlich dessen Ergreifung ermöglichte.

Bleibt noch festzuhalten: Jürgen Bartsch und Erwin Hagedorn kannten sich nicht. Sie wuchsen in unterschiedlichen Gesellschaftssystemen auf, mehrere hundert Kilometer voneinander entfernt und durch eine länderteilende Mauer getrennt. Ihr verbrecherischer Trieb zeigte erstaunliche phänomenologische Gleichförmigkeiten und machte sie zu Brüdern im Ungeist. Ihre Verbrechen bewiesen aber auch, daß die politischen, sozialstrukturellen, rechtlichen und territorialen Bedingungen unter denen sie lebten, auf ihre spezifische Mörderwerdung keinerlei Einfluss hatten. Erwin Hagedorn starb 1972 durch Hinrichtung, Jürgen Bartsch 1976 an den Folgen eines Operationszwischenfalls. Es waren zwei nichtnatürliche Todesarten und eine letzte makabre Gleichförmigkeit.

Der tief in die öffentliche Wahrnehmung hineinwirkende Fall Hagedorn brachte die politische Obrigkeit vor allem in menschenrechtlicher Hinsicht international in arge Bedrängnis. Dies zu erläutern, fehlt hier der Platz. Fest steht aber, er hatte letzten Endes dazu beigetragen, daß in den Folgejahren strukturelle, technisch-organisatorische und personelle Veränderungen, vor allem aber auch spezielle Ausbildungsformen in den Mordkommissionen einen bemerkenswerten Qualitätsschub bewirkten. Auch die 1968 an der Berliner Humboldt-Universität gegründete Sektion Kriminalistik mit ihren unterschiedlichen forensischen Disziplinen leistete einen wichtigen Beitrag zur Qualifizierung der Kriminalistik in der DDR. Aber das sei nur am Rande bemerkt.

Ein weiterer Gedanke: Unabhängig von dem unsäglichen Fehler einer angeblich günstigen Sozialprognose im Fall des späteren Prostituiertenmörders Volker Eckert, die letztlich den Weg zum tatsächlichen, siebenfachen Serienmörder erst möglich machte, stellt sich die kriminologisch bedeutsame Frage nach einem denkbaren, tatbegünstigenden Zusammenhang zwischen seinem Wohnort und den weitentfernten Tatorten. Eine solche Frage gründet sich auf die Tatsache, daß Serientäter in Ländern mit sehr weitläufigen Territorien (z. B. USA oder Russland) auffällig mehr Morde begehen – vermutlich weil ihre Tarnung lange erhalten bleibt.

Erfahrungsgemäß besteht regelmäßig eine mehr oder minder große räumliche Distanz zwischen dem Fundort des Tötungsopfers und dem Ausgangsort des Täters, der üblicherweise seinem Lebensbereich (z. B. die Wohnung) entspricht – ein Umstand, der von großem kriminalistischem Interesse für die Analyse des tatrelevanten Bewegungsablaufs ist. Bei Beachtung der Eigensicherheit und Unauffälligkeit verläßt der Täter zur Opfersuche diesen vertrauten, sozialen Nahraum im Bemühen, diesen jeglicher Außenkontrolle zu entziehen, wie der Fall Hagedorn belegt. Eine weitere, chrakteristische Erscheinungsform stellen solche Serienmorde dar, die gewissermaßen in »geschlossenen sozialen Systemen« (z. B. Wohngrundstück, Krankenhaus, Wohnheim) verübt werden. Da die täterseitigen Aktivitäten wie Vorbereitung, Durchführung und Verschleierung der Tat innerhalb dieses Sytems stattfinden, ist faktisch eine Außenkontrolle von vornherein ausgeschlossen. Dadurch entstehen mitunter sehr lange Latenzzeiträume.

Zu dieser Kategorie zählen die ausführlich beschriebenen Fälle der sechsfachen Kindsmörderin Angelika O., der fünffachen Mörderfamilie Fiedler, der vierfachen Mörderin Simone K. und der neunfachen Kindsmörderin Sabine Hilschenz. Die Aufdeckung solcher Fälle erfolgt oft zufallsbedingt aus banalem Anlaß. Man vermutet aber richtig, daß derlei Fälle dann immer ein gewaltiges öffentliches Aufsehen erregen und federflinke Presseleute mobilisieren.

Doch eine abschließende Bemerkung scheint geboten: Kindestötungen in der DDR belasteten die Statistik der vorsätzlichen Tötungen mit etwa 20 Prozent. Die in den 60er Jahren durch gesetzliche Regelung erfolgte kostenlose Abgabe von Schwangerschaftsverhütungsmitteln führte nur kurzzeitig zu einer stattlichen Abnahme der Kindestötungen, erreichte aber alsbald wieder das gleiche Ausmaß wie vor der Gesetzgebung. Das bedeutete: die Pille zeigte hinsichtlich der Kindestötungen keinen hemmenden Effekt.

Als Hans Thiers irgendwann die Frage an mich richtete, ob ich ein Nachwort für den dritten Band seiner Buchreihe verfassen würde, habe ich ohne zu zögern zugesagt. Zum einen (und das aus ganz persönlichem Grund), weil ich anfangs der 70er Jahre seinen akademischen Werdegang an der Humboldt-Universität bis zum Diplom fachlich begleitet habe und im Verlaufe der Jahrzehnte daraus ein freundschaftlich-kollegiales Miteinander heranreifte, das uns bei speziellen kriminalistischen Fragen gelegentlich immer wieder zusammenführt. Zum anderen – und das ist der sachlich-fachliche Grund – ist es das Interesse an der Phänomenologie der Tötungskriminalität schlechthin, besonders aber solcher Verbrechen in der DDR, die von Serienmördern verübt worden.

Ohne nun einer Rezension vorgreifen zu wollen, sei kurz angemerkt: Hans Thiers' Buch ist ein dokumentarisches Buch harter Fakten – eine schwer verdauliche Kost für sensible Leser. Vorrangig aber ist es ein weiterer, kriminalhistorisch wichtiger kasuistischer und spezieller Beitrag, der mit einem Seitenblick auf die gesellschaftlichen Bedingungen in der DDR, die bisherigen Erkenntnisse über die Phänomenologie der Serienmorde ergänzt. Es fordert zugleich dazu auf, sich künftig stärker bestimmten Themen wissenschaftlich zu widmen wie etwa zur Gleichförmigkeit spurenkundlicher und psychologisch-psychiatrischer Befunde bei der kriminalistischen Untersuchung von Gewaltdelikten oder zu erkenntistheoretischen Fragen der Beobachtung, Analyse und des Vergleichs, aber auch zum Problem der Gleichförmigkeit von materiellen und immateriellen Spuren.

Wie dem auch sei, das Phänomen des Serienmörders wird die menschliche Gesellschaft permanent begleiten, manchmal auch entsetzen. Immer wieder wird es uns beschäftigen und neue Fragen aufwerfen. Eines nur steht fest: Es hat eine unendliche Geschichte. So will das Buch auch verstanden werden: Es soll in erster Linie informieren und aufklären, aber auch unterhalten.

Kriminalist und Buchautor Prof. Dr. Hans Girod

ZUM AUTOR

Hans Thiers wurde am 21. Juni 1946 in Wegefarth, im sächsischen Kreis Freiberg, geboren. Durch Täve Schur entdeckte er den Radsport für sich und begann 1962 seine sportliche Laufbahn bei der BSG Einheit Freiberg. Sein sportliches Können stellte er dort innerhalb des DDR-Maßstabes bei zahlreichen Straßenrennen erfolgreich unter Beweis. Bis zu diesem Zeitpunkt hatte er bereits 15 offene DDR-Straßenradrennen gewonnen und eine Vielzahl von Spitzenplatzierungen erreicht. Er schaffte es bis in die DDR-Jugendauswahlmannschaft. Um seine sportliche Laufbahn weiter verwirklichen zu können, wurde er zur Bereitschaftspolizei nach Dresden in die Sportkompanie eingezogen. Zu diesem Zeitpunkt gehörte er der Dynamo-Auswahl an und hatte erste internationale Einsätze in Polen und in der Sowjetunion. Mit der Dynamoauswahl bestritt er 1966 erfolgreich die DDR-Rundfahrt. Nach Beendigung seines Wehrdienstes erfolgte im Mai 1967 die Delegierung zum Bahn-Radsportleistungszentrum der SG Dynamo-Gera-Mitte. Er wurde als Sportinstrukteur in der Bezirksbehörde der Deutschen Volkspolizei Gera eingestellt.

Hans Thiers konnte jetzt sein Hobby zum Beruf machen. Im Zeitraum von 1968 bis Ende 1971 erreichte er zahlreiche sportliche Erfolge. So nahm er an den Wettkämpfen der »Berliner Winterbahn« teil und konnte 15 nationale und internationale Bahnrennen gewinnen. Dazu kamen in dieser Zeit weitere Erfolge und Spitzenplatzierungen bei Bahn- und Straßenrennen in der DDR, ČSSR, VR Rumänien und der VR Polen. Insgesamt erreichte er etwa 60 Siege.

Ende 1971 wurde das Bahn-Radsportleistungszentrum Gera aufgelöst. Zum Jahresende 1971 beendete er deshalb seine sportliche Laufbahn und begann ab 1. Januar 1972 eine neue Tätigkeit als Sportoffizier in der BDVP Gera. Nach der Absol-

Kriminalrat a. D. Hans Thiers und Verleger Michael Kirchschlager, 2017 (Foto von Claudia Horn-Kaspar, 2017).

vierung eines sechsmonatigen Dienstanfängerlehrgangs der Deutschen Volkspolizei wurde er im Mai 1973 in die Morduntersuchungskommission (MUK) der BDVP Gera als Untersuchungsführer versetzt. Hans Thiers absolvierte danach ein vierjähriges Fernstudium an der Fachschule der Deutschen Volkspolizei Ascherleben, welches er 1977 als Staatswissenschaftler – Fachrichtung Kriminalistik – erfolgreich abschloß. Danach studierte von 1978 bis 1983 – wiederum im Fernstudium – an der Humboldt-Universität zu Berlin und erreichte den Akademischen Grad des Diplomkriminalisten. Im Herbst 1980 wurde ihm die Leitung der Morduntersuchungskommission des Bezirkes Gera übertragen. Hans Thiers wurde der jüngste Leiter einer MUK der DDR.

Diese Funktion übte er bis zum 30. September 1990 aus. Hans Thiers wurde als »Kriminalrat a. D.« aus dem aktiven Dienst der Deutschen Volkspolizei entlassen.

Im Zeitraum Oktober 1990 bis Dezember 1992 war er bei zwei Versicherungsunternehmen im Außendienst beschäftigt. Am 1. Januar 1993 begann er als Direktionsbeauftragter bei der Sparkassenversicherung Hessen/Thüringen, Bezirksdirektion Gera, seine Tätigkeit. 1996 wurde er zum Organisationsleiter berufen. Diese Tätigkeit übte Hans Thiers bis zu seiner Berentung im Jahre 2011 aus.

Hans Thiers ist seit 1969 verheiratet und hat zwei Kinder und zwei Enkelkinder. Seit 1967 arbeitet und wohnt er in Gera. Hans Thiers ist Mitglied des Weißen Rings Gera e. V. und des Fördervereins Rechtspflege, Kunst und Kultur e. V.

Im August 2014 erschien sein erstes Buch Mordfälle im Bezirk Gera. Berichte/Bilder/Dokumente (1973–1990) im Verlag Kirchschlager. Dieser Band erreichte mittlerweile sechs Auflagen. Bereits ein Jahr später, im Oktober 2015, erschien aufgrund des hohen Interesses der Öffentlichkeit sein zweiter Band Mordfälle im Bezirk Gera II. Berichte/Bilder/Dokumente (1945–1990).

Im Zeitraum August 2014 bis Januar 2018 führte Hans Thiers gemeinsam mit seinem Verleger, dem Historiker Michael Kirchschlager, etwa 200 Lese-Interviews in Thüringen, Sachsen und Sachsen-Anhalt durch.

Interviews im MDR Radio, Vogtlandradio und Fernsehreportagen für das ZDF, den RBB und den MDR folgten (12. September 2014: »MDR Thüringen-Journal« – Entstehung und Buchvorstellung »Mordfälle im Bezirk Gera«; 24. Oktober 2015: »MDR Thüringen-Journal« – Buchvorstellung »Mordfälle im Bezirk Gera Band II« und Reportage zum Dreifachmord von Könitz, Zeitraum von 1947–1951; 23. November 2015: »Hallo Deutschland« – Reportage zum Fall der sechsfachen Kindestötung im Juli 1973 in Neustadt/Orla – mehrfache Wiederholung in der »Drehscheibe Deutschland« und in »Hallo Deutschland«; 13. Mai 2017: »MDR Thüringen-Journal« – Leseinterview mit Michael Kirchschlager zu »Mordfälle im Bezirk Gera I & II« im Schloß Nimritz (zu Gast bei Familie Brautzsch); 13. und 20. September 2017: RBB – »Täter-Opfer-Polizei«, Die Transitleiche von Bad Klosterlausnitz; 13. Dezember 2017: MDR, Sendung von Peter Escher »Spur der Täter«, Die Transitleiche von Bad Klosterlausnitz.

BENUTZTE UND WEITERFÜHRENDE LITERATUR (Auswahl)

Zu zahlreichen Serienmördern, auch denen der DDR, existieren im Internet mehr oder weniger seriöse Beiträge. Der Autor dieses Bandes griff vornehmlich auf kriminologische, kriminalistische und kriminalhistorische Sachliteratur zurück. Das Aktenmaterial, welches in den Anmerkungen verzeichnet wurde, stammt aus Privatsammlungen oder, wenn nicht anders genannt, aus Archiven.

Autorenkollektiv (Leitung: Prof. Dr. K. M. Böhme): Wörterbuch der sozialistischen Kriminalistik. Hrsg. im Auftrag des Kriminalistischen Instituts der Deutschen Volkspolizei und der Sektion Kriminalistik der Humboldt-Universität zu Berlin. Berlin 1981.

Autorenkollektiv (Leitung: Oberstleutnant der K Klaus-Dieter Schlieper): Zur Bekämpfung von Sexualstraftaten. Berlin 1986.

Autorenkollektiv: Handbuch für Kriminalisten. Berlin 1987.

Klaus Behling: Die Kriminalgeschichte der DDR. Vom Umgang mit Recht und Gesetz im Sozialismus. Berlin 2017.

Mark Benecke: Mordmethoden. Ermittlungen des bekanntesten Kriminalbiologen der Welt. Bergisch Gladbach 2002.

Mark Benecke: Dem Täter auf der Spur. So arbeitet die moderne Kriminalbiologie. Bergisch Gladbach 2006.

Mark Benecke: Mordspuren. Neue spektakuläre Kriminalfälle – erzählt vom bekanntesten Kriminalbiologen der Welt. Bergisch Gladbach 2007.

Jens Blankennagel: »Rosa Riese« hat Ausgang in der Klinik. www.berliner-zeitung.de v. 16. Juli 2013.

Kerstin Brückweh: Mordlust. Serienmorde, Gewalt und Emotionen im 20. Jahrhundert. Frankfurt am Main 2006.

Steffen Claus: Das Mörderbuch. Mörder, Morde, Motive. 2003.

Klaus Dalski: Der Kopf in der Ilm. Ein Thüringer Kriminalist erzählt. Arnstadt 2010.
Klaus Dalski: Die Bombe auf dem Zwiebelmarkt. Ein Thüringer Kriminalist erzählt. Arnstadt 2011.
Harry Dettenborn: Täter – Opfer – Zeuge. Streifzüge durch die Gerichtspsychologie. Berlin 1988.
Manfred Drews: Kriminalisten im Verhör/Kriminalisten im Einsatz. Berlin 1985.
Manfred Drews: Auskünfte. Kriminalisten geben zu Protokoll. Berlin 1989.
Wolfgang Dürwald: Tötungsdelikte in Krankenhäusern. Versicherungsmedizin 1993, S. 3–6.
Birgit Lautenbach u. Johann Ebend: Der Totmacher – Die Geschichte des Mörders Rudolf Pleil (Deutschland, 1958). In: Historische Serienmörder IV. Arnstadt 2017.
Frank Esche: Thüringer Mord-Pitaval II (1606–1968). Arnstadt 2017.
Peter Fink: Immer wieder töten – Serienmörder und das Erstellen von Täterprofilen. Hilden/Rhld. 2000.
Gerd Frank: Totmacher 1 – Der Vampir von Nürnberg und andere unheimliche Kriminalfälle deutscher Serienmörder. Arnstadt 2014.
Hauke Goos: Langzeithäftling – Der Gefangene. In: SPIEGEL ONLINE v. 17. November 2014.
Jürgen Geiling: Polizei in Gera. Von den Anfängen bis zur Gegenwart. 2 Bde. Gera 2006 u. 2007.
Gunther Geserick, Klaus Vendura, Ingo Wirth: Zeitzeuge Tod. Spektakuläre Fälle der Berliner Gerichtsmedizin. Leipzig 2001.
Hans Girod: Das Ekel von Rahnsdorf und andere Mordfälle aus der DDR. Berlin 1997.
Hans Girod: Der Kannibale – Ungewöhnliche Todesfälle aus der DDR, Berlin 2000.

Hans Girod: Blutspuren – Weitere ungewöhnliche Mordfälle aus der DDR. Berlin 2001.
Hans Girod: Das Skelett im Wald. Unbekannte und vergessene Mordfälle aus der DDR. Berlin 2005.
Hans Girod: Der Würger von Plauen und weitere spektakuläre Mordfälle. München 2006.
Hans Girod: Der Polizistenmord von Gera und andere spektakuläre Gewaltverbrechen aus der DDR. Berlin 2008.
Peter Groscurth: Babyleichen von Wallenfels: Urteil ist gefallen. www.infranken.de v. 20. Juli 2016.
Hubert Gundolf: Verbrecher von A bis Z. Über 1000 Kurzbiographien der bekanntesten Verbrecher aus 30 Staaten der Welt mit 136 Abbildungen. Hamburg 1966.
Stephan Harbort: Kriminologie des Serienmörders. In: Kriminalistik (1999), S. 642–650 u. S. 713–721.
Stephan Harbort: Das Hannibal-Syndrom. Leipzig 2001.
Stephan Harbort: Mörderisches Profil. Phänomen Serientäter. Leipzig 2002.
Stephan Harbort: Das Serienmörder-Prinzip. Düsseldorf 2006.
Stephan Harbort: Serienmörder: Mensch und Monster. In: Historische Serienmörder I. Arnstadt 2006.
Stephan Harbort: Phänomen Serienmörder. Köln 2007 u. 2008.
Stephan Harbort: Wenn Frauen morden. Spektakuläre Kriminalfälle – vom Gattenmord bis zur Serientötung. Frankfurt am Main 2008.
Stephan Harbort: Killerinstinkt. Serienmördern auf der Spur. Berlin 2015.
Bernd Kaufholz: Der Ripper von Magdeburg. Spektakuläre Mordfälle. Magdeburg 2001.
Annette Keck u. Ralph J. Poole (Hrsg.): Serial Killers: Das Buch der blutigen Taten. Leipzig 1997.
Klaus Keck: Des Mörders Barthaar. Berlin 2016.

Michael Kirchschlager: Historische Serienmörder. Menschliche Ungeheuer vom späten Mittelalter bis zum Ende des 19. Jahrhunderts. Mit Beiträgen von Mark Benecke und Stephan Harbort. Arnstadt 2006.
Petra Klages: »Brieffreundschaft« mit einem Serienmörder. Arnstadt 2010.
Petra Klages: Der Rhein-Ruhr-Ripper Frank Gust. Interviews. Arnstadt 2017.
Anne-Kathrin Kompisch u. Frank Otto: Bestien des Boulevards. Die Deutschen und ihre Serienmörder. Leipzig 2003.
Anne -Kathrin Kompisch: Wüstling – Werwolf – Teufel. Medienbilder von Serienmördern in der deutschen Massenpresse. Dissertation, Hamburg 2008.
Ingo Krumbiegel: Tierquälerei als Vorstufe sadistischer Gewaltverbrechen. In: Archiv für Kriminologie Bd. 140, S. 22–27.
Wolfgang Krüger: Serienmörder des Dritten Reiches. 1933–1945. Arnstadt 2015.
Theodor Lessing: Haarmann – Die Geschichte eines Werwolfs. Historische Kriminal-Bibliothek Band 4. Hrsg. u. mit einem Vorwort v. Michael Kirchschlager. Nachdruck der Originalausgabe von 1925, Arnstadt 2011.
Remo Kroll u. Frank-Rainer Schurich: Transitleichen in der DDR: Exemplarische Fälle deutsch-deutscher Kriminalistik im Kalten Krieg (Schriftenreihe Polizei / Historische Kriminalistik), Berlin 2016.
Remo Kroll u. Ingo Wirth: Die Kriminalpolizei im Ostteil Berlins (1945–1990) (Schriftenreihe Polizei / Studien zur Geschichte der Verbrechensbekämpfung). Berlin 2012.
Remo Kroll u. Ingo Wirth: Morduntersuchung in der DDR. Schriftenreihe Polizei. (Studien zur Geschichte der Verbrechensbekämpfung. Bd. 3.), Berlin 2014.

Marx, Engels, Lenin über Gesetzlichkeit, öffentliche Ordnung und Sicherheit, Ursachen der Kriminalität und ihre Überwindung sowie Strafrechtspflege (Autorenkollektiv), Berlin 1978.
Mit toten Babys auf Balkon gesessen. In: Der Oderland Spiegel v. 6./7. August 2005.
Wolfgang Mittmann: Fahndung. Große Fälle der Volkspolizei. Berlin 1995.
Wolfgang Mittmann: Aktion Roland. Jagd auf Frauenmörder – Keine Gnade für Willi K. Berlin 2001.
Hartmut Müller: Tötung von Inzest-Kindern als Serienverbrechen. In: Kriminalistik 1958, 492–495.
Peter u. Julia Murakami: Lexikon der Serienmörder. 450 Fallstudien einer pathologischen Tötungsart. München 2003.
Michael Newton: Die große Enzyklopädie der Serienmörder. Graz 2002.
Stefan Orlob: War der deutsche forensische Psychiater Hans Szewczyk der erste moderne Profiler? Archiv für Kriminologie 207, 2001, S. 65–72.
Rolf Pohl: Feindbild Frau. Männliche Sexualität, Gewalt und die Abwehr des Weiblichen. Hannover 2002.
Polizei des Volkes. Berlin 1985.
Wolfgang Reimann u. Otto Prokop: Vademecum Gerichtsmedizin. Für Mediziner, Kriminalisten und Juristen. Berlin 1980.
Frank J. Robertz, Alexandra Thomas (Hrsg.): Serienmord. Kriminologische und kulturwissenschaftliche Skizzierung eines ungeheuerlichen Phänomens. München 2004.
Reinhold Röder u. Martin Börner: Im Dienste des Volkes. Berlin 1969.
Armin Rütters: Karl Denke – Der Kannibale von Münsterberg. Ein deutscher Serienmörder. Historische Serienmörder III, Sonderband 1. Arnstadt 2013.
Wolfgang Schüler (Hrsg.): Serienmörder in Deutschland. Leipzig 2005.

Frank-Rainer Schurich: Die Spezialkommission – geheime Mordermittlung in der DDR? www.kriminalia.de.
Frank-Rainer Schurich u. Michael Stricker: Der Serienmörder Adolf Seefeld und die moderne Kriminalistik (Schriftenreihe Polizei / Historische Kriminalistik), Berlin 2015.
Frank-Rainer Schurich: Tödliche Lust: Sexualstraftaten in der DDR. Reichenbach 2016.
Siegfried Schwarz: Mord nach Mittag und sieben weitere Fälle. Reichenbach 2013.
Siegfried Schwarz: Der Makronenmord und sechs weitere Fälle. Berlin 2017.
W. A. Snetkow, M. A. Sinin u. A. Delang: Das subjektive Porträt. Berlin 1981.
Ingrid u. Hans Sobiech: Schlag nach für Volkspolizisten. Berlin 1982.
Ehrenfried Stelzer (Hrsg.): Sozialistische Kriminalistik. Allgemeine kriminalistische Theorie und Methodologie. Bd. 1. Berlin 1978.
Wolfgang Swat: Der Schlächter von Eberswalde. In: Mord ohne Mörder. Berlin 2011.
Klaus Theweleit: Das Lachen der Täter: Breivik u. a. Psychogramm der Tötungslust. Wien 2015.
Hans Thiers: Mordfälle im Bezirk Gera. Berichte, Bilder, Dokumente (1973–1990). Arnstadt 2014.
Hans Thiers: Mordfälle im Bezirk Gera II. Berichte, Bilder, Dokumente (1945–1990). Arnstadt 2015.
Ingo Wirth: Protokolle des Todes. Fälle aus der Rechtsmedizin. Reichenbach 2012.
Friedhelm Werremeier: Der Fall Heckenrose. München/Gütersloh/Wien 1975.
Albrecht Wetzel: Über Massenmörder (1929) vervollständigt um die Kasuistik des Massenmords Teil I (1914) nebst einem

einleitenden Essay und einer biographischen Skizze. Hrsg. v. Michael Farin u. Florian Mildenberger. München 2008.
Erich Wulffen: Der Sexualverbrecher: Ein Handbuch für Juristen, Verwaltungsbeamte und Aerzte: Mit zahlreichen kriminalistischen Originalaufnahmen. Berlin 1910.

Zu den Abbildungen:

Alle Abbildungen, sofern nicht anders angegeben, stammen aus copyrightfreien Datensätzen, Webseiten oder wurden freundlicherweise zur Verfügung gestellt.

DANKSAGUNG

Mein herzlichster Dank gilt all denjenigen, die mich ermutigt haben, ein drittes Buch zu schreiben. Das waren vor allem viele meiner treuen Leserinnen und Leser der Bände I und II der »Mordfälle im Bezirk Gera«. Auf das spannende Thema stieß mich mein Verleger Michael Kirchschlager, der selbst als Historiker schon zum Thema »Historische Serienmörder« gearbeitet hat. Ich folgte seiner Empfehlung, meine guten kollegialen Kontakte zu zahlreichen Kriminalisten der DDR zu nutzen, um mit deren Hilfe ein möglichst objektives Buch aus Sicht eines Kriminalisten zu verfassen.

Ein großes Dankeschön möchte ich deshalb vor allem dem Ersten Kriminalhauptkommissar (EKHK) a. D. Jürgen Sommer (Berlin), dem ehemaligen Leiter der Morduntersuchungskommission Frankfurt/Oder aussprechen. Er unterstützte mich bei der Entstehung dieses Projektes aktiv mit seinem kriminalistischen Wissen und seinen praktischen Erfahrungen bei der Mord- und Serienmorduntersuchung in der DDR.

Besonderer Dank gilt den nachfolgend aufgeführten Professoren der Humboldt-Universität zu Berlin, Kriminalisten, Buchautoren sowie weiteren Personen und Institutionen: Prof. Dr. jur. habil Hans Girod (Altdorf/Landshut/Buchautor) besonders für die Abfassung des Nachworts; Frank-Rainer Schurich (Berlin) und Kriminalhauptkommissar Remo Kroll (Berlin) für die freundliche Unterstützung (Fälle Erwin Hagedorn, Mario St. u. a.); EKHK a. D. Gerald Buchwalder (Frankfurt/Oder); Kriminalrat a. D. Georg Giertz (Wernigerode) für das Interview zum Fall der vierfachen Babytötung durch Familie Fiedler; EKHK i. R. Hans-Jürgen Schaap (Gera); Polizeihauptkommissar i. R. Dietmar Schröter (Weißen); Bernd Kaufholz (Magdeburg) für wertvolle Hinweise und Unterstützung im Fall des »Rippers von Magdeburg«; Marion Kürschner und

Klaus Wollscheid (Fernsehkombinat GmbH & Co. KG Leipzig) und der »Volksstimme Magdeburg« (»ProMedia« Kerstin Lange) für die Zusammenarbeit im Fall Fiedler; KHK Stephan Harbort (Fall Klaus-Dieter St.); Reporter Helmut Reister (Abendzeitung München) für die freundliche Unterstützung im Fall Volker Eckert, Hauke Goos (Berlin) und KHK Frank Donat (MUK Berlin) im Fall Herbert M., Frank Rutkowski (Jena), Britta Marks »Marks&die Engel Media GmbH« sowie den Mitarbeitern des Landesarchivs Thüringen/ Staatsarchiv Rudolstadt, den Mitarbeitern des Sächsischen Staatsarchivs Chemnitz und der Staatsanwaltschaft Magdeburg, Frank Baumgarten.

Ein weiteres Dankeschön gilt meinem Verleger und Freund Michael Kirchschlager (Arnstadt). Mit ihm arbeite ich jetzt seit über vier Jahren erfolgreich zusammen. Sein verlegerisches, schriftstellerisches und praktisches Wissen widerspiegelt seine prägende Handschrift, speziell bei der Bearbeitung der Manuskripte zu diesem Buch.

Abschließend möchte ich meiner Frau Regina, ebenfalls einer ehemaligen Polizistin, lieben Dank sagen. Kriminalistenfrauen hatten und haben es nie leicht. Sie gaben und geben »ihren« Kriminalisten die große Kraft für diesen schweren, aber schönen Beruf, einen festen Halt und den nötigen Ruhepol. Sie begleitete mich bei den umfangreichen Recherchen, half mir bei den Terminplanungen und unterstützte mich aktiv bei den zahlreichen Leseveranstaltungen.

Hans Thiers, Januar 2018

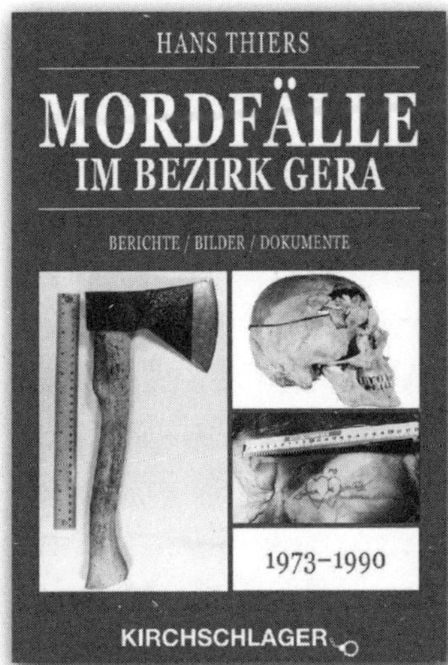

Mordfälle im Bezirk Gera I
Hardcover, Fadenheftung,
289 Seiten, zahlreiche s/w Abb.
ISBN 978-3-934277-47-2
Preis: 18,95 Euro

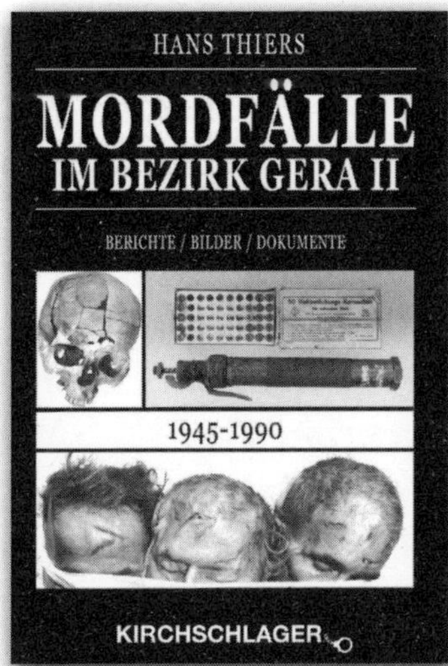

Mordfälle im Bezirk Gera II
Hardcover, Fadenheftung, Leseband,
288 Seiten, zahlreiche s/w Abb.
ISBN 978-3934277-56-4
Preis: 18,95 Euro

Historische Serienmörder
Hardcover, Fadenheftung, Leseband,
247 Seiten, zahlreiche s/w Abb.
ISBN 978-3-934277-13-7
Preis: 22 Euro

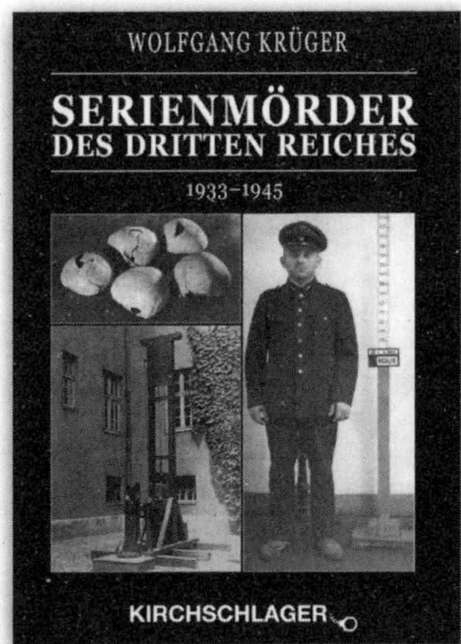

**Serienmörder
des Dritten Reiches**
Hardcover, Fadenheftung,
272 Seiten, zahlreiche s/w Abb.
ISBN 978-3-934277-55-7
Preis: 18,95 Euro

KIRCHSCHLAGER

Kriminalistik. Kriminalgeschichte. Kriminologie.
Seit 1995

IMPRESSUM

1. Auflage Arnstadt 2018

Satz: Ute Schmidt, Geraberg
Covergestaltung: Nicole Laka, Hamburg
Lektorat: Janine Kaitzl, München;
Michael Kirchschlager, Arnstadt
Druck und Bindung: PBtisk s. r. o., Příbram

ISBN 978-3-934277-75-5